西安文理学院长安历史文化研究中心 编

# 长安
## 历史文化与丝绸之路

西北大学出版社
·西安·

图书在版编目(CIP)数据

长安历史文化与丝绸之路／李忠良等主编．--西安：西北大学出版社，2021.12

ISBN 978-7-5604-4882-4

Ⅰ．①长… Ⅱ．①李… Ⅲ．①长安（历史地名）—文化史—文集②丝绸之路—文化史—文集 Ⅳ．①K294.11-53 ②K203-53

中国版本图书馆CIP数据核字（2021）第259899号

## 长安历史文化与丝绸之路

| 编　　者 | 西安文理学院长安历史文化研究中心 |
|---|---|
| 责任编辑 | 马　平 |
| 出版发行 | 西北大学出版社 |
| 地　　址 | 西安市太白北路229号 |
| 电　　话 | 029-88303059 |
| 邮　　编 | 710069 |
| 印　　刷 | 西安华新彩印有限责任公司 |
| 开　　本 | 787mm×1092mm　1/16 |
| 印　　张 | 14.75 |
| 字　　数 | 310千字 |
| 版　　次 | 2021年12月第1版 |
| 印　　次 | 2021年12月第1次印刷 |
| 书　　号 | ISBN 978-7-5604-4882-4 |
| 定　　价 | 68.00元 |

如有印装质量问题，请与本社联系调换，电话029-88302966。

# 编委会

**主　任**　李忠良　王晓萍
**副主任**　张天社
**委　员**（以姓氏笔画排序）
　　　　　于风军　王　晖　王兰兰　王建国
　　　　　方光华　吕卓民　朱士光　杜文玉
　　　　　李健超　李令福　张新科　陈正奇
　　　　　赵均强　贾俊侠　徐卫民　黄留珠

# 序

西安，古称长安，是举世闻名的历史文化名城，位列我国八大古都之首，也是世界四大古都之一。由于自然条件优越，地理环境状况非常适宜于古代人类生活栖息，因而早在远古的石器时代，就先后有蓝田猿人与半坡人在西安地区繁衍生息，成为中华民族与华夏文明重要的发祥地之一。特别是西安所在的关中盆地，地处我国中心腹地，居天下之上游，加之具有"四塞以为固"的天然屏障形势，极有利于北抗强敌，西北通西域中亚，东抚诸侯，控荆湘吴越与巴蜀黔滇，因而自古以来即成为历代帝王将相英雄豪杰建邦立国设都城的首选之地。自公元前11世纪中叶，西周文王、武王为求东向发展，将都邑由关中盆地西部之周原岐邑迁建至丰镐，以后秦国与秦王朝以及西汉、新莽、东汉献帝、西晋愍帝、前赵、前秦、后秦、西魏、北周、隋、唐等12个王朝，另有西汉末更始帝刘玄、赤眉帝刘盆子和唐末大齐黄巢、明末大顺李自成等四个农民政权先后在西安建都，总计17个王朝和政权，历时长达1100余年，占到自公元前11世纪中叶西安建城迄今3000余年的三分之一。也就是说，在3000年的历史时期中，有三分之一的时间，西安处于我国政治、经济与文化的中心地位，有力地推动了我国经济、社会的发展。尤其是在汉、唐两代近500年里，领土辽阔，经济发达，科技进步，文化繁荣，交通畅达，声威远播，国都长安不仅是全国最大、最繁盛的城市，还是国际性的大都会，大批外国使臣、商贾、僧侣、学者由陆路与海路络绎不绝地来到长安，有的还长期居留在长安城中，有力地促进了中外经济与文化的交流，也充分显示了它对世界历史发展的影响。唐以后，随着我国经济重心的南移，我国的政治中心也东迁了。1000多年来，西安再未建都，但仍是历朝政府镇守西北、控扼西南的重镇，是我国西部特别是西北地区经济与文化之中心城市。

由于西安是我国历史上西周、秦、西汉、唐等强盛王朝的都城，文化积淀丰厚，在中外历史上影响深远，因此不仅在我国众多的古都中具有无与伦比的重要历史地位，而且在国际上也享有崇高的声誉，世人常用"要了解3000年的中国必须到西安，要了解1000年的中国必须到北京"来概括西安的历史地位与作用。在3000多年的建城史和1100多年的都城史中奠定典章制度、礼仪文化和物质文明，深刻地影响了中国的历史文化。因此，"长安"已不是一个简单的地理概念，它是中华古代文明的象征。

辉煌灿烂的历史和文化是古都西安闻名世界、充满魅力的根本原因，也是赢得可持续发展的雄厚基础和重要资源。西安文理学院作为西安市属唯一的一所全日制本科院校，立足西安，为区域的经济、社会和文化发展服务是学院的办学定位。而开展长安历史文化研究既符合市委、市政府的要求和西安的地域特点,也是落实学院办学定位的具体体现。虽然由于专业和地域等方面的原因,我院历史、文学、地理、教育、艺术等专业的不少教师也长期从事长安历史文化相关领域的研究,并取得了丰硕的成果,但由于缺乏统一的规划和有效组织,大家的研究还比较分散,未能形成合力。为了改变这种不利的局面,并有效凝聚校内外有志于长安历史文化研究的学术队伍,经学院党委研究决定,我们于2008年正式组建成立了长安历史文化研究中心。

2008年10月,在专家评议的基础上,长安历史文化研究中心被陕西省教育厅确定为立项建设的陕西省(高校)哲学社会科学重点研究基地。按照省教育厅的要求,研究中心在加强校内外专兼职研究队伍建设的同时,又广泛听取校内外专家的意见,制定了中心的科研发展规划,确定了三个主要研究方向:长安历史地理研究、长安文献研究、长安历史与文化研究。长安历史地理研究方向主要研究长安自然环境,城市发展及其相互关系、长安古聚落、长安人文景观变迁及其利用等问题;长安文献研究方向注重历史上与长安相关的史志、笔记以及文学作品等文献资料的整理与研究;长安历史与文化研究方向关注范围较广,包括文学、艺术、教育、娱乐、民俗、宗教、建筑以及长安历史人物的人格心理等。

按照研究中心科研发展规划的要求,我们计划连续编辑出版《长安历史文化研究》论文集,一方面便于汇总前期的相关研究成果,另一方面也希望以此作为长安历史文化研究成果的交流平台。希望这套论文集能够为长安历史文化的深入研究打开新的局面,也为西安市经济、社会和文化的发展贡献我们的绵薄之力。

耿占军<br>2009年5月

注:今年为符合有关出版规定,更名为《长安历史文化与丝绸之路》,特予说明。

# 目 录

## 【古都西安】

试论唐代监察制度的特点及其历史鉴戒 …………………………… 杜文玉（ 1 ）
西汉长安"斗城说"：南北城墙为南北斗形 …………………………… 李令福（ 11 ）
简论西周早期周人对西土外围的军事经略 …………………… 赵丛苍　祁　翔（ 18 ）
浅说漕渠古道 ………………………………………………… 陈正奇　魏　兴（ 23 ）
试论中晚唐关中地区的几种防秋兵 …………………………………… 朱德军（ 29 ）
从历史合力看陕西辛亥革命的酝酿与发生 …………………………… 申　超（ 40 ）
未央宫和大明宫国家考古遗址公园建设之路 ………………………… 肖爱玲（ 50 ）
西安孔庙文化遗产创造性转化与创新性发展研究 …………………… 赵　东（ 59 ）
《吕氏乡约》产生的历史条件 ………………………………………… 李建国（ 71 ）
墓志所见唐长安城安仁坊宅第相关问题探索 ………………………… 吴小龙（ 78 ）
再造古都：20世纪30年代西安"古都"形象的物质基础及空间叙事 … 杨　博（ 93 ）

## 【丝绸之路】

朝鲜半岛与古代丝绸之路 …………………………………………[韩]全弘哲（108）
霞浦摩尼教灯仪与波斯宗教在华之递嬗 …………………… 杨富学　杨　琛（113）
唐与新罗道教文化往来再探索 ………………………………………… 拜根兴（125）
"丝绸之路"与唐人的疆域观念及文化胸怀 …………………………… 高建新（139）
元代日僧雪村友梅的蜀道之旅研究 …………………………………… 梁中效（147）
"百蛮冠带文轨同"：蒙古西征时期中华文明的西向传播 …………… 僧海霞（158）
浅谈隋唐时期洛阳与西域的经济文化交流 …………………… 吴　迪　赵菲菲（162）
万里茶道的枢纽：明清时期张家口商业贸易的兴衰初探 …… 孙　文　张宪功（168）
丝绸之路文化线路遗产管理体制探索 ………………………………… 段春娥（178）
简论耶律楚材《西游录》及其反映的佛道矛盾 ……………………… 李春尧（187）

唐代长安佛教文化对高昌佛教的影响 …………………………… 王小雄(197)
玄奘、义净佛经翻译异同小辨 ………………………………………… 黄　益(204)
2020敦煌佛教艺术研究回顾 …………………………………… 王启胤(209)
我国吐谷浑历史交通地理研究述略 …………………………… 李海宁(223)

# 试论唐代监察制度的特点及其历史鉴戒

杜文玉①

唐代监察制度在我国历代最为完善,有关这一制度的中外研究成果最多,汗牛充栋,多不胜数,水平也参差不齐,时至今日仍时有相关论文发表。如此之多的研究成果,却对其制度特点没有说清楚,其所具有的历史鉴戒意义亦是如此,这些都是值得探讨的。②

## 一、垂直监察的体制特点

这是我国历代监察体制的一个重要原则,只是经过唐朝的发展完善,更加合理,更加高效而已。

众所周知,唐朝的最高监察机构就是御史台,"掌邦国刑宪、典章之政令,以肃正朝列"。③ 设置的目的就在为了对各级官员进行监察,以保证国家政治及社会秩序正常运转,对维护良好吏治来说,更具有决定性的作用。所谓"御史台临制百司,纠绳不法"。④ 在唐代御史台直接对皇帝负责,并不对宰相负责,因为宰相也是御史台的监察对象之一。唐朝宰相被御史台弹劾者也不乏其例,如"韦仁约为监察御史,高宗永徽元年十月,劾中书令褚遂良抑买中书译语人宅地",导致褚遂良被贬为同州刺史。⑤ 显庆元年(656),侍御史王义方弹劾中书侍郎、参知政事李义府。⑥ 御史台不仅有权监察宰相,即使皇子亲王也在其监察范围之内,如"柳范为侍御史,时吴王恪好畋猎,损居人,范奏弹之"。⑦ 因此,御史台的长官御史大夫与御史中丞往往由皇帝亲自选任,而三院御史的选任大夫、中丞有很大的决定权,当然也要经过皇帝的批准。三院御史的品阶都不高,从六品下至正

---

① 作者简介:杜文玉(1951— ),陕西师范大学历史文化学院教授,博士师导师,主要从事隋唐五代史的研究与教学,兼及宋史、丝路研究、历史地理学的研究。

② 张瑞岭:《试论陕西关中地区新石器时代遗址的地理环境与人类生产活动的关系》,《生态学杂志》1982年第1期,20—23。

③ [唐]李林甫:《唐六典》卷一三《御史台》,北京:中华书局,1992年,第378页。

④ [宋]王溥:《唐会要》卷六〇《御史台上》,上海:上海古籍出版社,2006年,第1231页。

⑤ [宋]王钦若:《册府元龟》卷五二〇上《宪官部·弹劾三上》,北京:中华书局,1960年,第6210页。

⑥ [宋]司马光:《资治通鉴》卷二〇〇"唐高宗显庆元年八月"条,北京:中华书局,1956年,第6298—6299页。

⑦ [宋]王钦若:《册府元龟》卷五二〇上《宪官部·弹劾三上》,第6209页。

八品上。唐制，六品以下官员的铨选由吏部负责，称之为部注拟，但是，"自永徽以后，多是敕授"。① 直到唐后期仍是如此，任满直接入具员簿，而此簿本来只收录五品以上官员。可见唐朝对御史选任之重视程度。御史台人员选任的这种特点，是贯彻监察工作垂直性的重要保证。

唐代监察工作的垂直性特点主要表现在如下方面：

其一，御史有权直接向皇帝弹劾各级官员，包括宰相与御史台长官。关于弹劾宰相之事前面已有列举，至于弹劾本台长官之事，试举一例："万岁通天五年五月，监察御史纪履忠，劾奏御史中丞来俊臣，犯状有五焉：一专擅国权，二谋害良善，三赃贿贪浊，四失义背礼，五淫昏狼戾。论兹五罪，合至万死，请下狱治罪。"② 为了保证御史弹劾不受干扰，甚至一度规定御史弹劾大臣不必禀告本台长官。如长安四年（704）监察御史萧至忠弹劾宰相苏味道，御史大夫李承嘉指责其没有禀报自己，萧至忠曰："'故事，台中无长官。御史，人君耳目，比肩事主，得各自弹事，不相关白。若先白大夫而许弹事，如弹大夫，不知白谁也。'承嘉默然。"③ 既称故事，可见自唐初以来皆是如此。虽然以后有所变化，规定小事长官署名同意，大事则长官亲自呈奏，但是至唐肃宗至德时，又恢复了"御史弹事，不须大夫同署"的旧制。④ 此事前后多次反复，但是有一个原则不变，即御史有权向皇帝直接弹劾官员。体现了监察工作是在皇帝的直接领导之下，他人不得干预。

其二，对地方官员的监察由御史台直接进行，无须事先知会地方长官。之所以不向地方长官通报相关情况，一是为了避免互相串通，干扰办案。二是因为地方长官也在御史台的监察范围之内。唐制，监察御史巡按诸道，大事奏裁，小事立决，无须与被纠弹官员的上司通气。这样做不仅提高了办事效率，而且有利于保密。体现的仍然是一种垂直的工作体制。

其三，将外台御史尽量纳入御史台的监察体系中。众所周知，唐代的所谓外台御史，是指诸道使府的参佐等幕职官带御史衔者，三司监院官带御史衔的，即户部、度支、盐铁等三司分布在江淮地区的监院官员。这些官员隶属于三司，因此往往不能很好地履行监察责任。元和时，高元裕上奏说："伏请自今以后，三司知监院官带御史者，并属台司，凡有纪纲公事，得以指使"。⑤ 这样御史台就可以对这类官员发号施令，促使其更好地履行监察之责。此外，唐人还把诸州府录事参军也称为"外台"，如《亳州纠曹厅壁记》云："触邪外台，礼隆其秩"。所谓

---

① ［宋］王溥：《唐会要》卷六〇《御史台上》，第1242页。
② ［宋］王溥：《唐会要》卷六一《御史台中》，第1259页。
③ ［唐］杜佑：《通典》卷二四《职官典六》，北京：中华书局，1988年，第675页。
④ ［宋］王钦若：《册府元龟》卷六四《帝王部·发号令三》，第713页。
⑤ ［清］董浩：《全唐文》卷六九四《请外台御史振举旧章奏》，上海：上海古籍出版社，1990年，第3155页。

纠曹厅就是指录事参军厅。白居易亦称录事参军为"外台"。①唐朝对录事参军的选任十分重视，皇帝一度命中书门下直接选任。代宗广德二年(764)二月又规定："所选御史亦宜于录事参军、县令中简择"。②唐后期刺史不专奏事，可是录事参军却可以与御史台直接联系，甚至可以上疏于皇帝，所谓"录事意，与天通"。③将外台御史纳入御史台监察体系，也是为了贯彻垂直监察的原则。

其四，地方监察体制的垂直性特点。在唐代的藩镇使府中，以观察、节度判官为监察官员，合称两使判官，在州府以录事参军为监察官员，在县级官府则以主簿负责监察之务，县尉辅之。④实际上道一级行政长官观察使也是具有监察性质的官员，"如郡守不理，或临财不廉，酒食是营，狱讼靡息，以时闻奏。"⑤以上规定观察使是针对观察使而言的。不过唐后期观察使已不再是纯粹的监察官员，政事繁忙，监察之事更多的还是靠两使判官负责。这些地方性的监察官员实行的是逐级监察的体制，即上级监察下级的体制，最后还是要对皇帝负责，史载："望令诸观察使，每岁终，具部内刺史、县令，司牧方策，政事工拙上奏。"⑥这种体制亦体现了垂直性的特点，不仅观察使有权上奏，就连录事参军也允许上疏，就是为了保证监察体制内部的上下贯通。

唐代监察体系的这种垂直性特点，具有很大优越性，不仅可以保证办案的时效性，而且有利于排除干扰，强化保密的优点。在古代专制主义体制下，不可能有现代社会的独立监察机制出现，相对于平级横向的监察体制而言，这一特点已是十分难能可贵的了。

## 二、将监察贯穿于日常工作中的特点

唐代监察机制一个很大的特点，就是将监察贯穿于各级官府的日常工作中，从而在很大程度上保证了各种工作的顺利进行。以朝会为例，由殿中侍御史监察殿廷供奉仪式，凡不如式者，则纠正之，严重的则提出弹劾。如果皇帝出巡，"则往来门旗之内，检校文物亏失者"。⑦殿中侍御史二人分知左右巡，左巡使掌京城内，右巡使掌京城外，每月一代，月底则巡刑部、大理寺、东西徒坊、金吾、县狱。设置左右巡使的目的，就是通过巡视主动发现违法乱纪，蒲博盗窃，狱讼冤滥等事。掌管钱粮的部门，是御史台重点监察的单位，主要抓住钱粮的出纳两

---

① [唐]白居易：《白氏长庆集》卷五〇《判》，四部丛刊初编，上海商务印书馆，1922年。
② [宋]王钦若：《册府元龟》卷六三〇《铨选部·条制二》，第7555页。
③ [宋]欧阳修等：《新唐书》卷一一六《杜景佺传》，北京：中华书局，1975年，第4243页。
④ 参见杜文玉：《论唐五代藩镇使府内部的监察体制》，《文史哲》2014年第5期，第95—105页；《唐五代州县内部监察机制研究》，《江西社会科学》2013年第2期，第99—108页。
⑤ [宋]宋敏求：《唐大诏令集》卷八六《咸通七年大赦》，上海：学林出版社，1992年，第444页。
⑥ [宋]王溥：《唐会要》卷六八《刺史上》，第1427页。
⑦ [宋]欧阳修等：《新唐书》卷四八《百官志三》，第1239页。

个环节。唐制，以殿中侍御史一人监太仓出纳，另一人监左藏出纳。太仓归司农寺管，为国家粮库之所在，左藏归太府寺管，为国库之所在，这两库无论出与纳都要有监仓御史在场才可打开，从而保证了国家钱粮的支出与入库都在监察部门的视线之内。由于监仓御史同时还负有推按制狱的任务，每有重大审案任务则不能保证及时监仓，于是又规定如逢推按大狱，每五日一入仓；如非大狱，每三日一入仓。"如不是出纳之时，则许一月两入仓检校。"①

尚书省作为国家的最高政务机关，自然是御史台监察又一重点部门。唐朝规定以监察御史三人负责此事，一人察吏部、礼部，一人察兵部、工部，一人察户部、刑部，号六察官。《旧唐书》卷四四《职官志三》载："尚书省有会议，亦监其过谬"。说明六察官可以列席尚书省会议。

司法刑狱也是御史台监察的重点之一。唐朝规定大理寺、刑部审案完毕，要报御史台复审。重大案件皇帝往往委派御史台、刑部、大理寺联合组成审案机构，称之为三司推按。为了及时受理冤案，唐朝又把京城及诸州分为东、西两部分，以侍御史各一人负责，号东推、西推，又以殿中侍御史各一人，同知东、西推，号四推御史。其推问完毕后，若是大案则申奏皇帝，若是寻常之案则交大理寺定罪。对于死刑的处决，则置有监刑御史。行刑前监刑御史到府引问，"如囚不称冤，然后许行决"。②这是唐朝对死刑慎重态度的一种表现。当然这种规定只适用于长安、洛阳两京地区。

对地方官府的监察亦体现了这一特点。监察御史每年分春、秋两季巡察地方，以六条问事，"其一，察官人善恶；其二，察户口流散，籍帐隐没，赋役不均；其三，察农桑不勤，仓库减耗；其四，察妖猾盗贼，不事生业，为私蠹害；其五，察德行孝悌，茂才异等，藏器晦迹，应时用者；其六，察黠吏豪宗兼并纵暴，贫弱冤苦不能自申者"。③这也是一种主动巡视的行为。

除以上这些方面外，御史台还有许多监察任务，如监军，唐后期改为宦官监军；监馆驿，唐后期时以宦官监管之，但由于朝臣们的反对，这项任务始终没有发展成为宦官的专任，而是两者交替监之；监官员选补，由于岭南路途遥远，官员入京参加铨选不便，于是朝廷便派官到当地主持铨选，而以御史监之，以保证铨选的公正性。此外，监屯田、监铸钱、监矿产、监祭祀等，都是御史台的任务。

总之，御史台的监察范围包括了政府工作的方方面面，这些监察行为大都贯穿于这些部门的日常工作中。这样做可以有效地预防犯罪，及时发展问题，解决问题，而不是事后追究。其实唐朝的疆土十分广大，幅员辽阔，但唐朝监察机构并不十分庞大，专职监察人员也不算多。为什么能够保证国家机器的正常运转，社会发展蒸蒸日上，在很长一个时期内，做到了政治清明，吏治良好，夜不闭户，路不拾遗，先后出现了贞观之治、开元盛世，其重要原因之一，就是把监察工作贯穿到官府的日常工作之中。这是一个很值得借鉴的历史经验。

---

①②［宋］王溥：《唐会要》卷六〇《御史台上》，第1241页、第1245页。

③［宋］欧阳修等：《新唐书》卷四八《百官志三》，第1240页。

### 三、审计与勾检制度的特点

健全财务审计制度是保证官员廉洁，防止贪腐的重要手段。唐朝中央最高审计机构是比部，负责全国的审计工作。唐在中央诸司中皆置负责审计的官员，这就是主簿、录事、主事等官员，在地方则置有录事参军、孔目官、主簿、录事等专职或兼职审计官吏。要求各部门与各地官府每旬申闻，每月计奏，"皆经度支勾复，又有御史监临，旬旬相承，月月相继，明若指掌，端如贯珠，财货多少，无容隐漏"。① 中央诸司每季、年终呈报比部，地方年终呈报比部，然后再做出全国性的财务审计。其审计的重点有三：一是审查按规定应存留的定额是否有所突破，二是审查各项开支的数目与去向是否合理，三是核对账目与钱物是否相符。这种内外结合，严格审查的制度，体现了唐朝审计制度先进性的特点。唐后期中央财政由度支、户部、盐铁转运使等管理，每个使司内部仍有审计机制存在，这三种使职、副使领导本部门内的审计，其部下判官、巡官、监官具体负责财政审计与勾检任务，从而形成了以使职为中心的自检自查机制。②

唐代的这种审计制度十分严格，覆盖了全国各部门及各级地方政府，不留审计的死角，所以覆盖面广是其特点之一。这种审计制度虽然仍属于事后审计，但由于每旬、每月、每季皆有审计，而不仅仅是年终审计，这样就有利于及时发现问题，避免造成大的财务漏洞和贪腐问题，这种经验很有借鉴意义。

唐代的勾检制度主要包括三个方面：一是受(付)事发辰。所谓受事，即指接收相关公文之意，付事是指向相关官员交付公文之意，前者是指收到公文，后者则是指发出公文。所谓发辰，"发"是"始"的意思，"辰"指"日"。受(付)事发辰，是说收到上级或者其他部门转来的公文，要登记清楚接收的日期，何日将公文交付何部门何人处理，都要及时登记，以便作为计算程限、检查是否按时处理完公文的依据。二勾检稽失。"稽"，滞缓之意；"失"，误也。就是说没有在规定的时间内完成公文的处理或处理中出现错误，包括公文的内容、格式以及处理意见等方面违背了相关政策、法令和制度等。三省署钞目，或曰"省署符目"。所谓钞目与符目，前者是指一个部门收入和发出公文的目录，也称为抄目；后者则指尚书都省下发给地方各级政府符(也是一种公文)的目录。这些目录皆需要勾检官员负责审核、签署，在准确无误之后，然后再盖印。以上三个方面的工作，实际上可分为两大部分：其一，针对本部门内部而制定的管理制度，以提高工作效率，减少差错，强化对公文档案的管理，受(付)事发辰和省署抄目均属于这一部分；其二，针对实际工作中存在的问题进行检查和纠正，即所谓勾检稽失。③ 唐朝在中央诸司与地方各级官府中皆置有负责勾检的官员，故这一套制度同样覆盖了所有

---

① [后晋]刘昫：《旧唐书》卷一三五《裴延龄传》，北京：中华书局，1975年，第3723页。
② 李锦绣：《隋唐审计史略》，北京：昆仑出版社，2009年，第64—66页。
③ 杜文玉：《唐代地方州县勾检制度研究》，《唐史论丛》第16辑，西安：陕西师范大学出版社，2013年，第1—17页。

的政府部门，并且得到了严格的执行，这一点在发现的敦煌吐鲁番文书中有清楚的反映。

勾检制是唐代监察制度的一个重要组成部分，并非是一套独立的制度。不能把这一制度仅仅视为对公文的勾覆检查，其对官员而言具有很大的约束力，对避免官员之间推诿、扯皮，提高办事效率具有重要的意义。是治理官员赖政的有效方法，凡是追求高效率的政府就应该建立健全这种制度，其历史鉴戒意义就在于此。

### 四、被纠弹官员停职待罪的规定

唐朝有官员待罪的相关规定，包括宰相在内亦是如此。在朝官员待罪之处有二：一是在家素服待罪，二是朝堂待罪。史载："故事，大臣为御史对仗弹劾，必趋出，立朝堂待罪。"①还有一种情况，即犯罪官员主动待罪于朝堂，等候皇帝处理，唐太宗就规定："自今三品已上犯罪，不须引过，听于朝堂俟进止。"②"俟进止"，就是等候处理的意思。凡是待罪的官员不论地位高低，均要停止职务，除非皇帝明令解除待罪，才可履任复职。

在京师任职的官员如此，那么在地方任职的官员又是如何待罪的呢？前面已经论到唐廷每年派监察御史巡按全国各地，号称代天子巡狩，"所历州县，其长吏政绩，闾阎疾苦，及水旱灾伤，并一一条录闻奏。"③在巡察中如发现违法或犯罪官员，拥有大事奏裁，小事立决的权力。正因为巡按御史有这样的权力，所以唐人认为"御史出使，不能动摇山岳，震慑州县，为不任职"。④对于巡按御史提出弹劾的官员，均要停职待罪。不仅巡按御史有这种特权，凡是皇帝派出巡察天下的使者，也同样也有这种权力，如开元二十九年(741)五月，玄宗"命大理卿崔翘、尚书右丞席豫、工部侍郎郭虚己、御史中丞张倚、中书舍人孙逖、给事中赵安贞、太常卿韦常、班景倩，分行天下。诏曰：'……其官吏中有贪冒赃私，其犯名教，或衰老疾病，无政理者，刺史已下宜停务，奏闻。'"⑤类似事例颇多，不一一列举了。

地方官员因人告发，皇帝派御史出使推问，被纠告官员首先要停职待罪。如德宗时因漳州刺史张慇有犯令"遣监察御史苏弁往彼，停务问推"。⑥留台御史亦有这样的权力，元和时，东都留台监察御史元稹，曾令河南尹房式停务，史载："河南尹房式为不法事，稹欲追摄，擅令停务。既飞表闻奏，罚式一月俸，仍召

---

① [宋]欧阳修等：《新唐书》卷一〇九《宗楚客传》，第4102页。
② [宋]司马光：《资治通鉴》卷一九二唐太宗贞观二年三月，第6161页。
③ [宋]王钦若：《册府元龟》卷六五《帝王部·发号令四》，第724页。
④ [宋]欧阳修等：《新唐书》卷一一六《韦思谦传》，第4228页。
⑤ [宋]王钦若：《册府元龟》卷一六二《帝王部·命使二》，第1956页。
⑥ [宋]王钦若：《册府元龟》卷六〇《帝王部·立制度一》，第673页。

稹还京。"①元稹之所以被召回长安，是因为其"擅令停务"，可知对地方大员的停务是要奏请皇帝同意的。不仅被弹劾的官员要停职待罪，大理寺派员外出审案，也是如此。史载：大理评事，"凡承制推讯长吏，当停务禁锢者，请鱼书以往"。②鱼书是皇帝降下的鱼符与敕书，是停务的凭据。

唐朝的这一制度对于查处犯罪官员具有重要的作用，因为停务有利于调查案件，排除干扰。对于地方官员来说，这一点尤为重要，天高皇帝远，如果不停务，将会导致其利用职权，制造障碍，消灭罪证，极不利于案情的调查。因此，唐朝规定如被弹劾，先停职待罪，如查明无罪，再恢复职务。如果被大理寺推按，不仅要停务，还要被禁锢起来。因此，凡被停务的官员，不一定均证明有罪，制定这一规定的主要目的，就在于有利于调查取证，是监察制度得以有效贯彻执行的重要保证。

### 五、监察体制中互相制约的特点

御史台作为国家最高监察机构有权监察从中央到地方的所有官员和部门，位高权重，如果对其缺乏监督，则御史台就会变成特权部门，其危害也是不可低估的。对制度上的这种缺陷，唐人早就觉察到了，并且设计了很好的制约机制，这就是以尚书省的左、右丞负责监察御史台。《新唐书》卷四六《百官志一》载：左右丞"掌辩六官之仪，纠正省内，劾御史举不当者"。《册府元龟》卷五一二《宪官部·总序》亦载：唐"尚书左、右丞，掌纠举宪章，御史纠劾不当者，兼得弹奏，亦宪官之任也。"白居易在《庾承宣可尚书右丞制》中亦说：左右丞"坐曹得出入郎官，立朝得奏弹御史"。③尚书左右丞既然拥有纠举御史的权力，因此在唐代凡涉及御史台职责时便指使左右丞监督之，如太和四年（830）六月诏："如闻御史台、大理寺、京兆府及诸县囚徒，近日讯鞫，例多停滞。自今已后，宜令所司速详决处分，其诸司应推狱，有稽缓稍甚与夺或乖者，仍委尚书左右丞及分察御史，纠举以闻。"④因为其中涉及御史台，故不可能全都命分察御史纠举，其纠举的只能是御史台之外的其他部门，而纠举御史台者则为左右丞。类似史料还有不少，证明左右丞的确履行了其在这方面的职责。左右丞在这方面的职责直到五代时期仍然被沿袭下来了，如后唐时张鹏任御史中丞，清泰元年（934），"鹏又自举内殿起居，门外序班与御史晚到失仪。诏各罚一月俸料"。原注曰："故事：御史府不治，尚书左右丞举奏，今鹏自弹，则尚书左右丞可知矣。"⑤这里所谓"故事"，就是指唐制，由于举行内殿起居时，御史晚到失仪，本该由左右丞举奏，反倒是御史中丞纠弹了本部门的官员，故曰"尚书左右丞可知矣"，意为其没有尽到责任。

---

① [后晋]刘昫：《旧唐书》卷一六六《元稹传》，第4331页。
② [宋]欧阳修等：《新唐书》卷四八《百官志二》，第1257页。
③ [清]董诰：《全唐文》卷六六二，第2980页。
④ [宋]王钦若：《册府元龟》卷一五一《帝王部·慎罚》，第1827页。
⑤ [宋]王钦若：《册府元龟》卷五一七《宪官部·振举二》，第6180页。

· 7 ·

至于其纠察御史台官员事例亦不少见,如大历三年(768)八月,"御史大夫崔涣为税地青苗钱使,给百官俸钱不平,诏尚书左丞蒋涣按鞫,贬崔涣为道州刺史"。①之所以命蒋涣负责此案,是因为审理对象是御史大夫,这正是左右丞监察的对象。

此外,尚书左右丞不仅有权监察御史台及本省内的官员,对于在京其他诸司亦有权监察,这方面的记载很多,试举数例:贞观时,"时司农市木橦,倍直与民,右丞韦悰劾吏隐没,事下大理讯鞫"。②玄宗时曾颁制规定:"其诉枉屈人,任申牒刑部;事状似枉者,为牒本使勘问,尽其道理;无本使者,追本案为其寻究;应雪者,本司断后,委左右丞更审详覆。"③这是令左右丞纠察刑狱方面的例子。唐朝之所以令左右丞也参与监察其他诸司,目的就在于制约御史台,使其不能专擅监察之务。当然,左右丞的监察之责主要体现在对御史台的纠察上,其监察的重点并不是其他诸司。

其实唐朝的这种制度安排,也是沿袭前代而来的,只不过那时拥有这种权力的只是尚书左丞,《初学记》说:"尚书令与左丞总领纪纲,仆射与右丞掌禀假财谷。魏晋以来,左丞得弹奏八座"。④除了尚书省八座之外,朝廷其他官员亦在其监察范围之内,如"北齐武成帝河清三年,时娄睿为司徒,滥杀人,为尚书左丞宋仲美弹奏"。⑤娄睿便是八座之外的高官。唐朝在前代制度的基础上,把监察权力集中于御史台,除了继续保留左丞的监察权外,又扩大到了右丞,并将其监察对象的重点放到御史台,这样就使所有的官员与机构都处在监察的范围之内,互相制约,不留监察死角,这种制度设计是唐代职官制度的一个优点,很值得学习和借鉴。

## 六、提高监察官员政治待遇的特点

唐御史台官员的品阶不算高,长官御史大夫,从三品,唐后期升为正三品;副长官御史中丞,正五品上,后升为正四品下。侍御史,正七品上,后升为从六品下;殿中侍御史,正八品上,升为从七品上;监察御史,从八品上,升为正八品上。与同为清要之官的尚书六部官员比较,明显偏低,即使与事务性的九寺、五监等部门官员相比,也是比较低的,至于与军事性质的官员相比则更为低下。从地方官员的品阶看,府尹从三品,少尹从四品下,上州刺史从三品,中州正四品上,下州正四品下;京县县令正五品上,畿县正六品下,上县从六品上,中县正七品上,下县从七品下,其品阶绝大多数都高于三院御史。我国古代官制遵循

---

① [后晋]刘昫:《旧唐书》卷一一《代宗纪》,第290页。
② [宋]欧阳修等:《新唐书》卷一〇三《孙伏伽传》,第3997页。
③ [清]董诰:《全唐文》卷二五三苏颋《洗涤官吏负犯制》,第1130页。
④ [唐]徐坚:《初学记》卷一一《职官部上·左右丞》,北京:中华书局,1962年,第267—268页。
⑤ [宋]王钦若:《册府元龟》卷三三三《宰辅部·罢免二》,第3927页。按:这条记载不见于《北齐书》与《北史》等书,《元龟》所记当另有所本。

以贵治贱，以尊临卑的原则，但是对监察官员而言，却反其道而行之，体现的是以小制大，"以卑临尊，正上下相维之意"。① 唐朝沿袭了古代这一传统，有意把监察官员的品阶降到被监察对象之下，却又赋予其极大的权力，从而达上下相维的平衡状态。

但是监察官员品阶低下，必然使其权威受到了较大的影响，于是又采取了提高其政治待遇的办法，使广大官员对监察官员产生敬畏之感，从而形成极大的威慑力。这一切主要表现如下方面：

（一）御史巡按及遣使巡抚全国各地，均号称"代天子巡狩"。这一点前面已有论述，不多说了。

（二）新任御史台官员到任，京兆府所属官员必须以礼参见。史载："太和九年，御史台奏：'京兆尹及少尹、两县令、合台参官等，旧例，新除大夫、中丞，府县官自京兆尹以下，并就台参见。其新除三院御史，并不到台参，亦不于廊下参见，此为阙礼尤甚。伏请自今以后，应三院有新除御史等，并请敕京兆尹及少尹、两县令，就廊下参见。'"② 可知新任命的御史大夫、中丞，自京兆尹以下官员都要赴台参见，新任三院御史，则须在廊下参见。唐后期此礼渐阙，故御史台奏请恢复此礼。御史台与京兆府并无隶属关系，规定其必须参见台官，目的就在于维护监察官员的权威，提高政治地位。

（三）提高御史入住馆驿的待遇。唐朝的官员外出，无论是交通工具还是食宿，都由沿途馆驿提供，其中对御史台官员专门有特别的规定。史载：元和五年四月"御史台奏：'御史出使及却回，所在馆驿逢中使等，旧例，御史到馆驿，已于上厅下了，有中使后到，即就别厅。如有中使先到上厅，御史亦就别厅。因循岁年，积为故实。访闻近日，多不遵守。中使若未谙往例，责欲逾越，御史若不守故事，惧失宪章。喧竞道途，深乖事体。伏请各令遵奉旧例，冀其守分。'敕旨：'其三品官及中书、门下、尚书省官，或出衔制命，或入赴阙庭，诸道节度使、观察使赴本道或朝觐，并前节度使、观察使追赴阙庭者，亦准此例。'"③ 唐前期严禁宦官外出，自然不存在这种情况，唐后期宦官势力强大，专权擅政，故不遵旧制，在馆驿住宿方面发生了许多争执事件，因此才再次强调遵守旧制。从上面的引文看，不仅宦官如此，其他高官也是如此，须知诸司三品官皆是各部门的长官，中书、门下、尚书三省官员皆为势要之官，至于节度使、观察使等均为地方大员，以品阶及权势而论，更是大大高于御史之辈，可见御史台官员的政治待遇之高。表面上看，这一规定似乎是生活待遇问题，但是在我国这种等级社会中，这类规定说到底还是一个政治问题。

（四）在行道问题上的规定。我国古代在行道方面，通常都是百姓让官员，低级官员让高级官员，唐朝亦是如此。但是对御史台官员却另有规定，唐文宗开成

---

① ［宋］林駉：《源流至论》别集卷五《援经》，文渊阁四库全书本。
② ［宋］王溥：《唐会要》卷六〇《御史台上》，第1231页。
③ ［宋］王溥：《唐会要》卷六一《御史台中》，第1251页。

五年(840)四月,"东都奏:'河南尹高铢与知台御史卢罕街衢相逢,高铢乘肩舆,无所避。二人各引所见,台府喧竞。'上乃下诏曰:'尹正官重,台宪地高,道路相逢,仪制不定。各执词理,每有纷争。胜负取决于一时,参详未申于久制,委有司斟酌典故闻奏。'都省议:'台府相避,本无明令。按前后例,知杂御史与京兆尹相逢,京尹回避。今东都知台御史即一员,兼得行中丞公事,若不少加严重,即恐人不禀承。今据东台所由状,从前河南尹皆回避,请依上都知杂御史例为制。其上都御史人数稍众,若令京兆尹悉皆回避,事恐难行。请自今已后,京兆尹若逢御史,即下路驻马,其随从人亦皆留止。待御史过,任前进。其东都知台御史,亦请准此为例。其京兆尹若趋朝及遇宣朝,不可留滞,即任分路前进。'制可。"① 京兆尹、河南尹作为两京地区的行政长官,地位尊贵,史书中多有神策军将冲撞京兆尹队伍而被杖杀的记载,但却在道遇御史台官员时回避礼让,这种情况也是为了维护其权威而在制度上的规定。

## 七、小结

唐代监察制度的这些特点,是在吸收前代制度精华的基础上,再结合当时的社会与政治情况而逐渐形成的,是集历代监察制度之长的表现。正是由于这些特点的存在,保证了唐朝监察制度的顺利实施,对改善吏治,促进官府正常运转,打击和预防犯罪,维护社会公平与秩序等方面,发挥了很好的作用。以上这些特点还有一个重要的意义,就是其具有很好的历史借鉴意义,某些方面的经验与教训直到今天仍然没有失去鉴戒作用,在制度尤其是监察制度的建设与完善方面,应吸收其合理的方面。退一步说,这些经验至少也可以提供制度改革的思路,因此其毕竟是我国古代制度文化的优秀成果,切不可视而不见。当然,唐朝的这些制度也存在有一定的局限性,因为唐朝毕竟还是一个专制社会,因此在制度的实施过程中不免带有强烈的人治特点,皇帝个人的好恶,使制度的执行有时不免走样。此外还要看到,这一制度的设计主要是针对官员的,对皇帝制约的作用不大。在唐代对皇帝的制约主要体现在谏议制度与封驳制度上,② 而且还是对所谓英明君主或者比较理智的皇帝而言,如果皇帝一意孤行,则这些制度的制约作用便荡然无存了。

---

① [宋]王溥:《唐会要》卷六八《河南尹》,第1408页。
② 胡沧泽:《唐代监察制度对皇帝的制约》,《福建师范大学学报》2000年第3期,第98—104页。

# 西汉长安"斗城说"：南北城墙为南北斗形

李令福①

我曾经撰写论文《隋唐都城六爻地形及其对城市建设的影响》②，通过考证认为隋文帝初建大兴城时，找出了6条东西横亘的黄土梁以象征乾卦的六爻，并按照乾卦理论来布置各类重要的建筑，比如宫殿、皇城与重要寺观，给现实地形赋予一种人文的精神，达到了天人合一的境界。也曾经撰写《法天象地：渭水贯都的咸阳城》③，认为秦始皇不仅大规模扩建秦都咸阳，而且利用"法天象地"的思想进行整体布局，使咸阳形成了"渭水贯都，以象天汉；横桥南渡，以法牵牛"的宏伟壮观局面。两文观点均受到读者诸君的基本赞同。那么从这个逻辑推演下来，汉承秦制的西汉首都长安城的"斗城说"，即长安城不规则的布局是按照"南为南斗形，北为北斗形"的"法天思想"设计的，应该也不可轻易否定，值得我们深入研究。

## 一、西汉长安城的兴修与"斗城说"的形成

汉高祖五年（前202），刘邦称皇帝。据《史记·高祖本纪》："高祖欲长都洛阳，齐人刘敬说及留侯劝上入都关中。高祖是日驾西，入都关中。"④此为定都长安之始。此后二百余年，长安一直为西汉首都。汉长安城的建设大体可分为三大阶段，即汉初的兴修和汉武帝、西汉末年的扩建。但与"斗城说"密切相关的城市基本框架是在汉初十余年间建成的，故本文只叙说汉初的兴修过程。

汉初兴修长安城也可以细分为三个阶段，首先是在秦兴乐宫基础上修建长乐宫。高祖七年，长乐宫成，刘邦自栎阳徙都长安。第二阶段是大规模兴修未央宫、北宫、武库与太仓等城内宫殿、官署建筑及其他基础设施。这些工程规划建设的总指挥为丞相萧何，而将作少府阳成延则负责具体的监修。未央宫是作为皇帝居住与处理朝政的正宫来建设的，故其前殿、北阙与东阙修建得特别富丽奢华，连刘邦见到了都觉得"治宫室过度"⑤。高祖九年，未央宫正式建成。第三阶段主要是长安城墙的修建。从汉惠帝元年（前194）营筑西城墙和北城墙开始，工程持续

---

① 作者简介：李令福（1963—　），安徽萧县人，陕西师范大学西北历史环境与经济社会发展研究院教授，博士生导师。研究方向：历史经济地理、中国古都学。
② 《陕西师范大学学报（哲社版）》2010年第4期。
③ 《最地产》2011-03-15。
④ 《史记》卷八《高祖本纪》。
⑤ 《汉书》卷一《高帝纪》。

了五年之久，直到惠帝五年秋才全部完成。长安城墙修建规模之大十分惊人，可以从其用工之多来得到反映。据《汉书·惠帝纪》记载："三年春，发长安六百里内男女十四万六千人城长安，三十日罢……六月发诸侯王、列侯徒隶两万人城长安。……（五年）春正月复发长安六百里内男女十四万五千人城长安，三十日罢。九月长安城成。"①至此，长安城已初具规模。

作为封建王朝的首都，汉长安城在形制上特别引人关注，其城墙呈不规则形，与后来都城城墙的平直方正颇为不同。具体请参考图1"西汉长安城基本形态示意图"。根据考古测量，汉长安城除东城墙比较平直、三个城门位于南北同一条直线上外，南、西、北三面城墙都有不同程度的曲折。其中北墙最多，有五处曲折，主要位于城门附近：横门一处，厨城门与洛城门各两处。北墙西端比北面西头第一门横门偏南约500米，横门比北面中门厨城门偏南约200米，厨城门比北面东头第一门洛城门偏南约800米，而洛城门又比北墙东端顶点偏南约300米。整个城墙呈西南——东北曲折，城墙西端比东端偏南近2000米。而且城墙西端和横门之间以及厨城门和洛城门之间的方向不正，由西南向东北倾斜。其次为南墙，有四处曲折。南墙中间一段向外突出，西段则比东段偏南，中间的安门比东边的覆盎门偏南约900米，西边的西安门比安门偏北约200米，而比覆盎门偏南约700米。西城墙有两处曲折，位于未央宫西的南段比位于桂宫西的北段偏西约200米。②

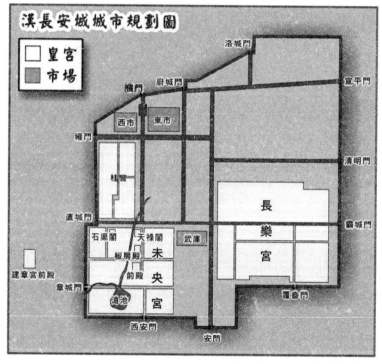

图1 西汉长安城基本形态示意图

---

① 《汉书》卷二《惠帝纪》。
② 西汉长安城考古资料主要参考刘庆柱先生《汉长安城》，文物出版社，2003年。

南北城墙的曲折与天上的南斗和北斗星十分相像,因而在古代人们又将汉长安城称为"斗城"。《三辅黄图》最早提出这个观点,认为汉长安城:"城南为南斗形,北为北斗形,至今人呼汉京城为'斗城'是也"。① 是说长安城兴建时有意模仿天象,把南北城墙建成与天上的南斗星和北斗星相同的形状。此说最早见于《三辅旧事》:"长安城南为南斗形,北为北斗形。"此书大约成于六朝中期,原书已散佚,李好文《长安志图》有引用②。二者记载几乎完全相同,具有继承性。《周地图记》认为汉长安城"城形似北斗也"。文字比较简略,内容当然不能具体,但整体来说还是可以归纳"斗城说"的。

汉长安城之所以设计成"斗城",似乎因为天文学上南斗、北斗蕴含着十分丰富的文化内涵。古人"仰以观于天文,俯以察于地理",早就将天文与地理结合起来。秦汉之际,天人合一、天人感应几乎成为从朝野到民间的基本理念,"法天象地"的思想对秦汉时代都城规划具有重大影响也很正常。

在北面天空有一个著名的星座,叫大熊星座。它是北极区最亮、最重要的星座。大熊座中有七颗较亮的星,它们在天空排列成一个勺子形状,称为北斗,也叫北斗七星。北斗七星不仅能帮助人们判断方向,而且能指示不同的季节。古人早就认识到:"斗柄东指,天下皆春;斗柄南指,天下皆夏;斗柄西指,天下皆秋;斗柄北指,天下皆冬。"③"北斗星"实际上成为悬挂在所有北半球人头上的一个精确"时针"。

北斗七星,由于明确的标志性特征,在表达天的观念上具有很大的优势,因而也就成为昊天大帝的指代物。《史记·天官书》曰:"北斗七星,所谓'璇玑玉衡,以齐七政'。斗为帝车,运于中央,临制四乡,分阴阳,建四时,均五行,移节度,定诸纪,皆系于斗。"④北斗柄授时,在天成像,在地事人,所以,汉长安城筑斗城的意义也在于"齐七政",将天文星象与帝都皇权结合起来,以显示"君权神授"、皇帝替天行道的合理性。

## 二、"斗城说"在争议中得到了发展

在西汉以后两千多年的帝国时代,西汉长安城"斗城说"得到了绝大多数的学者的赞同。唐李吉甫《元和郡县图志》、宋宋敏求《长安志》和元骆天骧《类编长安志》等著名志书都沿用了这样的说法,可以说他们都相信此说的成立。

元代至正年间,李好文对"斗城"之说开始也信以为然,后来他考察了长安城的结构、长安城周围的地理环境,以及最早的文献资料后,得出了"恐非有意为也"的结论。他在其所著《长安志图》中说:《三辅黄图》及《周地图记》说长安城南为南斗形,北为北斗形。从城的平面形状来看,确实是这样,但《汉书·地理志》

---

① 《三辅黄图》卷之一《汉长安故城》。
② 李好文《长安志图》卷中《图志杂说·北斗城》。
③ 《鹖冠子·环流篇》。
④ 《史记》卷二十七《天官书》。

以及班固的《西都赋》和张衡的《西京赋》都没有这样的说法。"斗城"说并没有汉代当时的文献根据。

李好文认为宫殿修筑在先，城墙修筑在后，各宫殿的位置排列不齐，所以形成了南面与西面城墙的弯曲。长乐、未央修建在前，"皆据冈阜之势，周二十余里，宫殿数十余区"，而城墙修建在后，"必须包二宫在内，今南城及西两方凸出，正当二宫之地，不得不曲屈以避之也"。

他还从地理环境来解释长安城不规则的原因，认为北墙的曲折则是受到渭河制约的结果："其西二门以北渭水向西南而来，其流北据高原，千古无改，若取城正方，不惟太宽，又当渭之中流。人有至其北城者，言其委曲迂回之状盖是顺河之势，不尽类斗之形。以是言之，岂后人偶以近似而目之也欤？"①

实际上李好文的论证并没有也不可能否定"斗城说"的成立。第一，班固《西都赋》和张衡《西京赋》虽没有"斗城"的说法，但是他们都提到了未央宫是按照天上的紫微垣来设计的。张衡《西京赋》云："正紫宫于未央，表峣阙于闾阖"。班固《西都赋》则曰："汉之西都，在于雍州，实曰长安。其宫室也，体象乎天地，经纬乎阴阳，据坤灵之正位，仿太紫之圆方。……徇以离宫别寝，承以崇台闲馆，焕若列宿，紫宫是环。"故汉辛氏《三秦记》明确记载说："未央宫，一名紫微宫。"这种把皇帝正宫当作紫薇宫来设计的理念与秦都咸阳的"法天思想"一脉相承，与"斗城说"密不可分，可以说就是"斗城说"的一部分。

第二，先宫殿后建城的兴修过程对城墙走向不可能影响如此之大。因为作为汉代的都城不可能没有统一的设计规划，宫殿不可能随意布局，城墙也没必要这样不规则。惠帝筑城时，主持汉城建设的萧何虽去世三年，但是"萧规曹随"，其后为丞相的曹参，对萧何的"为法令约束，立宗庙社稷宫室县邑"，"举事无所变更，一遵萧何约束"。萧何立东阙和北阙、未央宫时，已经把阴阳五行、天文地理考虑在内。那么，汉城城墙的规划出于他手也是有可能的。

第三，如果为了防止渭水的威胁，完全可以将城墙空间南移修筑，使宫殿位于中间，事实上，惠帝筑城是有意把宫殿置于南部。并且，西北部为何修成数道曲折，而不是设计成一条西南——东北向的直墙，更省物力劳力？所以，用地形、河流因素来说明北城墙的曲折以否定"斗城说"，也是很难让人信服的。

李好文反对"斗城说"的观点并未被当时的人们所接受，明清几乎所有的学者仍然坚信西汉长安城的"斗城说"。尽管如此，我们还是应该看到李好文的观点对于"斗城说"的发展还是有一定价值的。他第一次将汉长安城的形状与周围的地理环境联系起来，按这个思路研究下去，可以使我们探索汉长安城的地理基础及其对环境的利用方法，找出"斗城说"的深层原因，使我们对长安城布局的解释更加深入。

---

① 李好文《长安志图》卷中《图志杂说·北斗城》。

## 三、"斗城说"的具体解释：南为南斗形，北为北斗形

汉长安称为"斗城"，是由于北城墙西北段蜿蜒曲折，形如北斗；南城墙中部突出部分和东段曲折如南斗，还没有学者不承认汉长安在形态上的确类似于南斗和北斗。但是到底如何解释还有不同的意见。

北京大学于希贤教授对风水地理学很有研究，他最早利用天文星象与长安城考古复原图进行对比，坚信"斗城说"的成立，并首次给予直观的解释，认为汉长安城"斗城"的规划思想主要是按北斗、勾陈（大熊座、小熊座）布局的，并绘出了具体的汉长安城"斗城说"的布局示意图，见图2[①]。

于希贤在星图上将北斗七星、勾陈、北极、紫微右垣星座连接起来，发现与汉长安城形状惊人相似，几个特殊的关键部位，正是星座的位置。南端突出处为天玑所在，建章宫独立于西南，正是开阳、摇光的连接部分，西北曲折城墙与太子、勾陈连线吻合。天璇、天枢与勾陈一（北极星）三点一线已被天文学证实，在天文观察中，只要沿着天璇—天枢的方向，即可找到北极星，和东墙的平直完整相一致。更令人惊奇的是，连接安门、清明门、宣平门、洛城门、厨城门、横门、雍门、直城门的八条大道也基本相同，甚至主要宫殿、市场的大小比例也基本符合。

于希贤观点符合《三辅旧事》认为汉长安城"城形似北斗也"的一家观点。同时他把紫微垣包括北极星引入"斗城说"的解释之中，给人以启迪。但是，我认为他的观点与一般意义上的"斗城说"还有很大的距离。因为最明确的"斗城说"认为："南为南斗形，北为北斗形"，于观点却与此不相符合。他只有北斗星，却没有南斗星，而且还没有给予论证。同时"桂宫""明光宫"是汉武帝修建的，不是皇帝处理政事和居住的正宫，不能够达到紫微垣的地位；未央宫才有天上紫微垣（北极星）的象征地位。

我的基本解释可以从以下五点来理解，参考图3"汉长安城'斗城说'布局推定图"。一是"南为南斗形"是指长安城南墙的拐弯节点共有六个，与"南斗六星"相吻合。二是"北为北斗形"是北墙的拐弯节点共有七个，与"北斗七星"相吻合。以上两点符合文献"斗城说"最明确的记载："南为南斗形，北为北斗形"。

第三，未央宫是皇帝居住与处理朝政的正宫，紫微垣是天上昊天大帝的居处。汉长城未央宫相当于天上的"紫微垣"，汉代的文献记载已于上文引述。

第四，西墙的两个曲折也可以从天象上得到解释。在天空星象中，北斗星的斗柄正指向北极星，而北极星正位于紫微垣中。古人认为北极星不动，而所有的星都环绕它旋转，所以称之为帝星。天极星即北极星，又称北辰，它由五颗小星组成，位于紫微宫中。《论语·为政》："为政以德，譬如北辰，居其所而众星拱之。"由北斗星找到北极星，从北斗星中的指极星向斗口方向延长，在五倍于指极

---

[①] 于希贤《中国传统地理学》，云南教育出版社2002年10月。

星之间距离的地方那颗星,就是北极星。见图4.北斗星斗柄指向北极星的天象图。

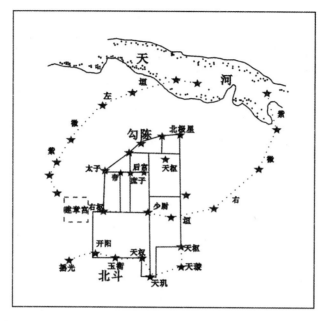

图2 汉长安城"斗城说"布局示意图(于希贤)

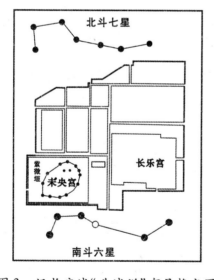
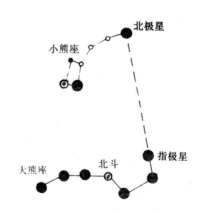

图3 汉长安城"斗城说"布局推定图　　图4 北斗星斗柄指向北极星的天象图

为了效法天象,在地上的长安城,西墙北段东缩一点,正好使北斗斗柄向南直指象征紫微垣的未央宫,北极星位于其中。相对于南北斗、紫微宫的布设,这种细节上的设计更加让人难以察觉。

以上四点结合起来构成"斗城说"的基本内容:"南为南斗形,北为北斗形",而且未央宫在二者之间,象征着天上的紫微垣,为北斗斗柄所指。这样的布局与天上星象基本吻合：南斗星座在南，北斗形座位北，中间为紫微垣，北极星在紫微垣中，为北斗星斗柄所指。图5. 南北斗、紫微垣与二十八星宿图。

地上的南北墙与未央宫不仅位置正好对应，而且南北西三墙的弯曲也可得到合理的文化解释。长安城除了平直的东城墙外，南墙四折六节点以像南斗星形状，北墙五折七节点以像北斗星形状，西墙曲折为的是北斗斗柄指向北极星。如此，三墙的弯曲与未央宫的位置都可与天象相比附，是相当圆满的"斗城说"。

汉长安城的不规则形状竟然可以与天上的星象一一对应，南北斗、紫微垣、北极星大有寓意，南北西三墙的曲折各有象征，天上地下如此浑然一体，能不令人深思。

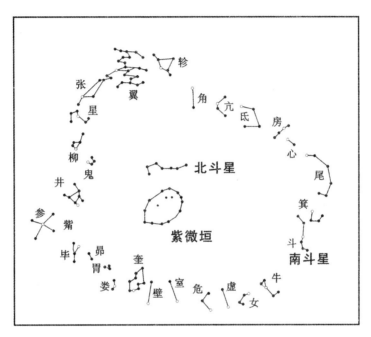

图5　南北斗、紫微垣与二十八星宿图

第五，"斗城说"的成立建立在巧妙地利用龙首原与渭河阶地地貌的基础上。应该说，两千多年前的古人不拘泥于既有的都城形制，因地制宜，既能合理利用自然地理形势，又能赋予天人合一的文化精神。灵活规划设计这样一座规模宏大而又充满神秘色彩的都市，表现了他们在城市规划设计上的聪明才智，值得我们现代人思考与借鉴。

# 简论西周早期周人对西土外围的军事经略

赵丛苍 祁 翔①

孔子在《论语·八佾》中说："周监于二代，郁郁乎文哉！吾从周。"②西周王朝创造了灿烂的物质文明和精神文明，一定程度上奠定了华夏民族的文化传统。其政治、军事、经济、文化等方面的发展，对后世产生了深远影响。而政权的稳固为文明的发展提供了有力保障。《左传·成公十三年》曾载："国之大事，在祀与戎。"③军事防御直接关系着国家和政权的生死存亡，其重要性不言而喻。

西土是周人的大本营，可谓其"龙兴"之地。有周一代，西土的范围始终处于动态的变化中，大致可分为腹地和外围两大部分。本文所言及的"西土外围"，主要指陕西西北部、宁夏南部和甘肃东部一带。西土外围防御体系的构建对于保卫西周王畿腹地的稳定至关重要。学界普遍认为周人对西土的防御不够重视。周人"分封诸侯，藩屏王室"的措施很少涉及西土外围地区。"犬戎袭周都"很大程度上即是因周人西土军事防御的失利而导致国家中心地区沦陷、都城失守。但是，在关中平原西北方以及晋陕黄土高原等地区分布有不少服叛不定的方国或部族，这会对西周王朝的稳固统治产生威胁。此外，周初大量殷遗民曾被陆续迁入西土之境，殷遗民亦存在着武力反抗之可能。而泾、洛、渭河上游的盐业资源也为周人所看重④。因此，鉴于西土的位置及其重要性，周人在西土外围进行一定的军事布防应是存在的。

## 一、墓葬族属分析

西周早期，西土外围地区的遗存以墓葬为主。这一地区处于多族群交界地带，考察此区域的墓葬，有助于了解周人西土外围的人群构成和政治地理结构。一般认为，西周时期墓葬特征中的殷商文化因素主要表现为：常见腰坑以及殉人殉牲的现象；随葬青铜器铭文中有相当比例的日名和族徽；一些墓葬中随葬有一定比例的

---

① 作者简介：赵丛苍（1952— ），陕西凤翔人，西北大学文化遗产学院教授，博士生导师。研究方向：夏商周考古、田野考古、科技考古学、古代文物。祁翔（1996— ），河南平顶山人，西北大学文化遗产学院考古博士研究生。
② 张燕婴等译注：《论语·八佾》，中华书局，2012 年，第 32 页。
③ 杨伯峻：《春秋左传注·成公十三年》，中华书局，1981 年，第 861 页。
④ 路国权：《泾、洛、渭河上游西周文化边界及相关问题初论——"边地半月形文化传播带"历史与文化研究之一》，《考古与文物》2013 年第 3 期。

觚、爵等酒器①。此外还习见陶簋随葬②。而姬周文化因素主要表现为：基本不存在腰坑葬俗；几无殉人及殉牲现象；随葬陶器以单鬲、单罐或鬲罐组合为主等。

这里试举几例。陕西泾阳高家堡墓地流行腰坑、殉牲、殉人葬俗，出土了铭有"戈"族徽的青铜器。随葬陶器或为折肩罐，或以联裆鬲、簋、折肩罐为组合。尽管随葬器物上体现了一定的周文化风格，但反映信仰观念的典型墓葬特征显示出高家堡墓地中殷商文化因素浓厚。因此，其墓主主体可能为广义的殷遗民③。对于固原孙家庄墓，该墓有腰坑殉狗及毁兵葬俗，随葬器物大多带有典型周文化因素。有学者认为其属非姬姓周人墓④。然而随着周初的分封，周系墓葬的毁兵葬俗会或多或少影响到其他族系，殷遗民墓葬也可能使用毁兵葬俗⑤。此外近年来，固原彭阳姚河塬商周遗址的发现，也使得位于西土边缘的孙家庄林场之墓不再成为孤例，可为判断孙家庄墓葬墓主族属提供重要参考。姚河塬西周甲字形大墓中有殉人现象，中型墓流行腰坑殉狗，并出土有鼎、觯等青铜器⑥。而商周时期随葬的青铜觯常出土于腰坑殉牲墓中，此类墓的殷商文化色彩较浓厚⑦。结合姚河塬西周早、中期墓葬的情况，邻近的孙家庄墓既有腰坑殉狗又有毁兵葬俗的现象应体现出两点：一是墓主可能属商系族群；二是墓主身份为武士，其受周文化的影响较大。

整体来看，这一区域墓葬文化因素组成较复杂，包括殷商文化因素、周文化因素、北方草原文化因素等。具有商文化风格的墓葬特征主要见于泾阳高家堡墓地、灵台白草坡墓地、五星郑家洼墓、庆阳韩家滩庙嘴墓、固原孙家庄墓、淳化史家塬墓、陇县店子村墓等。此类文化因素主要见于灵台姚家河墓地、崇信于家湾墓地等遗址。再观察器型特征，包括陶器、青铜礼器、车马器、兵器戈等在内许多随葬品，在形制和纹饰方面具有一定的周文化特征。墓葬中还随葬有一些受北方草原文化影响的空首斧、短剑、弓形器、銮铃、环首刀、削、有銎戟等器物。

关于墓主族属的判断，墓葬特征是最能反映信仰与观念选择的典型载体，通

---

① 韩巍：《西周墓葬的殉人与殉牲》，北京大学硕士学位论文，2003年，第40页。
② 张家强、王源、雷兴山：《论郑州娘娘寨遗址墓葬特征与族属》，《中原文物》2019年第6期。
③ 本文所表述的"殷遗民"均是指广义的殷遗民，即"包括殷都范围内殷人及其后裔，也包括商文化范围内其他方国人口及其后裔"。参见马赛：《聚落与社会——商周时期周原遗址的考古学研究》，北京大学博士学位论文，2009年，第94页。
④ 刘绪：《西周西土的考古学初探》，《夏商周考古探研》，科学出版社，2014年。原文刊于《周原》第1辑，三秦出版社，2013年。
⑤ 张明东：《略论商周墓葬的毁兵葬俗》，《中国历史文物》2005年第4期。张明东：《商周墓葬比较研究》，中国社会科学出版社，2016年，第253页。
⑥ 马强、侯富任、马天行：《宁夏彭阳姚河塬发现大型商周遗址》，《中国文物报》2018年1月26日第008版。
⑦ 曹斌：《青铜觯研究：商周青铜器的考古学和礼制文化研究》，科学出版社，2016年，第89—90页。

常不易发生较大改变。随葬器物的文化因素属性往往反映的是人群及文化的交流，是墓主人所受自然环境与社会文化系统影响的体现①。因此，典型墓葬特征可作为初步判断墓主族属的主要依据，而随葬器物文化因素属性则有助于分析人群及文化间的互动交流。据此分析，这一区域西周早期带有典型商系墓葬特征的墓或往往属于殷遗民。随着同化的持续进行，殷遗民使用的器物在形制上与周人有趋同之势。这些殷遗民墓葬大多是西周早期在周人西土外围出现。此前该地区少见商文化，因此这些墓葬的出现可能是周初迁徙安置殷遗民的结果②。而北方草原风格的器物很可能是不同文化间互动交流的产物。

## 二、西周王朝对西土外围统治的战术与战略

以军事考古学的视角，对西土外围地区的文化面貌、文化格局以及变迁情况进行分析，可以大致知晓西周早期周人对西土统治的一些战术与战略。

### （一）战术层面上，西周王朝对西土外围的具体统治措施是设立军事据点

铜兵器在这一地区等级较高的墓葬中大量随葬，包括钺、戈、矛、镞等。很多小型墓葬中也随葬有戈、镞等兵器。例如，固原的孙家庄，淳化的史家塬、黑豆嘴、西梁家、马家山，宁县的徐家村、焦村西沟，灵台的白草坡、姚家河，崇信的于家湾，陇县的店子村、底沟村，铜川的河东等遗址，均发现有西周早期的铜兵器，意味着这些人的身份很可能为武士或曾经为武士。此外，还值得注意的是西周时期的铜钺所见很少，但在周人西土外围地区就在白草坡、于家湾、黑豆嘴等遗址的墓葬发现有铜钺随葬，而且基本集中于西周早期。关于铜钺的功能，林沄根据文献记载认为钺与战争统帅的地位密切相关③。由此可见，西周早期这一地区的族群中一些首领被周王朝赋予了较高的军事权力。

关于遗址的区位作用，孙作云曾结合《诗经》《史记》等传世文献与青铜器铭文，对豳在西周时代的军事地位进行讨论④。也有研究者分析，西周时期沟通陇东和关中的军事道路主要有：一是从泾河上游的干支流河谷与中下游岸边的原或山地南抵关中腹地；二是自天水一带，经华亭—千河谷地至岐周⑤。观察此地区西周早期遗址的分布可知，遗址主要集中在渭河及其主要支流石川河、泾河、漆水河、千河等流域，大多置于河流要道，所处的位置不仅是古时宜居之所，而且都具有防御优势和战略地位。泾河、千河是陇东地区进入渭河谷地的重要交通要道，其流域内聚落分布相对密集且等级较高的聚落相对集中，体现出的军事意味

---

① 赵丛苍、祁翔：《孙家南头墓群周墓地分析》，《文博》2021年第1期。
② 刘静：《西周王朝西北边缘地带的文化与社会》，北京大学博士学位论文，2012年。
③ 林沄：《说"王"》，《考古》1965年第6期。
④ 孙作云：《说豳在西周时代为北方军事重镇——兼论军监》，《河南师大学报》（社会科学版）1983年第1期。
⑤ 周博：《西周陇东与关中交通考略》，《科学·经济·社会》2016年第2期。

较浓厚。这些驻扎在交通要道的据点有机地结合,相互作用且相互补充,构成一个区域性的防御网。

**(二)战略层面上,以殷遗制戎,试图达到稳固后方的目的,是西周王朝采取的策略之一**

西周王朝外围的部族方国时服时叛。例如《诗经·大雅·韩奕》记载:"榦不庭方,以佐戎辟。""不庭方"应是指不来朝见之国。与四夷关系的好坏,往往关系着中原王朝的统治是否稳固。而且相较于其他区域,西土是周人的腹地,其核心区分布有周原和丰镐这两个大型都邑型中心聚落。因此,周人在军事布防时不会对西土外围置之不顾。

梁云曾分析泾河流域殷遗民墓葬,认为周人将殷遗民派驻泾河上游守边,有助于同时防范戎族和迁入的殷遗民[①]。其实,周人对西土外围整体经略的情况应与之相近。通过观察西周早期西土外围的人群构成以及兵器使用情况可知,此地区的族群中,殷遗民占据了一定比重而且随葬兵器者较多,其中不乏高等级贵族墓主,表明这些殷遗民军事武装化程度较高。周人使用殷遗民戍守西土外围,不仅仅是利用外族人戍边,还可能因为这些殷遗民与西北戎族有着长期的战争积怨和应对经验[②]。商代后期,商人曾多次与西北方的土方、鬼方、羌方等发生战争冲突。甲骨卜辞中有许多记载,如:"王共人五千征土方"(《合集》6409)、"令众御黎方,执"(《合集》31978)、"杀黎方,执"(《合集》33026)等。而商时期戈族就曾与西北戎族作战,如卜辞有云:"戈弗杀戎"(《屯南》3706)。因此,周人安排戈族等殷遗民于西土外围,还应有增强西土御敌经验及能力的用意,试图达到更好的制戎效果,最终使得西北戎狄和迁入的殷遗民相互制衡。

**三、结语**

综上可知,西周早期周人对于西土外围的经略,主要体现在战略和战术层面上。其战略意图之一是以殷遗制戎,稳固后方。而战术方面则是在战略要点设置据点,以构建防御体系。

殷遗民能够成为周王朝防御西北戎狄的一支重要力量,其与周人相间分布。史籍文献中几乎不见西周王朝对西土外围封建诸侯国的记载。到西周晚期秦获封大夫,再至春秋初年因秦襄公护送平王东迁有功,才有"平王封襄公为诸侯"(《史记·秦本纪》)。周人不轻易在此分封诸侯国,并采取与殷遗民相间分布的布局,既可达到利用部分殷遗民戍守西北边境的目的,又便于对其采取监视,避免了此处殷遗民军事力量的集中、统一。而选择一些与西北戎族有积怨的殷遗民,可以增加对戎狄的作战经验,或还可避免此部分殷遗民与西北戎狄联合反周。这在西

---

① 梁云:《泾河上游西周时期殷遗民墓葬研究》,《中国考古学会第十五次年会论文集》,文物出版社,2013年,第256—267页。

② 路国权:《西周时期泾河流域的腰坑墓与秦族起源》,《咸阳师范学院学报》2009年第5期。

周早期具有一定的成效。但西周中、晚期西土外围此前存在的诸多据点已基本不见。此地区等级较高的贵族是以非姬姓为主，其聚落发展时间一般较短且空间有限[1]，军事力量分散，不能很好地凝聚集中，这也在一定程度上导致周人无法对这一地区形成长期有效的管控。由于战略部署存在问题，随着西周中期戎人势力不断增强，西周王朝对西土外围地区的掌控力逐渐减弱，其势力收缩。直至幽王时"犬戎袭周都"，西周覆灭，宣告了周人对西土外围经略的失败，是为史鉴。

---

[1] 刘绪：《西周西土的考古学初探》，《夏商周考古探研》，科学出版社，2014年。原文刊于《周原》第1辑，三秦出版社，2013年。

# 浅说漕渠古道

陈正奇  魏  兴①

闻名世界的京杭大运河,始于春秋,成于隋代,发展于唐宋,在元代沟通海河、黄河、淮河、长江、钱塘江五大水系,连接北京、天津、河北、山东、江苏、浙江六省市。大运河以洛阳为中心,纵贯南北。殊不知,由洛阳一路向西,溯河、渭而上,直抵关中——长安的漕渠古道,竟是大运河的先声。

在今天西安市东北灞河以东,以灞桥区新筑街办半坡村向东经新合街办的万胜堡、陶家、田家到新合村(含米家、王家、新合、共和村)有一段低洼地带,呈槽状,当地至今仍叫"漕渠",号称"十里漕渠"。不过,"漕"在这里不念漕,而发"皂"音,故称"皂渠"。这就是汉代漕渠古道的遗迹。

京杭大运河示意图

---

① 作者简介:陈正奇,西安文理学院长安历史文化研究中心。魏兴,西安美术学院设计艺术学院。

## 一、漕渠的兴建

众所周知，古代的漕运与国计民生密切相关。从秦咸阳一统到汉都长安，关中一直是全国政治、经济、军事及文化中心。秦始皇帝为防止关东诸侯串通造反，一次性将关东12万户迁咸阳；汉高祖刘邦定都关中后，以建陵邑之名，迁关东大姓以充之。于是关中人口迅速膨胀，突破百万之众，吃粮问题也就成为困扰统治者的头等大事。

京师的粮食，长期以来主要靠漕运来供给。但漕运首先要遭遇三门峡的险阻，抵达潼关附近后，必经陆路转入渭河漕运。而渭河河道弯曲，且流量不稳，水少沙多，行船极为不便。往往一次漕运，需6个月才能完成。

据《汉书·沟洫志》载，元光六年（前129），大司农郑当时认为："异时关东漕粟从渭上，度六月罢。而渭水道九百里，时有难处。"建议汉武帝："引渭穿渠，起长安，旁南山下，至河三百余里，径，易漕，度可令三月罢；而渠下民田万余顷，又可得以溉。此损漕省卒，而益肥关中之地，得谷。上以为然。"①汉武帝接受建议，任命水工徐伯表勘察地形，设计河渠走势，并率数万人开凿漕渠。经过三年努力，一条长达300里的人工漕渠在关中修成。

## 二、漕渠的走向

汉代的漕渠是一条由西向东的人工渠道。

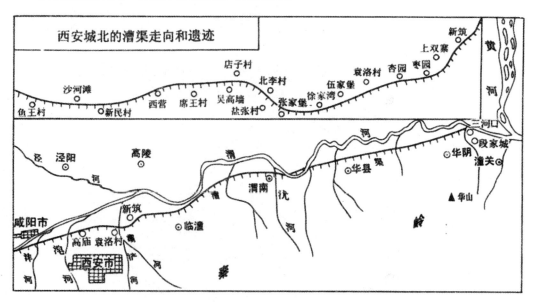

漕渠走向示意图（见马正林《渭河水运和关中漕渠》）

考古探测资料显示，漕渠遗址的走向线路可分灞河西段和灞河东段两段不同

---

① ［汉］班固：《汉书·沟洫志》，北京：中华书局，1962。

线段。

据2001年西安市文物保护考古所勘探、探测发现，灞河西岸未央区境内的漕渠遗址长度约6500米，遗址宽110米，渠道宽90余米。由北辰村东南灞河古道向西紧贴高速路北边，经河道村、沟上村，过污水渠在联合村西绕大弯，斜向西航公司生活区东南，再拐弯顺西航公司厂部区南，经张千户到河止西村，向南拐向蔡家村、杨家村、城运花园人工湖西端，流经农科院到汉城附近。

此次探测还发现，灞河东岸的漕渠呈东西走向，共长5500米，宽80米。西起灞河东岸灞桥区的西王村东（距村西灞河古道约200米），延伸到东王村、三合村、深渡村、半坡村至万盛堡。再从陶家村、田鲍堡（即田家）、新合村（米家、王家、新合、共和），越西韩路进入临潼区西泉街办，经椿树村、唐家村、到周家湾村。从万胜堡到新合村的这一段约4公里，有明显的漕形洼地，历历在目，沿线还有绳纹板瓦和筒瓦的发现，与当地人称"十里漕渠"的说法基本吻合。

从今临潼新丰以东到渭南、华县、华阴、潼关诸市县境内已无遗迹可寻。

### 三、漕渠的水源

汉代漕渠的水源有二。

其一，是"引渭穿渠"。这是《史记·河渠书》的说法，《汉书·沟洫志》因之。这一点几乎无争议，即以渭水为漕渠的主要水源。但从哪里引水入漕渠是有分歧的。

《汉书·武帝纪》明确记载，元光六年（前129），"春，穿漕渠，通渭"，① 三年竣工。这一引水起点，在长安城西北引渭入渠，经长安城切龙首渠北麓，然后沿南山（秦岭）北麓山脉东下，沿途"横绝"②。浐灞二水，经临潼（汉称新丰）、渭南，再沿二华（华阴、华县）夹漕东向至华阴北（今三河口）以西入渭河。当时动用了两万民工，三年而成。

其二，是引昆明池水。漕渠修成后的第六个年头，即元狩三年（前120），汉武帝出于南方战事的需要，在长安西南开凿昆明池蓄水，训练水兵，又引昆明池水东北向入长安城再向东汇入漕渠，以增水源。这段渠道称为昆明渠。这样，昆明池就成为漕渠的水源地之一。郦道元《水经注·渭水》说：（灞水故渠）"东北迳新丰县，左合漕渠，汉大司农郑当时所开也……其渠自昆明池南傍山原，东至于河。"③在这里，很明显郦道元把昆明池作为漕渠的唯一水源看待的。现在看来，郦氏的这一观点并不全面。似难解释六年前修成的漕渠水是从哪里来的？

另，漕渠水源有二，毋庸置疑，但先有长安城西北"引渭穿渠"，而后有长安城西南"从昆明池引水入渠"，时间相隔六年有余，也是不容混淆的。

---

① [汉]班固：《汉书·沟洫志》，北京：中华书局，1962。

② [汉]司马迁：《史记·留侯世家》，北京：中华书局，1959。"鸿鹄高飞，一举千里。羽翮已就，横绝四海。"

③ [北魏]郦道元：《水经注校正》，北京：中华书局，2007。

## 四、漕渠的入河口

司马迁在《史记·河渠书》中说，漕渠"……引渭穿渠起长安，并南山下，至河三百里……"①班固在《汉书·沟洫志》中对《史记·河渠书》的这段话仅改一字，即将"并南山下"改成"旁南山下"，其余全部照搬，可见"至河三百里"是司马迁和班固对"漕渠入河"的一致看法。但这里的"入河"是指渭河还是黄河？不得而知。也为后人留下了歧义。

在中国古代传统意义上的"河""大河"一般都指黄河。

当代著名历史地理学家史念海先生在《中国的运河》一书中明确指出：漕渠由这里（指灞桥区新合街办的"十里漕渠"。笔者注）再往东流，傍着南山之下，东入于黄河。其入河处，当在今陕西潼关老城西吊桥附近。②

陕西师范大学马正林教授根据文献记载和实地考察在《渭河水运和关中漕渠》一文中认为："从汉代华仓遗址和华阴县东北一带的地形来看，汉代的漕渠在今三河口入渭，并未伸延到潼关附近入河。"③

京师仓遗址

此二说都有一定的道理。史念海先生以文献为依据，按传统说法，认为"漕渠在潼关老城西吊桥附近，东入黄河"；马正林先生在文献的基础上结合实地考察，得出"顺应地形，在三河口以西入渭"的观点，似更贴近实地。

值得注意的是，汉代华仓遗址的发现，为"漕渠入渭"的观点提供了有力的支持。因为华仓是为蓄粮漕运修建的，自当距离河口不远。即先把关东粮食运储仓库，再从仓库码头转输漕运至长安，也就是说，无论漕渠入渭还是入黄，谁距离华仓近，谁就是更贴近地理实际的入河口。

---

① [汉]司马迁：《史记·河渠书》，北京：中华书局，1959。
② 史念海：《中国的运河》，西安：陕西人民出版社，1988。
③ 马正林：《渭河水运和关中漕渠》，陕西师范大学学报，1984(4)。

## 五、漕渠的效益

漕渠修成后,《史记·河渠书》说:"而渠下民田万余顷,又可得以溉田;此损漕省卒,而益肥关中之地,得谷"。① 《汉书·沟洫志》说:"以漕,大便利。其后漕稍多,而渠下之民颇得以溉田矣。"这两条文献对漕渠的效益说得都比较含糊,虽为"大便利""可灌田",到死是多少?不确切。

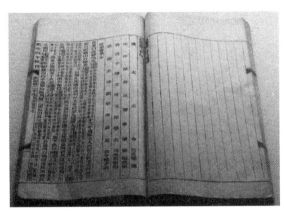

《史记·河渠书》书影

李令福教授在《关中水利开发与环境》一书中说得十分清楚:"漕渠起到了漕粮输送与浇灌农田的双重效益。漕渠最重要的经济效益是漕运,而农田水利只是辅助部分,而且也不是浇灌农田,只是淤灌荒地。"②

由于渭河水少沙多,流量不稳,河道弯曲,河道受到较大制约。原来漕运路线长900里,每次漕运需时6个月。漕渠开凿后,渠道取直线,从长安到入河口只有300公里,漕运时间节约一半,极大地提高漕运效益。从汉初年输漕运数十万石,到渠成后武帝年间的400—600万石。这一点都能在《史记·平准书》和《汉书·食货志》中得到证明,兹不赘述。

## 六、后世对漕渠的修葺

西汉漕渠修成后,大约维持了七八十年。以后历代都有修葺,最有影响,效益也最显著的就是隋代漕渠的修复和利用。

开皇四年(584),隋文帝为了解决京师的粮食问题,并进一步转运江南的物资,任命宇文恺开凿广通渠。

广通渠的开凿实际是对汉代漕渠的修葺和利用。宇文恺受命以后,首先带人亲自踏勘从长安到潼关之间的地形、地貌,沿途河流走向;在设计广通渠的基本线路和渠道工程,然后组织民工进入修渠工地。但是工程任务十分艰巨,技术要

---

① [汉]司马迁:《史记·河渠书》,北京:中华书局,1959。
② 李令福:《关中水利开发与环境》,北京:人民出版社,2004。

求也很高，尤其是漕渠既要越过长安以东灞、浐诸水，还要穿过许多原和岭。然而，在宇文恺带领的数万人数年的努力下，终于打通了这一导渭入黄的渠道工程。

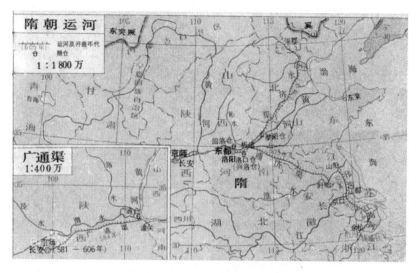

隋代运河与广通渠示意图

广通渠西起长安，东至潼关，全长300华里。它的开凿，不但便利漕运，而且灌溉了沿途两岸的农田，一举两得，国民受益，因此又得名"富民渠"。更为重要的是，隋炀帝开凿大运河以后，广通渠成为大运河连接洛阳与长安的通道，对我国东西文化交流，南北经济联系，政治、军事统一都起到了积极作用。

广通渠的修建为隋代广开漕运，进而凿通大运河开了先风。①

---

① 谭其骧：《中国历史地图集》，北京：中国地图出版社，1982。

# 试论中晚唐关中地区的几种防秋兵

朱德军①

安史之乱爆发后，为了戡乱之需，帝国的西部劲旅被唐廷大量"征调入援，使得留守兵力空虚，吐蕃趁势东侵，造成大唐痛失藩篱"①。随着王朝的转衰，吐蕃加快蚕食的步伐。大唐陇右陷落后，它直接把边界推至陇山东侧、关中西部成为双方博弈的前沿，"频犯郊圻"②遂成唐蕃之间的常态。

青藏高原作为苦寒之地，生活于此的吐蕃人，很不适应温暖的气候环境，尤"畏春夏疾疫"③，故"秋高马肥"，正是其跃马扬鞭，频繁犯边之时。鉴于关中兵力严重不足，当吐蕃联手回纥内犯，使得这一问题更加凸显，被迫从中原、河北、南方等关东藩镇④征兵"防秋"⑤。当然，关中出镇屯防的藩镇兵，也构成防秋兵的重要来源之一；另外，为戡乱安史而东调的安西、北庭、河西、陇右等地的勤王之师，也因缘际会地成为关中一种特殊的防秋兵。

## 一、中原防秋兵

唐代史籍明确记载中唐以降的关中"防秋"，它应始于平卢军兵马使邢君牙。

---

① 作者简介：朱德军（1969—　），安徽省明光市人，历史学博士，安徽师范大学历史与社会学院教授、博导。

① 详见拙文《时空场域与中唐京西防秋兵的布防》，《山西大学学报》2019年第3期。

② 王谠撰，周勋初校正：《唐语林校正》卷五，北京：中华书局，1987年，第501页。

③ [宋]欧阳修、宋祁：《新唐书》卷二一六下《吐蕃下》，北京：中华书局，1975年，第6098页。

④ 唐代藩镇的分类虽参考张国刚《唐代藩镇研究》，但本文的分类完全基于藩镇所处的地域分野，河北藩镇系指崤关以东，黄河以北之藩镇；中原藩镇系指崤关以东，黄淮之间的藩镇；南方则为淮河以南之藩镇。

⑤ 关于唐代"防秋兵"的界定，古人多泛泛而论，最早对此进行概括为齐勇锋，他在《中晚唐防秋制度探析》中认为"中晚唐在长安西北防扼吐蕃的军事行动之兵员"。曾超《试论唐代防秋兵的地位及其影响》中认为"中晚唐时期，为备御和防扼吐蕃频繁的军事攻势"之兵员就是防秋兵。笔者在《中晚唐中原藩镇"防秋"问题的历史考察》中认为"'防秋兵'，即中唐用于边境防秋活动之兵员，由中央制度性地从各地征召赴边，或边境部队出镇驻防，常常以出征、征行为表征，具有不太固定的区域与比较固定的驻防期限，故唐代防秋兵实为历史上行营兵的一种，属于临边御敌之野战兵团，而非单纯的边境驻防兵"。按照这一界定，将中央征召的中原藩镇、南方藩镇、河北藩镇、关中出镇驻防藩镇之兵员以及为戡乱安史东调的西部勤王之师，后者作为关中行营兵的一种，因无法定期轮防，故为一种特殊的防秋兵。

安史之乱爆发后，他追随侯希逸涉海至青齐。宝应元年（762），田神功节制兖郓，使其"将兵屯好畤防盛秋"。随后则是曲环随陈郑节度使李抱玉"移军京西"①。永泰元年（765）九月，仆固怀恩纠合诸蕃"南犯京师"②。唐廷急调诸军赴京驻防，当时"郭子仪自河中进屯泾阳，李忠臣屯东渭桥，李光进屯云阳，马璘、郝玉屯便桥，骆奉仙、李伯越屯鳌屋，李抱玉屯凤翔，周智光屯同州，杜冕屯坊州，上亲率六军屯苑内"③。检诸史籍，发现永泰元年的李忠臣系当时淮西节度使、李抱玉陈郑节度使，故他们所领之防秋兵均来自中原。

大历八年（773）二月，朝廷"召防秋兵"，滑亳节度使狐彰"遣士三千，自赍粮"④而奔赴关中。九年二月，田神功卒，"汴宋兵防秋者千五百人，盗库财溃归"⑤。八月，"诏诸军分统防秋将士，其淮西、凤翔防秋兵士，马璘统之；汴宋、淄青、成德军兵士，朱泚统之；河阳、永平兵士，子仪统之"⑥。十年二月，"河阳军士防秋者归"，河阳三城使常休明出城劳军，"防秋兵与城内兵合谋攻之"⑦。十二年，邠宁度支营田副使段秀实，率朔方军防秋于泾州，时泾州大将焦令谌巧取豪夺，秀实"取骑马卖，市谷代偿"。为此"淮西寓军帅尹少荣"⑧深为不平，痛斥之。十四年，淮西节帅李希烈颇为恭敬，唐廷赞"淮宁军将士等，顷自平卢，来赴国难，涉溟海不测之险，灭凶贼作乱之徒。其后分镇淮西，防秋陇上"⑨。

考诸大历八年二月的滑亳、九年二月的汴宋，九年八月的淮西、汴宋（即宣武）、淄青、河阳、永平，九年末的宣武、十年二月的河阳，十二、十四年的淮西（即淮宁军）之防秋兵均来自中原。

贞元元年（785），"陈许戍边卒三千自京西逃归"，陕虢观察使李泌派兵"尽诛之"⑩。三年，宣武兵马使刘昌率部"自坊州赴灵台，既次三原，遂纵掠一夕，时淮西散兵百余人隶于昌，及是昌归罪淮西兵，尽杀之"⑪。不久，以刘昌为泾原节度使，其后胡注曰："刘昌以汴兵防秋，为行营节度使"⑫。随后，宣武军"遣兵三

---

① ［宋］王钦若：《册府元龟》卷三五八《将帅部·立功十一》，北京：中华书局，1960年，第4251页。
② ［后晋］刘昫：《旧唐书》卷一二一《仆固怀恩传》，北京：中华书局，1975年，第3488页。
③ 《旧唐书》卷一一《代宗纪》，第280页。
④ 《新唐书》卷一四八《令狐彰传》，北京：中华书局，1960年，第4766页。
⑤ ［宋］司马光：《资治通鉴》卷二二五大历九年二月，北京：中华书局，1998年，第7225页。
⑥ 《册府元龟》卷九九二《外臣部·备御五》，第11657页。
⑦ 《资治通鉴》卷二二五大历十年二月，第7229页。
⑧ ［唐］柳宗元，《柳河东集》卷八《行状·段太尉逸事状》，上海：上海人民出版社，1974年，第177页。
⑨ 《全唐文》卷五四德宗《宣慰平卢军陷淮西将士》，北京：中华书局，1983年，第581页。
⑩ 《旧唐书》卷一三〇《李泌传》，第3622页。
⑪ 《册府元龟》卷四四五《将帅部·军不整》，第5287—5288页。
⑫ 《资治通鉴》卷二三三贞元四年正月，第7509页。

千备秋于京西"①。九年十二月,宣武兵变,"逐节度使刘士宁,以宣武军节度副使李万荣为宣武军节度、汴宋等州观察使"②。鉴于此人十二年七月亡故,可知其遣兵防秋应在贞元九年末至十二年间。十三年,陈许大将高崇文率部随节帅韩全义"镇长武城",时"神策、淮南、陈许、浙右四军同戍"③。即贞元元年的陈许(即忠武军),三年的宣武、淮西,其后直至十二年宣武军以及十三年的陈许镇均是中原防秋兵的来源之地。

元和十四(819)年,戡平淄青李师道之乱,宪宗"诏分许州兵戍于邠,以(王)沛为都将,救盐州,击退吐蕃"④。因逢"西蕃入寇",李光颜移授邠帅,当时"盐州为吐蕃所毁",令"充勾当修筑盐州城使","仍许以陈许六千人随赴邠宁"⑤。长庆元年正月,灵武节度使李听奏:"请于淮南、忠武、武宁等道防秋兵中,取三千人衣赐月粮,赐当道自召募一千五百人马骁勇着以备边"⑥。鉴于中原防秋负担过重,穆宗出于"交番上下,使其劳逸得均"的考量,要求"诸道旧有防秋兵马已在边上者,自依年限替代……其河北诸道,及山东兖郓、淄青、汴宋、陈许、徐泗、泽潞、河阳、郑滑等道,并边上诸镇,并不用抽"⑦。《旧唐书·列女传》还载徐州人王和子,"其父及兄为防秋卒,戍泾州"⑧。

考诸元和、长庆之际的防秋,元和十四年的陈许(忠武),长庆元年的忠武、武宁,长庆年间的兖郓、淄青、汴宋(宣武)、陈许(忠武)、徐泗(武宁)、河阳、郑滑以及其后的徐州(武宁)均派军防秋于关中。

会昌初年,回鹘因离乱寇边,宰相李德裕虑其"逗留塞上,谋陷丰州"。当时河东兵力寡弱,"缓急点集至难",而上疏"请发陈许步军三千人,郑滑步军三千人,令至太原屯集"⑨。朝臣中有人不以为然,认为唐廷征召的防秋兵多属乌合之众。李德裕则称:"陈许、淄青等兵,并是节制之师,久经战伐,但令一处指挥,自然号令齐一"⑩,武宗表示支持。二年二月,回鹘寇天德军,朝廷"以太原之师讨之"。八月,"征发许、蔡、汴、滑、汝、徐等六镇之师",连兵讨击⑪。即会昌至乾符之际的防秋,会昌初,陈许(忠武)、郑滑(义成),陈许(忠武)、淄青;

---

① 《旧唐书》卷一四五《刘士宁传》,第3933页。
② 《旧唐书》卷一三《德宗下》,第378、384页。
③ [清]董诰:《全唐文》卷五三一韦贯之《南平郡王高崇文神道碑》,北京:中华书局,1983年,第5391页。
④ 《旧唐书》卷一六一《王沛传》,第4225页。
⑤ 《旧唐书》卷一六一《李光颜传》,第4221页。
⑥ [宋]王溥:《唐会要》卷七二《马》,北京:中华书局,1955年,第1304页;亦见于《册府元龟》卷413《将帅部·召募》,第4917页。
⑦ 《全唐文》卷六七穆宗《优恤将士德音》,第706页。
⑧ 《旧唐书》卷一九三《列女·王和传》,第5151页。
⑨ 《全唐文》卷七〇三李德裕《请于太原添兵备状》,第7218页。
⑩ 《全唐文》卷七〇五李德裕《驱逐回鹘事宜状》,第7236页。
⑪ 《册府元龟》卷九八七《外臣部·征讨六》,第11591页。

会昌二年"六镇之师"除襄阳(山南东道)外,许蔡(即忠武)、汴(宣武)、滑(义成)、汝(畿汝)、徐(武宁)等五镇属中原藩镇。

乾符元年(874),"感化军发兵诣灵武防秋",以南诏寇蜀,"敕往救援"。该部回师,"至凤翔,不肯诣灵武,欲擅归徐州"。宦官王裕本与都将刘逢及时弹压,斩为首八人,"众然后定"①。唐朝灭亡后,后唐长兴四年(933)二月,凉州大将拓跋承谦及耆老上表,请以权知留后孙超为帅。明宗问"超为何人"?对曰:"张义潮以河西来归⋯⋯朝廷以天平军二千五百人戍凉州,自黄巢之乱,凉州为党项所隔,郓人稍稍物故皆尽,超及城中之人皆其子孙也"②。乾符元年的感化军,大中三年的天平军,均系大中之后在关中防秋的中原藩镇兵。

概言之,从安史之乱后的宝应元年,到乾符元年,唐代关中地区的防秋,它"始于中原藩镇,也终于中原藩镇"③,是参与关中防秋活动最为频繁的藩镇集团。我们如果以每镇(次)参与关中防秋进行统计,中原藩镇参与防秋44次,几乎各镇均不同程度地参与了这一活动,其中陈许(忠武、许蔡)8次、汴宋(宣武)7次、淮西(淮宁)6次,武宁(感化、徐泗)、河阳(永平)、义成(郑滑)各4次,淄青、陈郑各3次,兖郓2次,滑亳、天平、畿汝各1次。从中不难看出,忠武、宣武、淮西、武宁、河阳、义成六镇是防秋关中较为频繁的中原藩镇,而其中尤以忠武、宣武为最。中唐前期,中原藩镇尚未完全定型,陈郑、郑滑、滑亳先后割属于忠武、宣武、河阳等镇,若加上它们,出兵的频度理应更高。

## 二、南方防秋兵

南方地区"防秋"有史可考的记录始于大历之际,《旧唐书·张万福传》载大历三年(768),代宗召其赴京,深加褒异,累破平卢叛军许杲部,后"诏以本镇(淮南)之兵千五百人防秋西京"。抵达扬州遭遇淮南兵,恰好节帅亡故,诸将皆请其为帅,监军亦以此为请,"万福不受,遂去之"④。《顺宗实录》则载大历四年(769)六七月间,"代宗诏以本州兵千五百人防秋京西,遂带和州刺史镇咸阳"⑤。可知其防秋于京西在大历四年。代宗大历九年(774)四月诏天下防秋,"其淮南四千人,浙西三千人,魏博四千人,昭义二千人,成德三千人,山南东道三千人,荆南二千人,湖南三千人,山南西道二千人,剑南西川三千人,东川二千人,鄂岳一千五百人,宣歙三千人,福建一千五百人。其岭南、浙东、浙西,亦合准例"⑥。同年八月,"诏诸军分统防秋将士,其淮西、凤翔防秋兵士,马璘统之;汴宋、淄青、成德军兵士,朱泚统之;河阳、永平兵士,子仪统之;扬楚兵士抱

---

① 《资治通鉴》卷二五二乾符二年三月,第8177页。
② 《资治通鉴》卷二七八后唐长兴四年二月,第9082页。
③ 详见拙文《中晚唐中原藩镇"防秋"问题的历史考察》,《宁夏社会科学》2011年第2期。
④ 《旧唐书》卷一五二《张万福传》,第4075页。
⑤ [唐]韩愈著,严昌校点《韩愈集·韩愈外集》卷九,长沙:岳麓书社,2000年,第464页。
⑥ 《旧唐书》卷一一《代宗纪》,第304—305页。

玉统之"①。

建中初，盐州"为吐蕃所陷，砥其堙而去，由是银、夏、宁、延洎于灵武，岁以河南、山东、淮南、青徐、江浙等道兵士不啻四万分护其地，谓之防秋"②。贞元初，陈许帅高崇文镇长武城，当时"神策、淮南、陈许、浙右四军同戍"③。长庆元年（821）正月，夏帅奏："浙东、湖南等道防秋兵不习边事，请留其兵甲，归其人"。灵武帅李听亦奏："请于淮南、忠武、武宁等道防秋兵中取三千人衣赐月粮，赐当道自召募一千五百人马骁勇者以备边"④。长庆初，沈亚之论关中形势，并题于县丞之署云："鳌屋道巴汉三蜀，南极山不尽三十里……今又徙瓯越卒留戍邑中，神策亦屯兵角居，俱称护甸"⑤。这里的"瓯越卒"当为浙东的防秋兵。会昌二年（842）八月，"诏发陈许、徐、汝、襄阳兵屯太原、振武、天德救援"。对此，《会昌一品集》云："臣等昨日已于延英面奏，请太原、振武、天德各加兵备，请更征发陈许、徐、汝、襄阳等兵"⑥。

考诸上文，中唐之后的南方，自张万福防秋京师起，经大历至会昌之际，史籍所载大历四年的淮南，九年四月的淮南、山南、荆南、湖南、两川、两浙、鄂岳、宣歙、福建、岭南等镇，九年八月的扬楚（即淮南）。建中初的淮南、江浙（含两浙与宣歙），贞元初的淮南、浙右（即浙西）；长庆元年的浙东、湖南、淮南，长庆初的瓯越（即浙东）；会昌二年的襄阳（即山南东道）均防秋关中。南方共参与关中防秋 26 次，其中淮南 6 次、浙东 4 次、浙西 3 次，山南东道、宣歙、湖南各 2 次，荆南、山南西道、两川、鄂岳、福建、岭南各 1 次，故南方藩镇防秋关中尤以淮南最为频繁，浙东稍逊，浙西又次之，其他则比较少见。

### 三、河北防秋兵

河北地区，作为安史之乱的发端之地以及随后的逆乱渊薮而著于史册。这里一直有尚武的传统，对弯弓逸马取功名表现出极大的认同，河北藩镇的跋扈不庭与此不无关系，其中尤以"河朔三镇"最为突出。然而河北毕竟是帝国治下的地方区域，除这"三镇"外，其他藩镇与中央更多呈现一种事实上的隶属关系，服从、合作依然是主流。即使"三镇"与中央的关系，也并不总是呈现对抗状态，特定条件下也不放弃对中央的拥戴和支持，而防秋关中正是这种关系的体现⑦。

---

① 《册府元龟》卷九九二《外臣部·备御五》，第 11657 页。
② 《资治通鉴》卷二六八后梁乾化元年十一月胡注，第 8748 页。
③ 《全唐文》卷五三一韦贯之《南平郡王高崇文神道碑》，第 5391 页。
④ 《旧唐书》卷一六《穆宗纪》，第 484 页。
⑤ 《全唐文》卷七三六沈亚之《鳌屋县丞厅壁记》，第 7600 页。
⑥ [唐]李德裕：《会昌一品集》卷一四《论兵二·请发陈许许汝襄阳等兵状》，《钦定四库全书荟要》，吉林出版集团有限公司，第 86 页。
⑦ 详见拙文《反叛与戡乱：中唐河北之乱与平乱诸军述论》，《陕西师范大学学报》2013 年第 6 期。

河北藩镇防秋于关中，应始于至德二载(757)九月，当时"河东兵马节度马承光奉诏发河东兵马屯于渭北"①。大历四年(769)九月，河东兵马使王无纵、张奉璋等"恃功骄蹇"，"多违约束"，对节帅不以为意。王缙"受诏发兵诣盐州防秋，遣无纵、奉璋将步骑三千赴之"。他们奉命不遵，张奉璋逗留不进，王无纵则擅入太原城，"缙悉擒斩之，并其党七人，诸将悍戾者殆尽"②。八年(773)八月，幽帅朱泚"遣弟滔将五千精骑诣泾州防秋"，德宗大悦，"劳赐甚厚"③。朱滔防秋返幽，为谋夺其权，诡说乃兄曰："天下诸侯未有朝者，先至，可以得天子意，子孙安矣"④！对此，朱泚深以为然。次年五月，即"遣弟滔奉表请自入朝，兼自率五千骑防秋。许之"⑤。九年(774)五月，代宗颁诏痛斥"西戎无厌，独阻王命，不可忘战，尚劳边事"。责令"每道岁有防秋兵马"，"魏博四千人，昭义二千人，成德三千人"⑦。九年八月，诏诸将分统防秋将士，其"汴宋、淄青、成德军兵士，朱泚统之"⑧。后来，朱泚"以范阳军镇凤翔，既归节，而留兵五百戍陇上"⑨。

贞元之际，还有两次幽州防秋关中，节帅刘怦病死后，由其子刘济继任，刘济兄弟因继承权问题交恶，弟刘澭"通表朝廷，遣兵千人防秋"⑩。刘济大怒，发兵破之，刘澭乃愤然"拔涿州，兵数千归朝"。不久，授其"行秦州刺史，理普润"⑪。关于刘澭防秋，《新唐书·方镇一》曰："吐蕃陷陇右，德宗置行秦州，以刺史兼陇右经略使，治普润，以凤翔节度使领陇右支度营田观察使"⑫。

元和九年(814)二月，"河东防秋将刘辅杀丰州刺史燕重旰"⑬。关于此事，《册府元龟》载："李奉先为金吾卫将军，宪宗元和十年(815)，河东防秋卒杀丰州刺史燕重旰而归"⑭。两书所载时间稍异，然史实略同。四月，代宗诏天下防秋，其"魏博四千人，昭义二千人，成德三千人……其岭南、浙东、浙西，亦合准例"⑮

长庆时，穆宗诏曰："定塞备边，固不可废，烟尘既靖，亭障无虞。诸道旧有防秋兵马已在边上者，自依年限替代"，河北诸道"并边上诸镇，并不用抽"⑯。河

---

① 《册府元龟》卷一三四《帝王部·念功》，第1620页。
② 《资治通鉴》卷二二四大历四年九月，第7209页。
③ 《资治通鉴》卷二二四大历八年八月，第7221页。
④ 《新唐书》卷二一二《藩镇卢龙·朱滔传》，第5969页。
⑤⑦ 《旧唐书》卷一一《代宗纪》，第305页、第304—305页。
⑧ 《册府元龟》卷九九二《外臣部·备御五》，第11657页。
⑨ 《新唐书》卷一五八《韦皋传》，第4933页。
⑩ 《资治通鉴》卷二三四贞元八年十一月，第7538—7539页。
⑪ [唐]李肇：《唐国史补》卷中，上海：上海古籍出版社，1957年，第35页。
⑫ 《新唐书》卷六四《方镇一》，第1775—1776页。
⑬ 《旧唐书》卷一五《宪宗下》，第452页。
⑭ 《册府元龟》卷四四九《将帅部·专杀》，第5325页。
⑮ 《旧唐书》卷一一《代宗纪》，第304—305页。
⑯ 《全唐文》卷六七穆宗《优恤将士德音》，第706页。

北泽潞等镇,由于频繁防秋,唐廷未将其列入征收除陌的范畴。会昌二年(842)二月,回鹘寇天德,令刘沔节度河东,"又诏太原起室韦、沙陀三部落、吐浑诸部,委石雄为前锋,……契苾通何请河(东)镇沙陀、吐浑六千骑赴天德"①云云。

考诸上文,从至德二载起河东防秋于渭北,大历四年的河东,大历八年、九年的幽州,九年五月的魏博、昭义、成德,九年八月的成德,贞元之际幽州刘濟二度防秋,元和九年二月的河东,四月的魏博、昭义、成德,长庆时的泽潞,会昌二年河东的沙陀、吐谷浑部落赴天德防秋,即河北藩镇共参与关中防秋17次,其中河东参与5次、幽州4次、昭义(泽潞)、成德各3次,魏博2次,我们不难看出河东在河北藩镇中的突出作用,而幽州、昭义、成德、魏博虽属唐朝的割据型藩镇,其依然防秋于关中,这既是隶属关系的体现,但系非常态下的行动。

### 四、关中防秋兵

关中藩镇的"防秋",应在上元二年(761)之后。朔方军为应对威胁,行营左厢兵马使浑瑊"从子仪讨吐蕃于邠州,……军还,盛秋于邠"。随后吐蕃内犯,浑瑊拒战,"复屯于奉天"。周智光反,子仪奉诏讨贼,令"瑊先率兵至邠州,便于宜禄县防秋"②。永泰、大历间,吐蕃遣使入唐,但仍"寇灵州,掠宜禄",郭子仪率"精甲三万戍泾阳,入屯奉天"③。

大历二年(767)九月,吐蕃以数万之众围攻灵州,游骑一度到达潘原、宜禄。代宗"诏郭子仪自河中帅甲士三万镇泾阳",随后"移镇奉天"④。三年(768)十一月,子仪入朝,宰相元载以马璘屯兵邠宁,兵力严重不足,而朔方军镇河中,深居"腹中无事之地",乃与其商议,"徙璘镇泾州",命子仪"以朔方兵镇邠州"⑤。七年(772),吐蕃深入关中,浑瑊率军阻击,朔方旧将不遵将令,遂至大败。浑瑊驰兵朝那,"吐蕃引去,瑊邀击破之","自是岁防长武城盛秋"⑥。十年(775)十二月,回纥寇夏州,子仪"遣兵三千救夏州"⑦。十四年(779),朔方将李怀光为朔方、邠宁节度使,宿将不服,"怀光发兵防秋,屯长武城",后竟"诬以他罪","尽杀之"⑧。贞元末,"吐蕃围陇州",浑瑊遣部将王朝干,"以众二千戍凤翔及岐山"⑨。

兴元元年(784),唐廷讨李怀光,诏鄜坊镇判官窦觎"以坊州兵七百人屯邠

---

① 《册府元龟》卷九八七《外臣部·征讨六》,第11591页。
② 《旧唐书》卷一三四《浑瑊传》,第3703—3704页。
③ 《新唐书》卷二一六下《吐蕃下》,第6091页。
④ 《资治通鉴》卷二二四大历二年九月,第7197页。
⑤ 《资治通鉴》卷二二四大历三年十一月,第7203—7204页。
⑥ 《新唐书》卷一五五《浑瑊传》,第4892页。
⑦ 《资治通鉴》卷二二五大历十年十二月,第7236页。
⑧ 《资治通鉴》卷二二六大历十四年八月,第7269—7270页。
⑨ 《册府元龟》卷四四五《将帅部·军不整》,第5288页。

阳"①。贞元元年(785)，镇国军节度使李元谅"整兵陇右，分镇京西"②，他"自华(州)引军戍良原"③。四年(788)正月，复以其兼陇右节度使、临洮军使④。同年在"潘原收军田粟数万石"⑤，故潘原为其防秋屯驻地之一。振武节帅李进贤不恤军士，部将"以刻剥为能"。元和八年，回鹘西讨，乃"发营将杨遵宪以五百骑赴于东受降城"，"行至鸣砂(沙)，军乱，卷甲而还"⑥。十五年(820)十一月，夏绥节度使"李祐自领兵赴长泽镇"；朔方节度使李听"自领兵赴长乐州，并奉诏讨吐蕃"⑦。

考诸上文，根据相关文献的记载，关中藩镇的防秋始于上元二年(761)，迄于元和十五年(820)。浑瑊"复屯于奉天"；永泰至大历间，子仪以精甲"三万戍泾阳，入屯奉天"。戡平周智光，"子仪令瑊先率兵至邠州，便于宜禄县防秋"。大历二年(767)，诏郭子仪"帅甲士三万镇泾阳"，后"移镇奉天"。三年(768)十一月，令其"以朔方兵镇邠州"。七年，浑瑊击破吐蕃，"自是，岁防长武城盛秋"。十年(775)十二月，子仪"遣兵三千救夏州"。李怀光节制朔方，他"发兵防秋，屯长武城"。浑瑊派王朝干以"众二千戍凤翔及岐山"。兴元元年，窦觎"以坊州兵七百人屯郃阳"。镇国军节度使李元谅"自华(州)引军戍良原"，并"整兵陇右，分镇京西"。贞元四年(788)，李元谅在潘原"收军田粟数万石"，故潘原亦为其防秋之地。元和八年(813)，因回鹘过境，振武帅李进贤"发营将杨遵宪以五百骑赴于东受降城"。十五年(820)十一月，夏州帅"李祐自领兵赴长泽镇"，灵武帅李听"自领兵赴长乐州"。其间，关中在本地区的防秋，若以各镇出镇一地视为1次，合计19次，其中郭子仪、浑瑊、李怀光、王朝干等朔方军防秋12次，镇国军李元谅防秋3次，坊州、振武、夏州、灵武各防秋1次，故元和以前，关中的防秋兵以朔方军最为突出，镇国军次之，其他的则比较罕见。

### 五、特殊的防秋兵

安西、北庭、河西、陇右等西部四镇，作为盛唐时期的四大雄藩，以镇抚西域，防控河陇，钳制吐蕃为主要目标，安史之乱后，纷纷派兵勤王。安西节度使高仙芝率在京诸军及朔方、河西、陇右之师，继封常清出关后，奉诏讨逆⑧。随后，河西陇右节度使哥舒翰，又统河陇兵"并仙芝旧卒二十万镇潼关"⑨。

---

① 《旧唐书》卷一八三《传外戚·窦觎传》，第4749页。
② 《全唐文》卷六一七张蒙《镇国军节度使李公(元谅)功德颂并序》，第6230页。
③ 《新唐书》卷一六五《高郢传》，第5073页。
④ 《旧唐书》卷一三《德宗下》，第364页。
⑤ 《册府元龟》卷四八四《邦计部·经费》，第5787页。
⑥ 《册府元龟》卷四三七《将帅部·强愎》，第5192页。
⑦ 《旧唐书》卷一九六下《吐蕃下》，第5263页。
⑧ 《旧唐书》卷一〇四《高仙芝传》，第3206页。
⑨ 《册府元龟》卷四四三《将帅部·败衄三》，第5257页。

此后的至德元年(756)五月,安西节度副使李嗣业,应诏"自安西统众万里至凤翔"①,并"将兵五千赴行在"。随后再次从安西征兵,行军司马李栖筠"发精兵七千人"②令赴关中。稍后,安西将马璘以"统精甲三千,自二庭赴凤翔"③。

毋庸置疑,安史叛军对帝国构成心腹之患,而吐蕃的侵吞、蚕食对王朝暂不构成致命的威胁,因此这些勤王之师对戡乱战争几乎倾注所部的全部军力。安西行营节度使李嗣业、荔非元礼先后血洒中原,后由安西裨将白孝德继任,"朝廷因而授之"④。当叛乱甫平,唐廷才腾出手来应对吐蕃的威胁。上述驰援戡乱的西部边兵,鉴于"河、陇陷虏,伊西、北庭为蕃戎所隔"⑤,因返归无望,被迫长期驻守关中,开始转化成为一种特殊的防秋兵。

广德元年(763),仆固怀恩勾结吐蕃内犯,兵临长安城下,代宗仓皇"幸陕"。白孝德引兵赴难,与各军"合势进击"⑥。二年十月,仆固怀恩等复引吐蕃"寇邠州",他"闭城拒守"⑦,后以安西、北庭行营节度使的身份,徙镇邠宁。这支行营兵西迁泾原,以"乏食","馈运"不便,都虞候段秀实"请军于奉天",权知奉天行营事,"寻拜泾州刺史"⑧。至德初,诏征安西唐军赴援关中。次年,因吐蕃寇边,大将马璘"移军援河西"⑨,永泰初,拜四镇北庭行营、邠宁节度使。大历三年,吐蕃大兵压境,唐廷以其"力不能拒",令郭子仪"移镇邠州"⑩,马璘则领四镇北庭行营"移镇泾州"⑪。该部以赴难之众、伤残之余,功高大唐,在关中却备受冷落,故"颇积劳怨"。建中元年(780),德宗令驻泾州的四镇北庭行营将士移师原州,遭到段秀实的拒绝,也受到该部的抵制。四年,以四镇北庭、军将卷入"泾师之变",兵变的失败,标志着四镇北庭行营开始陷入悲剧性的覆灭⑫。

如果说自高仙芝、封常清、哥舒翰、荔非元礼、李嗣业迭次统辖安西北庭的"勤王之师",目的在于"靖乱"而非防御吐蕃的入侵,故不是完全意义上的防秋兵。叛乱甫平后,白孝德节制该军,"徙邠宁"⑬;大历三年(768),"徙泾州"⑭。

---

① 《册府元龟》卷三七三《将帅部·忠四》,第4443页。
② 《资治通鉴》卷二一八至德元年五月,第6987页。
③ 《新唐书》卷一三八《马璘传》,第4618页。
④ 《资治通鉴》卷二二二宝应元年建卯月,第7120页。
⑤ 《旧唐书》卷一二《德宗上》,第329页。
⑥ 《资治通鉴》卷二二三广德元年十月,第7153页。
⑦ 《旧唐书》卷一一《代宗纪》,第276页。
⑧ 《旧唐书》卷一二八《段秀实传》,第3584页。
⑨ 《新唐书》卷一三八《马璘传》,第4618页。
⑩ 《旧唐书》卷一二〇《郭子仪传》,第3464页。
⑪ 《旧唐书》卷一一《代宗纪》,第291页。
⑫ 参薛宗正《安西与北庭——唐代西陲边政研究》,哈尔滨:黑龙江教育出版社,1998年,第296—299页。
⑬ 《新唐书》卷一三六《白孝德传》,第4593页。
⑭ 《新唐书》卷一五三《段秀实传》,第4850页。

《新唐书》称"四镇北庭行营节度使,寄治泾州"①。《旧唐书·陆贽传》称其"侨隶四镇于安定"②,而"泾州保定郡,本安定郡,至德元载更名"③,表明泾州即安定郡,故安西、北庭的西域边军实际上成为屯驻邠宁、泾州的防秋兵。

不过安西、北庭的防秋兵,其特殊之处在于,吐蕃截断其重返西域的可能,被迫长期滞留关中,而非如其他防秋兵那样能够定期换防。这些军人"百战余生",一直由安西、北庭系将领充任行营节度使,而非由其"遥领"④。李怀光、朱泚等先后统辖该部,但"名实相符的安西、北庭行营,或四镇北庭行营已不复存在",但这一名号保留了下来,直到唐末"成为历任泾帅例加的虚衔而已"。至德时驰援关中的西域余部,随着战争的伤亡与减员,又缺乏相应的兵员补充,尤其唐廷的歧视、打压与各系藩镇的倾轧,导致这支独特的防秋兵最终走向消亡。

另外一支特殊的防秋兵,则是河西、陇右的"勤王之师"。至德以后,"河西、陇右戍兵皆征集,收复两京"⑤。其中最大的一支就是安史之乱后哥舒翰统率的陇右主力,潼关一役几乎全军覆没。广德二年(764),仆固怀恩兵寇京畿,在危难之时,河西节度使杨志烈"发卒五千",他言于监军柏文达说:"河西锐卒,尽于此矣,君将之以攻灵武,则怀恩有返顾之虑,此亦救京师之一奇也"!柏文达率众"击摧砂堡、灵武县,皆下之"⑥。这支河西"锐卒",除平乱战死外,也留驻关中,或因人数少而为史籍所隐。至于陇右"勤王兵"亦戍守凤翔,可能是潼关余众及原留守兵之一部,所谓"权附陇右于扶风"⑦,即指此事。贞元三年(787),"陇右节度兵入屯秦州,寻徙岐州,及吐蕃陷陇右,德宗置行秦州,以刺史兼陇右经略使,治普润,以凤翔节度使领陇右支度营田观察使"⑧。

需要指出的是,就史料记载而言,广德二年,安西北庭行营徙镇邠宁,后又西迁泾原,为节省"馈运"而"请军于奉天"。大历三年,该部复由邠州"徙泾州"或"寄治泾州"。建中元年(780),该部被德宗诏移师原州。广德二年,河西监军使柏文达率兵"击摧砂堡、灵武县"。同年,陇右"勤王兵"戍守凤翔,"权附陇右于扶风"。贞元三年,陇右兵"入屯秦州,寻徙岐州"。德宗"置行秦州,以刺史兼陇右经略使,治普润"。若以各军屯戍一地视为1次,则安西北庭行营在关中防秋6次,而河西、陇右行营兵则防秋7次,它们合计防秋13次。安西北庭行营与河西陇右的戍兵一样,这些支小规模的特殊防秋兵,因长期战损,或大量招募土人

---

① 《新唐书》卷一四五《元载传》,第4712页。
② 《旧唐书》卷一三九《陆贽传》,第3812页。
③ 《新唐书》卷三七《地理一·关内道》"泾州"条,第968页。
④ 《旧唐书》卷一二《德宗上》,第329页。称"自河、陇陷虏,伊西(即镇西、安西)北庭为蕃戎所隔,间者李嗣业、荔非元礼、孙志直、马璘辈皆遥领其节度使名"。其实际情况并非如此,故此说误也!
⑤ 《旧唐书》卷四〇《地理三》,第1647页。
⑥ 《资治通鉴》卷二二三广德二年五月,第7168—7169页。
⑦ 《旧唐书》卷一三九《陆贽传》,第3812页。
⑧ 《新唐书》卷六四《方镇一》,第1775—1776页。

为兵而消失原有的特性,以致逐渐与关中藩镇兵无异,故使得诸史罕闻,而逐渐消逝于历史的尘埃。

## 结　语

安史之乱后,西北边军被东调戡乱,造成西部门户洞开。随着陇右的陷落,帝国的核心之地关中遂暴露在吐蕃的兵锋之下。为了强化西部边境的防御,有效遏阻吐蕃的内犯并拱卫京师的安全,征调"关东"等地藩镇兵"防秋"成为王朝的必然选择。然就防秋兵的来源而言,中原、河北、南方等地的藩镇兵无疑是其最主要的来源,关中出镇屯戍的藩镇兵也构成来源之一,而大唐为戡乱东调的西部的"勤王之师",因缘际会地成为关中一种特殊的防秋兵。

鉴于唐朝不同的藩镇,它们对唐廷的政治态度往往存在巨大的差异,通过检视其在不同时段以及单独个体对关中防秋的参与程度,它们对中央支持、拥戴的重要指标。由于传统文献存世的随机性,通过对诸军防秋频度的考察,可以有效揭示隐藏在纷繁表象下的某种历史的真实。中原藩镇是防秋关中最为频繁的藩镇集团,南方藩镇次之,河北与关中藩镇又次之,安西、北庭与河西、陇右行营兵频次最低。若就其不同时段情况稍做统计,发现中原藩镇始终参与关中的防秋过程,唐代关中的防秋,其"始于中原藩镇,也终于中原藩镇"①。河北、关中藩镇与西部行营兵参与防秋很早,大历时所有藩镇都密集地参与关中的防秋,河北藩镇在贞元、元和甚至还有一个小高潮;关中藩镇永泰时防秋虽不及大历,但也很频密,而西部边兵的防秋更多发生在甫平安史之后;河北、南方藩镇持续的时间较长,而关中与西部边兵则很早就结束了防秋。

若进一步考察单个藩镇参与的情况,中原的忠武、宣武、淮西、武宁、河阳、义成六镇是其中防秋较为频繁的藩镇,而尤以忠武、宣武最为突出。南方的淮南镇,其防秋最为频密,两浙次之,宣歙、湖南等又次之,荆南、两川、鄂岳则罕见。河北藩镇中,河东地位突出,即使割据型的"河朔三镇"依然防秋于关中,这虽非常态化的行为,却是其服从中央的表征。关中藩镇中,朔方军最为显著,镇国军次之,其他藩镇较为少见。另有一类特殊的防秋兵,其中安西、北庭与河西、陇右,前者稍逊于后者。若就帝国防秋诸军作一单独的比较,朔方军无疑是一骑绝尘的存在,紧随其后就是中原的忠武与宣武,而中原的淮西、南方的淮南与河北的河东诸镇则又逊之,它们在唐代的关中防秋中具有非常特殊的意义。

---

① 详见拙文《中晚唐中原藩镇"防秋"问题的历史考察》,《宁夏社会科学》2011年第2期。

# 从历史合力看陕西辛亥革命的酝酿与发生

申 超①

长期以来，关于辛亥革命的研究，始终是近代中国研究领域的热点之一。以两湖地区的辛亥革命史最为学者瞩目。与之相对应的，发生在陕西的辛亥革命往往被学者所忽视，这一现象令人深思。实际上，陕西辛亥革命的重要性不容小觑。陕西不仅是全国第二个响应武昌起义的省份，也是北方第一个宣布脱离清王朝统治的省份。发生在陕西的辛亥革命牵制了清政府的军事力量，有力推动了全国革命的进展，对于这一历史进程理应获得学者更多的关注。

让人庆幸的是，有关陕西辛亥革命的研究已经产生了不少有价值的成果，例如《辛亥革命在陕西的胜利与失败》②、《陕西辛亥革命的历史地位与特点的再认识》③、《陕甘回民对辛亥革命的贡献》④、《清廷对陕西辛亥革命的因应》⑤等文章，类似研究兹不备举。从内容上看，基本涵盖了宏观的历史叙事、微观的细节讨论，但是从历史合力角度进行考察陕西辛亥革命的研究尚不多见。

本文考察陕西辛亥革命，采用了历史合力视角进行分析研判。所谓"历史合力"，来源于恩格斯提出的历史合力论，它是唯物史观的重要组成部分，也是恩格斯晚年对于唯物史观发展做出的重大贡献，较早见于《路德维希·费尔巴哈和德国古典哲学的终结》："无论历史的结局如何，人们总是通过每一个人追求他自己的、自觉预期的目的来创造他们的历史，而这许多按不同方向活动的愿望及其对外部世界的各种各样的合力，就是历史。"⑥更为详细的阐述见于《致约瑟夫·布洛赫的信》："历史是这样创造的：最终的结果总是从许多单个的意志的相互冲突中产生出来的，而其中每一个意志，又是由于许多特殊的生活条件，才成为它所

---

① 作者简介：申超（1984—），河北省武安市人，历史学博士、哲学博士后，西安电子科技大学讲师，美国哥伦比亚大学访问学者。

基金项目：本文系教育部人文社科基金青年项目（项目编号：16YJC770022）与中央高校基本科研业务费项目（项目编号：RW190408）的阶段性成果。

② 孙志亮：《辛亥革命在陕西的胜利与失败》，《人文杂志》1981年第5期。

③ 张华腾：《陕西辛亥革命的历史地位与特点的再认识》，《陕西师范大学学报》2011年第6期。

④ 张应超：《陕甘回民对辛亥革命的贡献》，《回族研究》1993年第3期。

⑤ 丁健：《清廷对陕西辛亥革命的因应》，《西北工业大学学报》2012年第1期。

⑥ 恩格斯：《路德维希·费尔巴哈和德国古典哲学的终结》，《马克思恩格斯文集》第四卷，北京：人民出版社，2009年，第302页。

成为的那样。这样就有无数互相交错的力量,有无数个力的平行四边形,由此就产生出一个合力,即历史结果,而这个结果又可以看作一个作为整体的、不自觉地和不自主地起着作用的力量的产物。因为任何一个人的愿望都会受到任何另一个人的妨碍,而最后出现的结果就是谁都没有希望过的事物。所以到目前为止的历史总是像一种自然过程一样地进行,而且实质上也是服从于同一运动规律的。……每个意志都对合力有所贡献,因而是包括在这个合力里面的。"①

其实,细审两篇文献,可以总结出恩格斯提出历史合力论的经典论断至少包含以下内容:第一,经济因素不是唯一的决定性因素,上层建筑也影响着历史进程。第二,历史合力不以任何单个个人意志为转移。第三,历史合力体现了偶然性与必然性的统一。这一理论有助于我们分析研判重大历史事件,因此,下文以此为视角,来观察陕西辛亥革命的历史过程。

## 一、陕西辛亥革命的酝酿

发生在陕西的辛亥革命,是全国反清革命风暴的一个部分。在全国革命形势背景下的陕西革命得以酝酿,具备了三个方面的条件。

### (一)陕西面临严重的民族危机

自1840年以来,清政府与列强签订了一系列不平等条约,中国领土完整遭到破坏,丧失大量利权,国力不振、民生多艰。19世纪末20世纪初,资本主义的发展进入了高级阶段,即帝国主义阶段。表现形式之一是由商品输出为主转变为资本输出为主。② 列强逼迫清政府进行贷款,进而将侵略的触角全面伸向中国丰富的资源。当时中国对外国资本严重依赖,铁矿生产全部依靠列强的贷款进行开采。1906年的煤矿生产,外资占39.8%,中外合资占40%,两者合计占79.8%。③ 本国的民族工业发展缓慢,1911年中国自有的机械化工厂与矿山的总数只有约600个,工业和铁路加起来只有8000万美元的资本总额,只相当于农业投资的6%~7%。④ 在这个大背景下,列强加紧了侵略陕西。20世纪初,比利时在取得京汉铁路修筑权时,还取得汴、洛以西的铁路(包括陕甘)修筑权。英国洋行则要求修陕西铁路,25年后再由中国赎回。陕北延长一带的石油矿藏也被外国侵略者所垂涎。1903年,德国领事与德商世昌洋行串通大荔县于颜彪,伙同延长县贡生刘德馨、郑明德、宋金声和廪生郑肯堂等,私订合同,购买机器,妄图掠夺矿产资源。此外,列强还通过教会教堂作为侵略中国的工具。在陕西,教会采

---

① 恩格斯:《致约瑟夫·布洛赫的信》,《马克思恩格斯文集》第十卷,北京:人民出版社,2009年,第592—593页。
② 列宁:《列宁专题文集》,北京:人民出版社,2009年,150页。
③ 严中平:《中国近代经济史统计资料选辑》,北京:中国社会科学出版社,第127、132页。
④ Wellington K. K. Chan, "Government, Merchants, and Industry to 1911", Cambridge History of China, vol. 11, Cambridge: Cambridge University Press, 1980, p. 416.

取强迫教徒捐献、放高利贷等手段强占大量土地。汉中、城固、古路坝三处教堂所占土地达到 3500 亩，靖边县条梁镇小桥畔教堂强占数十万亩土地，收取高额地租。汉中教区有土地 3500 亩，每年收租 5000 多担。除了强占土地之外，列强还通过教会欺压陕西百姓，例如南郑县八角山教堂意大利籍神父戴礼裴以教民吴年进兄弟三人辱骂毁谤神父为由，勾结官府陷吴氏兄弟三人入狱，威逼吴氏兄弟请客三十桌，项带锁链同跪天主台前叩头悔过，并罚钱六十串，刻石一面立于八角山教堂内，致吴家倾家荡产，吴年进被教堂活埋。近代中国风雨飘摇，使得陕西不得不面临列强持续不断的侵略。这成为激发陕西人民奋起改变个人境遇与国家命运的契机。

（二）清末新政给陕西带来沉重负担

1901 年 2 月，慈禧以光绪的名义在西安发布上谕："昨据奕劻等电呈各国和议十二条大纲，业已照允。仍电饬该全权大臣将详细节目悉心酌核，量中华之物力，结与国之欢心。"①随后清政府颁布一系列政令，开始推行清末新政。但是新政在陕西的施行使百姓负担加重。首先，官府增加赔款差徭。规定每地丁银 1 两，加收 4 钱。有的地方官加收 5 钱，最高达 1 两。其次，官府实行盐斤加价。其实是官府抬高盐价的敛财手段，盐价由原来 30 文加到 70 文，有的加到数百文。再次，官府征收各种捐税。例如地捐、商捐、赌博捐、烟囱捐等，黄酒捐原来每百斤银 3 分，到 1911 年涨到 1.5 两。以上种种，造成物价飞涨，百姓苦不堪言。再加上主政陕西的官员官声不佳，"自恩寿抚陕，政以贿成，剥削民脂，军民怨愤已久"。②贪官污吏主推的新政毫无章法，有形无实。"陕西固僻陋，财穷民困。时新政如牛毛，异说朋兴，乱机潜伏。"③有些州县为新政而设立的里民总局、巡警公所"外面虚挂一牌，内中空无所有，有名无实，率皆如此，以故城中无一岗警，街市中聚赌者有之，斗殴者有之，无人过问。新政如此，可为一叹"。④如此混乱的新政造成陕西百姓"卖我之产，供彼之溪壑"⑤的生活惨景。陕西本就地处内陆，经济发展缓慢，百姓困苦，如果陕西官员不能因地制宜，改善民生，反而凌驾百姓之上虐民，那么新政在陕西推行的效果必然差强人意。不仅陕西如此，山西推行新政的效果也不理想。山西的乡绅刘大鹏谈及新政的弊端："当时弊端

---

① 故宫博物院明清档案部编：《义和团档案史料》下册，北京：中华书局，1959 年，第 945 页。

② 郭孝成：《陕西光复记》，中国近代史资料丛刊《辛亥革命》第六册，上海：上海人民出版社，1957 年，第 40—41 页。

③ 曹秉章：《前国务总理干臣钱公行状》，《辛亥人物碑传集》，南京：凤凰出版社，2011 年，第 291 页。

④ 温世霖：《昆仑旅行日记》，《历代日记丛钞》，北京：学苑出版社，2006 年，第 70 页。

⑤ 郭孝成：《陕西光复记》，中国近代史资料丛刊《辛亥革命》第六册，上海：上海人民出版社，1957 年，第 46 页。

莫甚于卖官鬻爵。乃新政既行于今五年,依旧捐纳卖官莫未曾停止,令人莫解。维新之家动曰除弊,卖官之弊何以不除耶?"[1]新政在陕西乃至全国的推行没有能够挽救清政府灭亡的命运。这种现象怎样解释?历史合力论中谈到历史合力与个人意志的关系,历史不会为个人意志所左右。清末新政目的是巩固自己的统治,所推行的改革官制、兵制等措施可以看作一种力,满汉地主的矛盾激化、新军立场的转化、商绅要求限制皇权、百姓的反抗都可看作另外几种力,当各种力同时发生作用且相互影响时,最终会有一个合力,就是清朝灭亡的历史结果。概言之,清政府的主观目的与新政带来的客观效果发生了扭曲。政体方面的变革已经成为清政府自我发展的瓶颈,在此基点上看,清末新政很难达到最终目标。这就是历史合力不以个人意志为转移的具体表现。

(三)革命主导力量的生成

随着国内各种矛盾不断激化,一批先觉者走上了革命的道路,其中学生群体非常活跃,"他们看到清廷腐败,国势危急,瓜分惨祸,迫在眉睫,非变法不能图存,非科学不能救国,……当时凡具有爱国思想的青年学生,民族大义耿耿在心,无论他们的政治理想如何,而对丧权辱国、腐朽无能的清廷统治则深恶痛绝,因而他们的思想都从四面八方汇合成为推翻清廷、恢复中华的革命主流"。[2]陕西的很多学校都成为革命党人的秘密联络点,例如张拜云、李仲立创办的"健本学堂"、邹子良等在西安西岳庙设立"女子小学"、钱鼎等人在南院门设立"武学社"等。[3]陕西的一些学校还积极组织运动会,借机交流进步思想、强健体魄。《关陇》杂志高度评价西安学生运动会的作用:"秦人以强悍著闻天下,驷铁雄风,尤足代表吾族。……可为恢我祖宗名誉之始机也,可为三秦起死回生之万灵丹也。"[4]西安高等、师范、陆小、法政、府立中学学生还积极参与捍卫西潼路权的活动。此外,辛亥革命前的陕西也发生多次学潮,例如1908年同盟会会员常自新、陈同熙,反对知县李体仁迫害进步师生,组织罢教罢课,全体学生惨遭严刑拘讯。陕西教育总会集会声援蒲城学潮,西安及各县学生纷纷罢课,声讨李体仁的罪行,支持蒲城高等小学堂师生的正义斗争。现将1907—1911年间陕西与相邻的山西、甘肃的学潮情况制成表格对比如下:

---

[1] 刘大鹏:《退想斋日记》,北京:北京师范大学出版社,2020年,第142页。
[2] 文史资料研究委员会编:《辛亥革命回忆录》(四),北京:中华书局,1962年,第431—432页。
[3] 黄留珠主编:《西安通史》第四卷,西安:陕西人民出版社,2016年,第132页。
[4] 剑:《陕西高等师范两校第一次运动会记事》,《关陇》第1号,东京,1908年。

#### 1907—1911年陕西与若干省份学潮次数表①

| 年份<br>省份 | 1907 | 1908 | 1909 | 1910 | 1911 |
| --- | --- | --- | --- | --- | --- |
| 陕西 | 1 | 5 | 0 | 4 | 1 |
| 山西 | 1 | 4 | 0 | 1 | 0 |
| 甘肃 | 1 | 1 | 0 | 0 | 0 |

从上表可以看出，陕西的学潮达到11次，山西有6次，甘肃只有2次。从某种程度反映了学生运动在陕西的活跃。学潮的出现，只是此起彼伏反清浪潮的一个切面。另外陕西的资本主义经济发展缓慢，商绅力量薄弱。据陕西籍同盟会会员井岳秀的估计，陕西富户极少，最殷实者家资不过80万两，延长石油及石棉石碱二矿，均无力开采。② 相较于沿海省份而言，陕西商绅群体的声音比较微弱，与之相比，学生群体思维活跃，易于接受新思想、新事物，更容易转化为革命力量。在海外，陕西籍留学生的革命活动对革命力量的形成也发挥了巨大作用。1903年，井勿幕去日本留学，进入东京大成中学，是陕西最早的留日学生。③ 1904年，陕西陆军武备学堂派遣张凤翙赴日本留学，进入日本振武学校。1905年，陕西又派遣官费生白常杰等31人，自费生樊宝珩等18人赴日学习。④ 有一位在陕西的外国传教士对这些军校学生的素质赞不绝口："一些青年军官显示出证明中国新式学生美好前景的优秀品质。……在考验人的关键时刻，他们表现极佳，特别是军校学生。"⑤陕西籍的外国留学生日益增多，这些学生受到西方资产阶级政治学说的影响，很多人参加同盟会，致力于推翻清政府的统治。积极的学生运动与反清浪潮结合在一起，为陕西革命力量的孕育打下坚实的基础。

上述内容表明，民族危机的加剧只是外部因素的刺激，中国自然经济加速解体是不争的事实，但经济因素不能作为唯一解释历史变化的依据。有学者已指出历史合力是在一定前提下展开，是为说明非决定性因素的作用。⑥ 清末新政是清政府尝试修复上层建筑的努力，其结果在历史合力的作用下失败了。在这个过程中清政府的新政意外地为革命力量壮大培育了种子，这些种子会引领20世纪初期中国前进的历史方向。简言之，经济基础固然影响着历史进程，但它并不是唯一

---

① 桑兵：《晚清学堂学生与社会变迁》，桂林：广西师范大学出版社，2007年，第167页。
② 温世霖：《昆仑旅行日记》，《历代日记丛钞》，北京：学苑出版社，2006年，第55页。
③ 张应超：《孙中山称赞陕西民主革命家——辛亥革命时期的井勿幕》，《人文杂志》1981年第5期。
④ 中共陕西省委党史资料征集委员会编：《辛亥革命在陕西》，西安：陕西人民出版社，1986年，第356页。
⑤ J. C. Keyte: the Passing of the Dragon: the Story of the Shensi Revolution and Relief Expedition, London-New York-Toronto, 1913, p. 116.
⑥ 李红岩：《历史合力论再检视》，《史学理论研究》2018年第2期。

的决定性因素。上层建筑的构建也推动了历史的发展。

## 二、陕西辛亥革命发生的偶然与必然

辛亥革命在陕西的发生具有偶然性与必然性，怎样看待这一历史问题？学术界有人认为，起义在西安发生是一个偶然性的事件，甚至是可以避免的。事实是否如此？

1911年10月10日武昌起义之后，清政府对新军愈加不信任，西安谣言四起。西安将军文瑞与陕西巡抚钱能训不遗余力地搜捕革命志士，许多当地有名望者都被怀疑与革命党有关。① 陕西新军中盛传朝廷要将西安的新军全部调离。同时官府派出力量四处捉拿疑似与革命力量有关系的士兵，一时间人心惶惶。10月21日，新军中的一标、二标都接到开拔命令，形势越来越紧迫。10月22日上午九时，钱鼎、张凤翙、张钫、万炳南、张云山等同盟会、新军、哥老会负责人在林家坟秘密召开紧急会议，决定当日中午12时举行起义。推举张凤翙为统领，钱鼎为副统领，决定起义和进攻路线。起义军占领军装局、巡抚、藩台等衙门。巡抚钱能训逃匿，升允逃往甘肃。起义军定名为"秦陇复汉军"，在原军装局内成立秦陇复汉军总司令部。10月27日，秦陇复汉军政府宣告成立。

起义的爆发看起来有些偶然因素，如果清政府不是那么猜忌与调离新军，这次起义是否可以避免？答案是否定的。

陕西辛亥革命的发生是一个必然的历史结果。西安地处西北内陆，与东南沿海诸省相比，经济、军事、文化全面落后，为何它能成为北方第一个响应武昌起义的城市？主要因素包括以下四点：

### （一）陕西经济较为落后

陕西远离通商口岸，近代企业极少，资本主义经济发展举步维艰。清末有一位热心实业的关中大儒刘古愚怀揣经世致用之愿，想方设法在陕西创办一家机器织布局，遭遇了很多意想不到的阻力，最后不了了之。② 当时在陕西兴办近代企业之困境可见一斑。陕西比较有代表性的近代企业是延长油矿和陕西制革厂。延长油矿从1906年开采到辛亥革命前，共用资金29万两，日产原油只有30斤左右。③ 1908年高幼尼在西安创办陕西制革厂，资本仅4000元，工匠仅30余人，产品也都是很普通的皮革用品。④ 此外，经济发展的滞后造成陕西百姓生活非常依赖农耕，1905年陕西一些州县的收成状况令人触目惊心。现依据资料制成下表：

---

① 中国史学会主编：中国近代史资料丛刊《辛亥革命》第六册，上海：上海人民出版社，1957年，第38—40页。
② 武占江：《刘光蕡评传》，西安：西北大学出版社，2015年，第94页。
③ 陈真：《中国近代工业史料》（三），北京：三联书店出版社，1961年，第238页。
④ 乔益洁：《陕西辛亥革命较早宣布独立之原因》，《青海师范大学学报》1990年第4期。

1905年陕西州县收成表①

| 收成\年代 | 六成以下 | 六成 | 七成 | 八成 |
|---|---|---|---|---|
| 1905年夏 | 25 | 33 | 13 | 2 |
| 1905年秋 | 55 | 33 | 3 | 0 |

从上表可以看出，1905年夏，陕西73个州县的收成不到六成的有25个，六成以上33个，七成以上13个，八成以上只有2个。同年秋，陕西91个州县不满六成的有55个，六成以上33个，七成以上3个，八成以上0个。收成不满六成的州县占比为34%和60%。这种状况对于一个严重依赖农业生产的内陆大省来说十分严峻。再加之天灾频仍，农民被迫出卖仅有的土地，衣食无着，对清政府的不满日益加剧，孕育了陕西革命的土壤。陕西的群众前赴后继地发动了多次反清运动，例如陕西官府利用"盐斤加价"的手段进行盘剥百姓，哄抬盐价，招致岐山农民的激烈反抗。凤翔、兴平一带的农民发动抗税斗争。1906年，扶风张化龙等率领农民千余人，扛着锄头、镢头，包围县城，要求免收路捐、惩办贪污劣绅，掀起交农罢耕的斗争。渭南、华阴、华州、同州、富平、蒲城等州县的农民，也先后掀起了反抗路捐的斗争，群众捣毁了官盐局、官钱局、税局，有的还捣毁了州县衙门。以上反清运动尽管都失败了，但是动摇了清政府在陕西的统治，为西安起义的成功奠定了群众基础。

（二）陕西革命力量的凝聚

陕西的革命力量主要包括：同盟会、新军、会党、刀客。首先，是同盟会力量的发展。1905年，在日本的陕西籍留学生井勿幕、康宝忠等十多人参加了同盟会。井勿幕被孙中山委任为同盟会陕西支部长，返回陕西进行革命活动。② 井勿幕回到陕西后，半年就发展了同盟会会员30余人。1906年，井勿幕、邹子良等同盟会会员，在三原县北原的北极宫召开当时陕西省内全体同盟会会员大会，史称"三原会议"。会议创建了同盟会陕西支部，研究了如何招新会员、发展组织以及推进革命工作的方法问题。③ 1908年，同盟会陕西支部改为同盟会陕西分会，同时通过了联合会党、新军、刀客的决议。其次，新军立场的转变。陕西新军来源于常备军，包括步兵两标，马炮各一营，工程、辎重各一队。改编后名为陕西陆军混成协。在初级军官中，就有同盟会会员4人。1909年，张益谦、张凤翙由日本留学回陕，在新军中任职。还有保定陆军速成学堂毕业的钱鼎、张钫、党仲

---

① 李文治：《中国近代农业史料》，北京：三联书店出版社，1957年，第726页。
② 吕志伊：《同盟会琐录》，《近代史资料文库》第7卷，上海：上海书店出版社，2009年，第182页。
③ 黄留珠主编：《西安通史》第四卷，西安：陕西人民出版社，2016年，第131—132页。

昭、曹位康等23人也回到新军任职。① 这些抱有革命理想、经历西方资产阶级学说洗礼的志士在新军中积极活动，使得新军成为革命主力。再次，是会党、刀客力量的联合。陕西的会党力量较强，以哥老会为主。为了革命的顺利进行，井勿幕、钱鼎等革命党人一方面加入哥老会，另一方面吸收哥老会成员加入新军与同盟会，陕西革命队伍中形成了相互支援、成分杂糅的局面。刀客是另一支重要力量，又称关中刀客，主要是破产的农民和手工业者。这个群体最初产生于清朝中期，迨至清末，成为陕西盛行的一种民间组织。这支力量敢于反抗清政府的压迫，成为革命者的团结对象。井勿幕曾派胡景翼、李仲三联络刀客首领王狮子和严飞龙，井勿幕还主动与王守身、杨衷等刀客结识，介绍他们加入同盟会。② 1910年7月，同盟会、哥老会及军界代表36人，在西安的小雁塔召开秘密会议，歃血为盟。③ 在革命党人的主导下，陕西的新军、刀客、会党的进步力量得到统一组织，揭开了资产阶级领导陕西人民反清斗争的新篇章。

（三）陕西人民坚韧的革命精神

武昌起义后，清朝曾设想以陕西、甘肃为后方基地，颠覆东南革命政权。由于陕西率先响应武昌起义，打乱了清朝的部署，引起它对陕西革命力量的重视，所以清政府派大军从东西两路合击陕西，妄图颠覆新生的秦陇复汉军政府。在东线，双方在潼关展开激战，潼关多次易手。在第三次潼关的争夺战中，革命军"自晨至暮，军民齐心奋战，乡人妇孺箪食壶浆，供给于后，直追至潼关北原，毅军纷纷逃遁。此役兵士固属奋勇，而百姓又如此齐心努力，所以克复甚捷"。④ 士兵的奋勇、百姓的后援终于将清军的攻势遏制。在西线，陕甘总督升允调集甘军围攻陕西的革命军，双方在乾州城展开激战，"乾州城地势低下，甘军从北原进攻，居高临下，共作长围五道，……守兵不得休息，其苦况不可言矣"。⑤ 甘军分五层包围乾州，并发动多次进攻，均被革命军一一击退。升允无计可施，竟令清军到北门外跪地举枪诈降，妄图趁机冲进城内。革命军识破阴谋，诈降清军仓皇逃出。陕西辛亥革命从西安新军起义，攻克满城，到东线保卫潼关、西线阻击甘军，进行了5个月的军事斗争。张凤翙曾说，陕西以无兵、无粮、无械、无援之区，振臂一呼，四民响应，开西北之义声，作东南之后劲，大小数百战，奔驰千余里，坚持五六月，死伤数万众，推到数千年帝制，恢复百二重关河。⑥ 这个

---

① 张应超、党阳俊：《辛亥革命在陕西》，《理论导刊》1991年第10期。
② 丁守伟：《刀客与陕西辛亥革命》，《贵州文史丛刊》2012年第1期。
③ 郭希仁：《从戎纪略》，中国近代史资料丛刊《辛亥革命》第六册，上海：上海人民出版社，1957年，第62页。
④⑤ 朱新宇：《陕军辛亥起义记事》，《近代史资料文库》第7卷，上海：上海书店出版社，2009年，第531页、第543页。
⑥ 张华腾：《陕西辛亥革命的历史地位与特点的再认识》，《陕西师范大学学报》2011年第6期。

评价是较为妥帖的。革命过程中陕西人民所具有的革命精神令人敬佩,也是革命发生、发展的重要条件。

(四)陕西关键的地理位置

陕西的地理位置向来为人所重视,"陕西居天下之上游,制天下之命者也。……虽时会使然哉,亦地势形便为之也。然则,陕西之为陕西,固天下安危所系也,可不畏哉"?① "古称上腴,襟带河山,险厄百二,唐汉秦周实为首善之区。"② 它是西北地区的政治经济中心,一旦发生变化,西北政局极易发生巨变。陕西还与山西、四川、湖北相邻,反清运动易于相互呼应。例如,率先在两湖地区展开的保路运动,在四川掀起了高潮。陕西人民对此也是颇多同情支持。"川鄂陕唇齿相连,陕人闻川路惨状,即同深义愤。"③ 由此可见保路运动对陕西政局产生很大影响。陕西举义后还带动了山西革命形势的发展。"适太原副都督温静安由河东来省,藉取联络,交军政部现银五千两,要求换给小口径子弹十箱,……子弹照数发给而去。"④ 在陕西面临清军东西两线疯狂进攻的关键时刻,革命军没有囿于地域的偏见,为山西革命力量提供军火,这是陕西支援山西革命的明证。陕西革命形势已经引起全国关注,中华民国临时政府代行临时参议院向临时政府移送《咨大总统文》中明确指出陕西地理位置对于革命胜利的价值:"自议和以来,清军阴施其远交近攻之手段,既攻陷山西,复集兵河南,以为大犯陕西之举;近且闻清军由甘肃进兵,与驻豫清军成夹攻之势,危险万状。陕西若失,则清军即长驱窥我南京。"⑤ 从咨文中可以看到,在南北议和期间,清政府也没有放松对陕西的进攻,陕西的地理位置对于反清全局具有重要战略意义。

西安起义看起来是一种意外的或偶然的成功。但是这种偶然性正是历史的必然性之表现的形式。革命的高涨,已经把成千成万的火星,散布于各方面,而在周围却堆着引火的燃料。谁来点燃革命的火把,以及在何处先点燃这个火把,固是偶然,然而这个火把必会被某人在某地点燃,则是必然的趋势。这是历史合力的一个侧面,同时历史合力包含了偶然性与必然性的统一。如果过分放大个人因素,不考虑历史合力,就会失之毫厘,谬以千里。陕西辛亥革命中出现的意外与偶然只能说明革命极其复杂和惊险,不能否认历史必然性发挥着支配作用。这也验证了历史合力论的关于偶然性与必然性的观点。

---

① 顾祖禹:《读史方舆纪要》,北京:中华书局,2005年,第2449页。
② 中国人民政治协商会议陕西省委员会、文史资料研究委员会:《陕西辛亥革命回忆录》,西安:陕西人民出版社,1982年,第238页。
③ 郭孝成:《陕西光复记》,中国近代史资料丛刊《辛亥革命》第六册,上海:上海人民出版社,1957年,第40页。
④ 朱新宇:《陕军辛亥起义记事》,《近代史资料文库》第7卷,上海:上海书店出版社,2009年,第534页。
⑤ 文史资料研究委员会编:《回忆辛亥革命》,北京:文史资料出版社,1981年,第363页。

当然，在革命中革命者由于阶级局限性，导致革命政府的领导权发生转移。起义发生时，声望较高的井勿幕不在西安，新军军官张凤翙因同情革命被选为领导者。在起义成功后，甚至有人意欲推举巡抚钱能训主政陕西："陕军当事者闻而趋救，拥公去，强为治疗，又欲强公起治陕事。"①因哥老会在起义中也发挥了相当作用，其内部力量错综复杂，互不统属，一时间陕西出现了一个大统领、两个副统领、六个都督的权力格局。西安当时还曾出现了"藉搜旗人为名，随意抢劫，人心惶恐"的情况。②陕西军政府副大统领钱鼎赶往潼关前线抗清，途经渭南时，居然被刀客头目严纪鹏杀害。这是此前革命者所未料到的。然而，从总体上看，陕西的辛亥革命有力的抵抗了清军的反扑，给清政府造成极大的压力，其历史功绩值得肯定。

## 结 语

本文以陕西辛亥革命为中心，从历史合力的角度考察了发生在陕西的革命酝酿、发生过程。这一论证过程说明历史走向不以任何单个人意志为转移，而是偶然性与必然性的统一。当我们在此基础上展望陕西革命的走向，发现在近代陕西数次变革均困于封建体制僵滞而失败的情况下，革命成为当时陕西历史前进的一个出口。通过这个出口，陕西摆脱了清政府的专制统治，人民的思想得到初步解放。如果把陕西辛亥革命当作一个独立的历史行动看，其结果可能不尽如人意，但是，如果把它当作近百年来中国革命运动发展过程中之一阶段看，则陕西辛亥革命实是一个承先启后的革命运动。陕西辛亥革命响应了武昌起义，同时动摇了清政府在北方的统治，在中国革命历史进程中应当占据独特的地位。

---

① 曹秉章：《前国务总理干臣钱公行状》，《辛亥人物碑传集》，南京：凤凰出版社，2011年，第291页。
② 朱新宇：《陕军辛亥起义记事》，《近代史资料文库》第7卷，上海：上海书店出版社，2009年，第515页。

# 未央宫和大明宫国家考古遗址公园建设之路

肖爱玲①

## 一、研究缘起

西安是世界著名古都，中国最重要的历史文化名城之一。西安，古称长安，是中国周秦汉唐等十三朝的都城，历史悠久，文物古迹丰富。西安市已有41处全国重点文物保护单位，65处省级文物保护单位，176处市县级文物保护单位，登记在册的文物点2944处，且有6处遗址被列入"世界遗产名录"。西安市文化遗产呈现出：1) 文物遗产时间跨度久远，从距今60万年的蓝田遗址到20世纪30年代抗战时西安事变旧址；2) 文物古迹规格高，有西周都城丰镐遗址、秦阿房宫遗址、汉长安城遗址、隋大兴唐长安城遗址等盛世王朝之都以及西北重镇时期的明清西安城墙遗址、明代秦王府城遗迹和遗址；3) 文化遗产内容丰富，不仅有聚落和城市遗址，尚有秦阿房宫及渭南宫苑，汉代未央宫、长乐宫、建章宫，唐大明宫、兴庆宫、太极宫和华清宫等大型宫殿遗址；秦东陵、秦始皇陵、汉杜陵和明秦王墓等古墓葬遗址，鸠摩罗什舍利塔、大小雁塔、香积寺善导塔、水陆庵、重阳宫祖庵碑林、西安清真寺、大秦寺塔等古建筑及历史纪念建筑物，西安碑林石刻遗址，西安事变旧址、八路军西安办事处等革命遗址及革命纪念建筑物；4) 文物等级健全，不仅有国家重点文物保护单位、省市各级文保单位。西安在历史文化遗产保护与保护上也始终走在全国的前列，如西汉长安城桂宫二号遗址（南、北区）覆土保护方式，在遗址上覆土1米的复原展陈方式，当时专家验收意见之一就是："该保护工程是国内大遗址保护展示工作的有益尝试，……发挥该遗址在今后同类遗址保护中的指导作用。"长乐宫四号宫殿遗址采取的整体保护棚式的保护和展示方式，之后均被广泛推广。

作为一座历史文化遗产城市，西安市如何处理好遗迹、遗址保护与现代城市建设之间的矛盾，一直是西安城市发展需要面对的重要问题。

基于丰富的历史文化资源，西安市在城市建设中还探索出了一条遗址公园建设之路②。近70年来西安市依托遗迹、遗址等历史文化资源建设了一大批公园，

---

① 作者简介：肖爱玲（1969— ），女，江苏省丰县人，历史学博士。陕西师范大学西北历史环境与经济社会发展研究院副研究员。研究方向：历史地理、中国古都学。
② 郑育林：《遗址公园建设之路——西安古遗址保护利用实践报告》，中国古都学会2019年年会及运河古都——大名历史文化学术研讨会上的主题发言。

依据建设时间和类型，西安市遗址公园建设可划分为两大阶段和三种类型。第一阶段，20世纪50—90年代，为一般意义上的城市公园建设，如莲湖公园、革命公园、兴庆公园、半坡遗址公园等，其模式表现为公园+遗址的形式，公园的游憩功能更为浓厚。第二阶段，20世纪90年代以来，为遗址公园建设期，其模式表现为遗址+公园，已建成19处，已规划建设的有17处，更加强调了遗址的核心地位。已建成公园中有2处为遗址+风景区的命名方式的，即楼观台风景区、昆明池风景区，其功能与第一阶段公园相似，游憩性质更为突出。与此同时，我们还看到了新的遗址公园类型，即国家考古遗址公园，我认为这一类型的公园更应强调后期的考古发掘工作。

国家考古遗址公园是由中国国家文物局根据《国家考古遗址公园管理办法（试行）》《国家考古遗址公园评定细则》等综合评定出来的，自2010年以来至今已公布三批36处，西安市有4处，第一批3处，第三批1处。唐大明宫国家考古遗址公园、汉长安城未央宫国家考古遗址公园相继通过评定。经过多年运行实践，我认为当前中国国家考古遗址公园建设上有一些问题很值得冷静地再思考。为便于后文讨论，我们有必要首先对未央宫和大明宫遗址的基本信息及其价值特征进行简要梳理。

## 二、汉未央宫、唐大明宫建设过程及布局特征

中国古代宫城是人类社会发展到一定历史阶段的产物，也是国家形成的重要标志之一。它不仅是历代王朝的"卫君"之所、国家王权的象征，也是国家政治制度的反映。宫城在都城中的空间位置，不仅直接影响都城的平面布局，而且，随着王朝社会、政治、经济、文化以及军事斗争形势变化，还将导致都城空间结构的变化，表现在都城空间上则是新要素的产生以及由此引发的空间秩序重建。汉唐都城长安的未央宫和大明宫正是中国古代宫城发展史上的典范之作。

（一）两大宫殿遗址的共同特征

1. 西汉未央宫修建于公元前200年，距今2220年；唐大明宫始建于634年，距今1386年。无论是西汉未央宫[①]，还是唐代的大明宫[②]，它们既不是都城首筑之宫，也不是一次性就建造完成的宫殿建筑。

2. 未央宫和大明宫均位于龙首原上，建成后对都城空间结构都产生了重要影响。未央宫和大明宫的相同之处是均为高台建筑，均位于龙首原上，一个在龙首原北坡，一个在龙首原上，二者直线距离约7.5km。两大宫殿建成之后分别是汉、唐长安城的政治中枢，对都城长安的城市布局和结构都产生了重要影响。

---

[①] 肖爱玲：《丝绸之路最早的东方起点：西汉长安城》，西安：陕西师范大学出版社，2017年，第35—45页。

[②] 肖爱玲：《隋唐长安城遗址保护规划历史文本研究》，北京：科学出版社，2014年，第36—40页。

未央宫建成后，高祖皇帝在长安期间居住在长乐宫。自惠帝始逐渐形成了帝后分居未央宫、长乐宫的局面，皇帝定期朝见太后。西汉历史上的吕太后、窦太后、王太后等长期影响政局，由此形成了典型的二元政治结构。长乐宫、未央宫的长期对立也说明西汉时期的都城建设中，中轴线的概念并不在规划者考虑范围内。

大明宫的兴建改变了都城长安的城市构图，使原本规矩方正几何图形转化为不规则的形状，像一个楔子附着于外郭城北墙东段之外。同时也改变了隋至唐初长安城外郭城北墙东段没有城门的状况。唐代大明宫虽然沿长安城外郭城墙而建，且不在外郭城内，但是其正门丹凤门的五门之制使其具有了国门的象征。门外176m的丹凤门大街与城南慈恩寺、曲江连接而成的城市发展轴线，改变了城市政治空间格局。无论从城门等级、城门街道的宽度，还是从城门名称的含义上大有取代朱雀大街地位之意蕴，渐成都城新的意向轴线。安史之乱以后由于大明宫长期作为中央政治中心，达官显贵住宅东移日益加剧，在居住空间上的阶层分化也就越来越明显了。太极宫、大明宫和兴庆宫轮番成为帝国核心空间的宫城区，使都城空间秩序不断发生改变，最终导致都城新的空间秩序的重组。

3. 两大宫殿尽管建造起因不同，最终都是朝廷的政治中枢，具有重要的象征意义。

未央宫修建于西汉初年，战争频仍之际，萧何此时提议修建的未央宫是依法度而建的"天子宫"，目的是要为"汉家建万世无穷之业"①。未央宫位于汉长安城的西南部，前殿又居于全宫的最高处，利用了龙首原上的山丘有意造成凌空之势，凸现了皇权的至高无上，其规模稍高于长乐宫前殿，实现了萧何"非壮丽无以重威"的思想。未央宫是汉长安城内最重要的宫殿建筑群，是西汉帝国200余年间的政令中心。西汉、王莽、东汉献帝、西晋、前赵、前秦、后秦、西魏、北周等各朝代的皇帝都曾在此处理朝政，是中国历史上最有名的宫殿之一。

据文献记载，大明宫建造的原因是唐太宗李世民出于弘扬孝道，接受马周的建议，为其父修建的避暑行宫，未成而太上皇驾崩。至于高宗再次营筑大明宫的原因则更具有故事性，一说是因为高宗皇帝的风痹病，地势低下、闷热、潮湿的太极宫不利于其健康；也有史料说是因为武则天急欲摆脱王皇后和肖淑妃化厉鬼报复的恐慌。但无论如何大明宫自高宗龙朔三年四月迁居听政之后，除玄宗朝曾在兴庆宫听政②外，是唐代最为重要的政治活动中心。

4. 均为丝绸之路历史文化遗产提供了实物证据和历史舞台。

未央宫前殿之北的温室殿，武帝建，冬处之温暖也，在未央宫殿北。《西京杂记》曰："温室以椒涂壁，被之文绣，香桂为柱，设火齐屏风，鸿羽帐，地以罽

---

① 辛德勇：《薛季宣〈未央宫记〉与汉长安城未央宫》，自妹尾达彦编：《都市与环境的历史学》第4集，株式会社理想社，2009年3月10日，第299—300页。"薛季宣的这篇《未央宫记》的具体结论，自然亦不容轻视，应该作为我们今天复原未央宫建置极为重要的基础。"第313页。

② 《唐会要》卷30"兴庆宫"载："（开元）十六年正月三日始移仗于兴庆宫听政"。

宾罽毦。"罽宾国是汉代西域诸国之一,张骞第二次出使西域时,他到达乌孙,派副使去了罽宾。罽宾地处丝绸之路南道上的一条重要支线之上,罽宾商人经常来往中国。唐大明宫太液池西高地上的麟德殿是唐代大型宴会厅,武则天于703年曾在此会见并设宴款待日本遣唐使粟田真人,还授予其司膳卿,即礼部属官之职位[①]。

(二)宫城平面布局及其空间结构

1. 未央宫几近正方形,大明宫则几近南北的长方形。未央宫规模略大于大明宫。未央宫遗址四面夯筑宫墙,东、西墙各长2150m,南、北墙各长2250m,基宽7~8m,周长8800m,总面积约4.84km$^2$,约占汉长安城总面积的1/7。大明宫有夯土版筑的城墙环筑,各城门两侧及转角处内外表面砌有砖面。大明宫周长7628m,面积3.3km$^2$,平面形制是一南宽北窄的楔形。西城墙全长2256m;北城墙长1135m;由东墙东北角(骆驼岭)起向南(偏东)1260m,转向正东304m,又折向正南长1050m,与宫城南墙相接;南墙为郭城北墙东部的一段,长1674m。

2. 宫城内部功能区划明确,采用了前朝后寝格局,均为自然高台式建筑。未央宫平面布局呈现出以前殿为中心的布局形态,大明宫则以一系列重要建筑为轴的对称布局特色。

## 三、未央宫遗址、大明宫遗址的价值认识

《中国文物古迹保护准则》是在《中华人民共和国文物保护法》的法律法规体系框架下的文件,参照了1964年《威尼斯宪章》为代表的国际原则,根据中国文物古迹保护的具体情况和中国文物古迹保护工作长期的经验积累,制定的一份行业规则。文物古迹的价值包括历史价值、科学价值、科学价值以及社会价值和文化价值。

(一)汉未央宫遗址

汉长安城是中国古代第一个建制完整的统一帝国的都城,在世界城市建设史上产生了巨大的影响。汉长安城、未央宫是中国古代杰出的城市和宫殿建筑的代表,是人类创造精神的杰作。

1. 未央宫前殿基址与中国后代及世界同类宫殿的比较

战国末期至秦代(公元前3世纪晚期),秦在都城咸阳以南的渭河南岸新建规模宏大的阿房宫。其中阿房宫前殿是中国古代规划建设的规模最大的宫殿建筑,现存基址南北长约1200m,东西宽约450m;但直至秦灭亡,阿房宫前殿也未建成。西汉王朝建立后营建的未央宫是皇帝处理日常事务的主要宫殿区,未央宫前殿是大朝正殿,是未央宫内最主要的宫殿,是都城长安的核心区。未央宫现存基址南北大约400m,东西宽约200m,最高处15m。与中国后代同类宫殿相比,未

---

[①] 《旧唐书》卷199《东夷传上·倭国·日本》。

央宫前殿的规模是唐大明宫含元殿的 7 倍、明清北京宫城太和殿的 7 倍，是中国古代已建成并经长期使用的规模最大的宫殿建筑。在东亚地区古代宫殿建筑中，日本奈良平城宫大极殿、韩国首尔景福宫勤政殿等同类宫殿的规模，也远远无法与未央宫前殿相比。因此，未央宫前殿是中国古代规模最大的宫殿建筑，也是古代东方规模最大的宫殿建筑，是代表人类创造精神的杰作。

2. 未央宫规划思想影响深远

未央宫布局上体现了中国古代"择中"的建筑布局思想，对公元 221—266 年的曹魏都城邺城、公元 495—534 年的北魏都城洛阳城、唐长安城、明清北京城等都城和宫殿建筑的布局都产生了深刻的影响，逐渐形成了中轴对称、皇宫居中、宫殿和都城轴线重合的具有中国特色的古代都城和宫殿建筑布局的传统。

作为大朝正殿的未央宫前殿，建在汉长安城内地势最高的地方，以凸显其显赫地位。汉魏洛阳城的太极殿、唐长安城大明宫含元殿及明清北京太和殿均是城市中最高的地方，延续了用高度显示其"至尊地位"的设计思想。

园林池苑式宫殿的规划设计思想，在未央宫营造时得到了体现，宫城内修筑了沧池及其中之渐台。汉武帝时修建的建章宫内有太液池，筑有以海中神山"蓬莱""方丈""瀛洲""壶梁"等命名的渐台，形成了典型的园林池苑式宫殿。后代的唐长安城大明宫和明清北京城的圆明园、颐和园也都是典型的园林池苑式宫殿，未央宫园林池苑式宫殿的规划设计思想对中国古代宫殿的规划设计影响至深。

3. 未央宫前殿遗址是中国宫殿台基类土遗址的典范

未央宫前殿遗址是面积最大，高度最高，保存最为完好，是最能代表中国宫殿建筑特征的夯土台基遗迹。与中国现存宫殿台基类土遗址相比，夯土高台建筑是中国古代建筑传统，高台是为了体现皇权至上的思想，同时也是为了凸显建筑之重要和宏伟高大。

4. 未央宫及汉长安城建造技术先进

汉代建筑台基、墙壁、城墙等大都是用夯土夯筑的。为了加固，在土中加水平方向的木骨，称为"纴木"。这种做法自汉长安城和未央宫开始，南北朝、唐、宋继续沿用，最晚到清代还在使用，自在建筑科技发展史具有重要的标识意义。

5. 未央宫遗址与其他文明发源地的比较

汉长安城未央宫遗址所处的黄河中游地区是中华文明发源的核心地区，其历史地位如同埃及文明的发源地尼罗河流域，印度文明的发源地印度河流域，古希腊文明的发源地，苏美尔文明、巴比伦文明和亚述文明的源头两河流域。与上述文明发源地不同的是，汉长安城未央宫遗址是中华民族多元一体统一国家形成和发展的历史见证和标志，中国古代中央集权君主专制制度形成与发展。在未央宫设计中体现的"择中""皇权至上"的思想，反映了中国古代社会形态和国家形态的特征，并对中国历代和东亚地区的古代宫殿建筑设计产生了深刻影响。

萧何"非壮丽无以重威"的思想，是对孔子"君子不重则不威"思想的继承和发展，未央宫建筑群的设计是这一思想的实践和体现。汉武帝在未央宫做出的"罢黜百家，独尊儒术"的重大决策，从根本上确立了儒家思想在中国古代思想文化中的核心地位，对中国古代乃至东亚地区古代文明及文化的发展产生了深刻影响。

(二) 大明宫遗址

在中国古代都城发展史上，经历了由多宫制——双宫城制——单一宫城制的发展变化，而在宫城结构也发生了以大朝正殿为中心的中心布局结构到以主要宫殿建筑轴线为中心对称布局结构的发展变化，而在上述变化中唐大明宫都居于承前启后的历史阶段，在中国古代宫城发展史上具有非常重要的历史地位。

1. 大明宫与同时代宫城的比较

唐初太极宫低洼湫湿，殿阁窄狭，高宗扩建后的大明宫规模与太极宫不相上下，建筑规模则往往有过之。因而高宗以后的历朝皇帝（玄宗除外）都是以大明宫为主要寝宫，只有在举行一些特殊的重大典礼时，才依循礼制到太极宫中举行。随着君主住所的迁徙，太极宫中的一切附属设置也随之转移到大明宫中，如大明宫中的少阳院，即是相当于太极宫东宫的太子寝宫。

大明宫与太极宫、兴庆宫是唐长安城内著名的三大宫殿建筑，即所谓的三大内，均位于隋唐长安城的东北半部。唐长安城内先有太极宫，之后又建大明宫、兴庆宫两宫，三大内均曾作为唐代某一时期发挥着政治中枢的功能，在宫殿建筑上各具特色。其一，规模庞大，是当时长安城内占地最广的建筑群，按照前朝后寝格局布列宫殿建筑；其二，数量众多的殿阁、亭、观错落其间，更加增强了建筑环境气氛的感染力，使身临其境者感到皇权凌驾一切的威势；其三，太极宫、大明宫不仅有突出的中轴线，建筑群对称布局，且三朝布局完整。兴庆宫内建筑则不具备这一特征，具有离宫性质浓厚；其四，三大内作为唐代政治中枢，在使用时间上既有交叉使用，同时又各有侧重。太极宫是唐代三百年间最为特殊宫殿建筑之一，大明宫是利用率最高的宫殿，兴庆宫仅于玄宗时期得以利用。

2. 大明宫与前代宫城的比较

西汉未央宫和唐代大明宫在选址上均较为科学合理，分别处于龙首原的北南两坡上，地势高爽，既满足了突出皇权的政治象征意义，同时也弥补了唐太极宫地势卑湿不利于健康的因素。从现有资料来看，西汉未央宫在宫城规模和内部殿阁厅廊数量上均略胜一筹，而从宫城空间结构和建筑特点来讲，唐大明宫功能分区明确、布局更为规整。汉未央宫宫内轴线偏于宫城东部（包括宫城南门和北门在内），其权威地位主要是通过地势的高昂实现的，而唐大明宫在高台建筑的基础上，借助轴对称布局以及大殿前更为广阔的空间共同构成，这种空间结构对万民形成了强大的威慑力。此外，在西汉未央宫内布置有中央官署等，而在大明宫内则不存在这类建筑，所以，才更具有宫城的性质。从西汉未央宫建成到唐代大明宫的建设经过八百年的发展，中央官署等机构逐步从宫城中剥离出来，由此可以认为两大宫殿是中国历史上不同时代宫城建设的典范，其营建过程反映了我国古代建设规划思想和理论的实践与创新，具有极高的科学性和艺术性。

3. 大明宫与后代北宋宫城的比较

北宋东京宫城周长五里，南面三门为大朝会趋朝路，东、西、北三面各仅一门。南门宣德门是宫城正门，亦称宣德楼，共有五个门道。宣德楼左右分别为左右掖门，东门为东华门，西门为西华门，北面为拱宸门。北宋宫城以东西门之横街划分，街南为中央政府机构所在地，街北为皇帝居住的生活区，功能分区也是较为明确的。然由于北宋都城是在唐代州城的基础上发展而来，宫城规模较小，至宋徽宗时在宫城外北部营建延福新宫，实为宫城的延伸和扩大。但无论如何，宋都宫城无论在规模上，还是在宫城建筑气魄上都难以与大明宫相比。北宋宫城四角都建有高数十丈的角楼，这是从北宋东京开创的①。

通过与西汉未央宫、唐代太极宫和兴庆宫、宋东京大内在内部结构方面的比较，可以看出唐大明宫在将古代高台建筑推向极致的同时，又开创了宫城建设的典范，是中国古代宫城建设中最成功的范例，是中国古代社会经济繁荣富强的实物证据。

## 四、关于未央宫和大明宫国家考古遗址公园建设的思考

历史剖面既是时间上的纵深，也是空间上的点、线、面组合。西汉未央宫和唐代大明宫是汉唐长安的重要组成部分，是影响西安乃至关中地区经济形态、社会结构、精神面貌等发展的重要因素。无论从中国宫城发展史上，还是从大遗址保护角度，未央宫与大明宫都具有很强的可比性。就其保护方式来看，既有时代共性，也有与遗址环境紧密关联的特殊性，体现了中国大遗址保护领域积极探索的创新精神，对大遗址保护工作有很好的借鉴意义。

未央宫和大明宫自诞生以来，其名号就不断叠加，从汉唐王朝的布政之宫、后代之故宫、文献与考古发掘和研究的对象、国家级文物保护单位——大遗址、到国家级考古遗址公园、世界文化遗产等（实际中后二者的顺序似乎还可颠倒一下）。无论自 2010 年大明宫国家遗址公园开园，还是 2017 年未央宫国家考古遗址公园获得命名以来，或者是自二者 2014 年成功列入世界文化遗产名录以来，各阶层对他们的关注和思考均越来越高。

2019 年 10 月中旬在河北省大名县召开的中国古都学会年会上，西安市文物局原局长郑育林教授②做了关于"遗址公园建设之路——西安古遗址保护利用实践报告"的主题发言，报告中郑教授提出了专家们关于国家遗址公园的争论，遗址公园是不是等于遗址加公园？遗址公园是否应该冠以"考古"二字？遗址公园否应该具有休闲功能？同时指出了公众的疑惑，遗址公园里的遗址在哪里？遗址公园里的公园在哪里？从未央宫和大明宫遗址当前的身份来看，这确实是非常严肃的问题，但是我要问的是这些问题应该由谁来回答的问题？很显然，从赋予未央宫、

---

① 杨宽：《中国古代都城制度史研究》，上海人民出版社，2003 年 6 月版，第 311 页。
② 郑育林教授是大明宫国家遗址公园和未央宫国家考古遗址公园建设与申遗工作的亲历者和主导者之一。

大明宫上述一系列名号、头衔的行为主体来看，应该由国家文物局来回答，或者应当从为它们设置的各种名号的初衷、文献中寻找答案。

为了促进考古遗址的保护、展示与利用，规范考古遗址公园的建设和管理，有效发挥文化遗产保护在经济社会发展中的作用，中国国家文物局根据《中华人民共和国文物保护法》，制订了《国家考古遗址公园管理办法（试行）》（2009年）。本办法共有22条，37款。给国家考古遗址公园的定义是指以重要考古遗址及其背景环境为主体，具有科研、教育、游憩等功能，在考古遗址保护和展示方面具有全国性示范意义的特定公共空间。本办法规定国家文物局负责国家考古遗址公园评定管理工作，省级文物行政部门负责本行政区域内国家考古遗址公园的监督管理工作，遗址所在地县级以上人民政府负责国家考古遗址公园建设和运营的组织实施。工作程序是基层申请立项，先经国家局批准立项，考古遗址公园符合若干条件且已初具规模后再申请开展评定工作。评定合格者，由国家文物局授予"国家考古遗址公园"称号，并向社会公布。查验工作程序，我们有理由认为未央宫和大明宫国家考古遗址公园在考古遗址保护和展示方面已经具有了全国性示范意义，当然也是具有科研、教育、游憩等功能的特定公共空间。如此作为曾经的监督管理者为何不能回答专家和公众的问题呢？否则，我们也有理由认为顶层设计存在很大缺陷。

由此，我认为专家争论、公众疑惑问题产生的关键因素是一些大遗址在获得国家考古遗址公园称号之后，其科研、教育、游憩等功能并没有逐步落实所致。比如遗址公园的科研功能发挥上，未央宫和大明宫遗址公园都很不理想，近年来考古发掘工作缓慢，或者较少有工作；在教育功能上，大明宫遗址有三分之二的区域是向社会免费开放的，在这里市民、游客均可随时前往参观游览，提高了周边市民对文化遗产保护的敏感性。但是，大明宫遗址的核心区，即文物保护及文物展示区域是要收取门票的。如此，大明宫遗址的教育功能则大打折扣；游憩功能上，未央宫遗址基本上没有安排旅游设施建设，更不要说满足游客旅游服务了，公园的功能非常弱。其实，三大主题功能的缺失是导致社会争论和质疑的关键因素。

2010年10月，中国国家文物局前局长单霁翔曾指出：国家考古遗址公园是基于国家遗址本体及其环境的保护与展示，但是从本文前述对两大遗址本体信息的陈述尚可知，展示内容、信息并不全面，展示方式方法也相对单一。单局长还着力强调国家遗址公园不是建在遗址上的主题公园[①]，其展示的是遗址本身及其价值，介绍的是真实的历史，容不得半点涂抹和篡改；国家遗址公园不是建筑师竞技的舞台，这里主角只有一个，那就是遗址。不应让张扬的设计、华丽的材料等妨碍人们对遗址的品读和对历史的思考；国家遗址公园不是游乐园，园内任何建设项目和人类活动都必须谨守不破坏遗址的原则，园内开展的各种活动都应当与遗址的内涵和价值相协调；国家遗址公园不是普通的旅游景点，需要科学评估

---

① 主题公园（theme park），是根据某个特定的主题，采用现代科学技术和多层次活动设置方式，集诸多娱乐活动、休闲要素和服务接待设施于一体的现代旅游目的地。

遗址的游客承载力，合理限定游客数量，绝不可为了追求门票收入而盲目扩大游客数量，以免对遗址产生不利影响。……国家遗址公园的建设和管理必须以考古研究工作和文化遗存保护为基础，必须统筹考虑遗址考古、研究、保护、展示和利用工作。"考古工作不但没有结束，反而是一个有计划、有步骤的一个开始。"中国社会科学院考古研究所唐长安城第二任队长安家瑶先生也说过大明宫遗址的发掘工作还要进行200年。

以上种种现象表明，国家考古遗址公园的设计是适应国际社会时代需求的，是管理、经营、消费多方力量综合制约的特殊发展空间，当然其发展趋向和结果更加需要社会的普遍关注和参与。作为一个新生事物，它与国家级文物保护单位，与世界文化遗产既有共同的内容，也有特殊的要求。然在实际执行过程中出现了偏差，或偏离了初衷，这是作为曾经的监督、管理者不应该回避的问题，需要认真总结和反思顶层设计存在的缺陷和漏洞，也不是再叠加新的名头。这是因为遗产本身所具有的特性决定的。

这里再次强调，保护历史文化遗产就是要保护遗产的历时性特征，用科学、动态的观点对待遗产。这一原则并不单单是为了保护遗址本体的发展过程，更是为了减少因人类认识上的片面性而造成的遗产价值的破坏。同时，我们还需要真正理解和认识"遗产"的价值。遗产不仅仅是有关过去与未来的遗迹、遗物及其特殊的普遍价值；遗产更是一种观念，应在保护其固有价值和将其作为一种现代社区或商业活动资源之间衔接的一条纽带，它必然同时包含着一些现代价值观念和从过去继承下来的思想；遗产还是一种思考、发现和创造未来遗产及将遗产作为一种创造性产业进行管理的责任。① 做好以上几点，必然能够实现国家考古遗址公园设置的初衷。

2016年我发表了一篇《唐大明宫遗址保护方式探析》②的小文，文章经过调查和统计分析之基础上认为大明宫遗址保护与利用存在着社区旅游文化敏感性不高、景点可视度不够、游客参与度不够等问题，实质就是社会对大明宫遗址本体的不理解和对历史文化遗产保护的核心价值认识不足等。结合大明宫遗址空间范围广阔以及遗址的局限性等提出了利用现代科技手段再现唐文化及大明宫历史故事、开放微缩景观区域等满足社会对大明宫的认知，同时为降低旅游参观对大遗址的破坏和为考古人员提供发掘的时机，避开遗址区在西安建设一座中国古都博物馆的建议。在中国古都博物馆里可以系统展示中国古代都城空间发展序列以及古代宫城空间演化轨迹，凸显唐大明宫在唐代长安城空间结构中的地位和作用，凸显唐大明宫在古代宫城空间与文化发展上的意义和特色。未央宫与大明宫一样应该是中国古都博物馆里展示的重要内容之一。至今，我仍然坚持这一认识，建设中国古都博物馆是解决当前中国都城（含宫城）遗址保护与展示的最佳途径。

---

① 肖爱玲：《隋唐长安城遗址保护规划历史文本研究》，北京：科学出版社，2014年，第22—26页。
② 肖爱玲：《唐大明宫遗址保护方式探析》，《遗产与保护研究》2016年第3期。

# 西安孔庙文化遗产创造性转化与创新性发展研究

赵 东①

孔庙又称文庙,是儒家文化的载体和象征,凝聚着我国千百年来历史的文化积淀,附着和蕴含了深厚的中华传统文化。西安以历史文化而驰名,中国历史上首个学庙合一的孔庙即唐武德二年在长安城国子监设立,此后从京城到地方学庙不分,包括后来的西安府县学中皆有孔庙。在党和国家大力号召弘扬和传承中华优秀传统文化形势下,创造性转化与创新性发展西安孔庙文化遗产成为重要时代课题。

## 一、西安(地区)孔庙概况

西安现辖11区2县,面积10752平方千米,历史上有府庙兼二县庙1座,县庙6座,现遗存较为完整者2处,遗址保存完整者1处,废弃者4处,另有新建孔庙1处(表1)。

表1 西安地区孔庙保存现状②

| 序号 | 名称 | 地理位置 | 现存状况 | 保护级别 | 备注 |
| --- | --- | --- | --- | --- | --- |
| 1 | 西安府(长安、万年县)孔庙 | 西安市三学街15号 | 除大成殿1959年毁于雷火外基本完整 | 全国重点文物保护单位(1961) | 与西安碑林博物馆为一体 |
| 2 | 户县(今鄠邑区)孔庙 | 鄠邑区东街近钟楼处 | 大成殿、明伦堂、崇圣祠、藏经阁 | 陕西省文物保护单位(1992) | 2008年时重修 |
| 3 | 蓝田孔庙 | 蓝关街道城隍庙巷 | 仅留大成殿台基 | — | 20世纪90年代大成殿被拆除 |
| 4 | 临潼孔庙 | 东大街临潼区委 | 无 | — | 大成殿于1959年移入华清池 |
| 5 | 高陵孔庙 | 鹿苑街道东街小学内 | 无 | — | 民国初年废弃 |

---

① 作者简介:赵东(1975— ),西安市周至县人,博士,陕西省社会科学院文化与历史研究所副研究员。
② 王长坤:《陕西孔庙遗存及其文化价值研究》,北京:科学出版社,2017年,第69页。

续表

| 序号 | 名称 | 地理位置 | 现存状况 | 保护级别 | 备注 |
|---|---|---|---|---|---|
| 6 | 周至孔庙 | 县城东街小学内 | 无 | — | "文革"时废弃 |
| 7 | 佛坪孔庙 | 周至县厚畛子镇老县城村佛坪厅故城 | 遗址完整，部分碑刻及建筑构件尚存 | 陕西省文物保护单位(1992) | 1962年由佛坪划归周至 |
| 8 | 周至五泉村孔庙 | 县西五泉村 | 大成殿(新建) | — | 2005年新建大成殿，2015年塑像 |

**1. 西安孔庙**

西安孔庙始于唐武德二年(619)，开创了中国古代"庙学合一"局面，历经唐末、五代、宋，和府学连同内藏石经，最终搬迁建于现址，称京兆府孔庙，明清后称西安府孔庙。西安孔庙独具特色，一庙三学，孔庙居中，咸宁县学居东，府学居西，府学西为长安县学。西安孔庙内石经所形成的"碑林"历经金元明清民国，规模不断扩大，1944年在西安孔庙和碑林基础上建立陕西省博物馆。

1959年一场雷火烧毁西安孔庙大成殿，台基于1973年拆除，现为碑林广场。目前，除大成殿外西安孔庙大多建筑被较为完整地保存，格局依旧，成为今西安碑林博物馆的组成部分。大成殿内圣人贤徒像以及成套祭孔礼器文物，大多保存于西安碑林博物馆文物仓库之中。崇圣祠今为西安市碑林区少年宫。由于历史原因以及大成殿被毁等，很长时间与孔庙相关的活动开展很少，原本是孔庙附属物的碑林成为主角，西安孔庙长期名不副实，事实上已被隐没，至今绝大多数人"只知碑林而不知西安孔庙"。

**2. 鄠邑区孔庙**

鄠邑区孔庙是西安地区除西安孔庙外仅有保存较为完好的孔庙，原在县城外，明洪武七年(1374)迁建今址，永乐十二年(1414)重建，后多次修缮。庙中自南而北依次有献殿(戟门)、大成殿、明伦堂、崇圣祠等古建筑群落，东西两廊间陈列多件历代石刻50余件。明伦堂前立有两通石碑，一是明弘治七年(1494)的王玺墓表；二是1923年的重修太史桥碑记。[①] 1949年后，鄠邑区孔庙曾作为户县文化局、图书馆、文化馆、文管会等文化单位使用。2006—2008年，户县政府对孔庙进行了大规模整修，重新修建棂星门、泮池和泮桥，相关单位迁出。目前，鄠邑孔庙仍主要处于"保护"状态，大门长期紧闭，游人不能进入参观。虽然孔庙戟门前广场也常举办一些活动，但却与孔庙没有必然的关系。

**3. 蓝田、临潼、高陵孔庙**

据1935年牛兆濂《续修蓝田县志》记载，北宋时就先后对蓝田孔庙重修，明

---

① 刘嘉辉：《听鄠邑秋雨潇潇 看文庙百年沧桑》，《西安日报》，2017年10月13日，第8版。

代五次重修，清代重修十次，1915年再次重修。蓝田孔庙先后用作学校、企业场所，20世纪70年代县武装部进驻。随着古建筑失修，20世纪90年代修建蔡文姬纪念馆时，大成殿最终被拆除用材。至今，已很少有人知道蓝田孔庙存在，仅有相关遗址和"宋蓝田县重修孔子庙记""清重修蓝田县庙学碑"等重修记事碑四方。

临潼孔庙兴建于唐，北宋咸平元年(998)修建时从城南迁至城北，即今区委所在地。从元至元年间到清乾隆四十一年(1776)，先后五次多修建，至中华人民共和国成立时尚有一定规模，孔庙建筑一应俱全。此后，中共临潼县委会入驻，1959年大成殿拆除移至华清池建成飞霜殿，其他建筑全部改为现代建筑，碑石散失，孔庙不复存在。

高陵孔庙遗址位于城区东街，今城关镇小学院内，宋绍圣元年(1094)创建，崇宁四年(1105)重修，元中统二年(1261)复建，明代历任知县修葺扩建，清顺治时两次重修，康熙至同治时均有修葺。民国时高陵孔庙废弃，至今已几乎无人知晓，仅能从县志等文献和老人记忆中寻觅踪迹。

**4. 周至、佛坪厅孔庙**

因区划变迁、新修等，周至境内孔庙及其遗存有3处。一是原周至县孔庙遗址，二是佛坪孔庙遗址，三是新修孔庙。原周至县孔庙位于县署东南，今东街小学内，元大德十一年(1307)建，此后元、明、清三代修葺重修10余次，民国两次重新修建，今无存。

清道光五年(1825)，划周至西南及洋县东北置佛坪厅(1913年废厅改县)，三年后建孔庙。因匪患等佛坪县城于1926年迁至袁家庄，老县城逐步废弃，成为村落。1962年，老县城村划入周至。今佛坪孔庙照壁保存完好，大成殿仅存石英岩台基，相关碑石立于佛坪厅故城遗址博物馆内。

随着文化复兴，周至县西关五泉村等群众自发组织修建孔庙，2005年初成大成殿，2015年落成孔子和四配塑像及十二哲画像。周至新修孔庙系对孔庙文化遗产的传承和发展，为陕西省4处新修孔庙之一。

## 二、西安孔庙蕴含的文化遗产价值

孔庙最初是祭祀和供奉孔子的场所，因唐代确立"庙学合一"制度，和中国古代学校教育紧紧联系在一起。在发展过程中历史上许多名儒名贤也被请进配享后，孔庙更是成为中华优秀传统文化的集聚与弘扬的核心场所。孔庙"凝聚了各个历史时期上层统治者对于孔子思想及儒家学说的认同、推崇和褒扬，浓缩地体现了各个历史时期的社会政治、经济和文化发展状况"，[①] 兼具物质文化遗产和非物质文化遗产属性。西安地区是孔庙文化大发展的发轫地，唐宋元明清时期建有众多孔庙，至今古建筑、遗址等遗存遍布各区县。结合对孔庙文化遗产价值的宏观认

---

① 柳雯：《中国文庙文化遗产价值及其利用研究》，山东大学2008届博士学位论文，第2页。

知,① 可以进一步认识到西安孔庙文化遗产具体蕴含了建筑文化艺术、历史文化信息、儒家文化传承、传统教育与考试文化、祭祀礼仪文化等方面深厚的文化遗产价值。

### 1. 建筑景观艺术

西安地区孔庙古建筑或遗址是物质文化遗产的集中体现。西安和鄠邑区两座现存孔庙,棂星门、泮池、献殿(戟门)、大成殿、明伦堂、东西两庑、明伦堂、崇圣祠、乡贤祠等建筑群落,均以中贯轴线左右对称,布局严谨规范。两座孔庙中,门、坊、殿、庑、堂、阁、亭等建筑各具特色,无论规模,均体现出庄严肃穆、造型优美。同时在两座孔庙建筑群落中,雕塑、雕刻、匾联等相关艺术品分布其中,共同营造了浓厚的孔庙建筑景观艺术。另外,蓝田、佛坪等孔庙虽然不在,但遗址尚存,从中依然可以窥见出古人的建筑思想和智慧,这些仍然是相关区域重要的"建筑"景观,让人思接千古。建筑景观是旅游资源的重要内容,也是文化资源的重要载体。孔庙作为古建筑群落(遗址),即使从景观艺术层面,本身无不具有文化价值和旅游价值。中国官方孔庙从唐长安城开始,西安孔庙在建筑景观艺术方面与相应皇家建筑相得益彰,尽管后来京都东迁,但西安地区仍一直是一方重镇,加之关中文化的深厚底蕴和独具特色,使其府县孔庙建筑景观所体现出的文化和旅游价值在国内外都有强大的潜在市场。

### 2. 历史文化信息

孔庙见证了中国两千多年古代社会的发展历程,本身就是厚重的历史文化。西安孔庙至今有1400年的历史,充分彰显着古都西安的历史文化风貌。从西安孔庙发展变迁来看,也充分显示出西安从国都到府县的变化。西安地区各县孔庙在不同历史时期修建、兴废,一方面显示出各个地方不同历史时期政治、经济及文化发展的状况,一方面在一定程度上也显示出不同区域对待文化的重视程度。从西安各个区县历代县志来看,孔庙都是其中不可或缺的内容,特别记载了县域孔庙的兴建、历代修葺和重建、形制和布局以及祭祀情况。在现存的西安孔庙和鄠邑区孔庙中都有和孔庙建筑关系密切的碑刻、匾额、楹联、诗词歌赋、造像雕塑等,更是包含了大量极具价值的历史文化信息。诸如西安孔庙中的《开成石经》、鄠邑区孔庙中的20通"雁字回文诗"碑。临潼、蓝田等孔庙虽然废弃,但其所存碑刻仍然透漏了大量历史信息。周至、高陵孔庙荡然无存,也还有一些保护下来的碑石诉说着历史。

### 3. 儒家优秀文化传承

儒家文化是中国传统文化的骨干,包含了大量优秀内容,被一代又一代传承。诸如,儒家文化中的仁爱崇德思想、礼制文化以及审美价值等。后世之所以兴建孔庙祭孔,很大程度上是对儒家文化中优秀文化的认可。孔庙中的"四配十二哲"也是因为他们对儒家优秀传统文化的传承和弘扬。西安地区孔庙中配享祭祀了大

---

① 柳雯:《中国文庙文化遗产价值及其利用研究》,山东大学2008届博士学位论文,第43—51页。

量地方先贤,亦是他们在传承与弘扬方面做出了重要贡献。在西安和鄠邑区建筑中,通过雕刻、装饰、色彩、纹样等渗透了大量儒家仁爱崇德思想和审美情趣等。在现存建筑和遗址中,西安地区孔庙有着众多石碑,以西安孔庙为最,世称"碑林"。孔庙中的碑石碑顶和基座上都有精美的雕刻纹饰,形成石质雕饰,体现了中国古代独特的审美价值。孔庙本身就是礼制建筑,西安各地孔庙在历代修建过程中,无不严格遵从;在孔庙中祭孔、求学更是有一套严格的礼制要求。这些孔庙礼制是中华优秀传统文化的重要表现形式,使得儒家优秀传统文化通过孔庙在古代得到了几乎无处不在的弘扬。

**4. 传统教育思想文化**

东汉明帝永平二年(58),诏令国学和郡县学校祭祀周公和孔子。唐武德二年(619),在长安城国子监中设立孔庙,即西安孔庙前身。唐太宗贞观四年(630),诏令全国州县学皆立孔庙,从西安孔庙开始"庙学合一"并成为定制,有学必有庙,"庙是学的信仰中心,学是庙的存在依据",[①] 孔庙既是祭孔场所,同时也是发挥教育、教化功能的核心场所。从西安孔庙到各级官方庙学,以至各个书院私塾,教育莫不从祭拜孔子先师开始,一方面表明尊师重教,另一方面也是以孔子为榜样,使学子们在潜移默化中向圣人靠拢。同时,孔庙中的"四配十二哲"以及配享的地方先贤也在无形中鞭策着学子们成为"贤者"。在从西安孔庙开始的"庙学合一"传统教育中,传授知识以"《诗》《书》《礼》《易》《春秋》《大学》《中庸》《论语》《孟子》"等儒家经典为主,同时教习琴、棋、书、画、骑射御术技能以及天文、数学等自然科学知识。在这些经典知识以及技能教育中,也都深刻蕴含了儒家的"微言大义"。因此,这种传统教育更加注重教化,在耳濡目染中影响着学子们"学文先学人,做文先做人"。

## 三、西安孔庙文化遗产创造性转化和创新性发展的必要性

十八大以来,党和国家不断加强对中华优秀传统文化创造性转化与创新性发展。当前,从物质文化遗产和非物质文化遗产两个层面都蕴含了丰富中华优秀传统文化的孔庙文化遗产价值已日益突出,对现存西安、鄠邑区孔庙以至其他区县保存较好的孔庙遗址(新建孔庙)以及和与之相关的思想文化、教育文化、礼仪文化等传统文化遗产创造性转化与创新性发展,充分发挥其文化和旅游等方面的价值,极有必要。

**1. 是西安传承发展中华优秀传统文化的重要表现**

中华优秀传统文化是中华民族的"根"和"魂"。2017年初中共中央办公厅、国务院办公厅印发《关于实施中华优秀传统文化传承发展工程的意见》,主要内容是"讲仁爱、重民本、守诚信、崇正义、尚和合、求大同"等核心思想理念;"崇德向善、见贤思齐、孝悌忠信、礼义廉耻、自强不息、敬业乐群、扶危济困、见

---

① 王长坤:《陕西孔庙遗存及其文化价值研究》,北京:科学出版社,2017年,第345页。

义勇为、孝老爱亲"等中华传统美德以及"文以载道、以文化人的教化思想，形神兼备、情景交融的美学追求，俭约自守、中和泰和的生活理念"等中华人文精神。在这些核心思想理念、中华传统美德以及中华人文精神中，大多与儒家传统思想文化有着密切关系。这就意味着各地在传承发展中华优秀传统文化过程中，需要注重把握儒家文化的精髓。孔庙作为儒家物质文化遗存和非物质文化传承的核心载体，是传承发展中华优秀传统文化的重要场所，对其创造性转化与创新性发展无疑是传承发展中华优秀传统文化的重要表现。

西安历史文化资源丰厚，众多文物遗存（遗址）都蕴含着中华优秀传统文化，很多非物质文化遗产也都留存着中华优秀传统文化信息。相比较而言，西安孔庙文化遗产所承载的中华优秀传统文化更为集中，更具中华优秀传统文化传承发展的象征意义。特别是，从西安孔庙开始"庙学合一"在中国孔庙史上具有划时代的意义，对中华民族"尊师重道"等传统思想文化产生了深远影响，各区县孔庙也都在历史上发挥过重要作用。因此，西安在中华优秀传统文化传承发展过程中，对于孔庙不可忽视，必须认识到孔庙的重要性，对相应孔庙文化遗产（遗存、遗址、非物质文化等）创造性转化与创新性发展是西安以及各区县的重要表现。

**2. 涵养、培育和践行社会主义核心价值观，增强社会和谐**

社会主义核心价值观是社会主义核心价值体系的精神内核，是建设中国特色社会主义和谐社会的思想灵魂。提炼出社会主义核心价值观是马克思主义中国化最新成果的重要结晶，培育和践行社会主义核心价值观是推进中国特色社会主义伟大事业、实现中华民族伟大复兴中国梦的战略任务。按照《关于培育和践行社会主义核心价值观的意见》，需要把社会主义核心价值观融入国民教育全过程、落实到经济发展实践和社会治理中，要广泛开展涵养社会主义核心价值观的实践活动，要在文旅产品中弘扬社会主义核心价值观。孔庙作为尊师重道的象征以及相应礼仪，蕴含着"文明"；以中贯轴线左右对称等布局明显反映了"和谐"；在"庙学"中"有教无类"则意味着"平等"；相关科举考试也有很强的"公正"性；在孔庙学习中，人与人的关系通过"仁"与"礼"来约束，更为和谐，而且这种和谐一直传递到整个社会。在孔庙所倡导和传播的儒家文化更是与24个字的社会主义核心价值观有着密切关系，① 历史上反复修建孔庙对今天培育和践行社会主义核心价值观有很大启迪。在新时代，如能对孔庙文化遗产进行深入的创造性转化与创新性发展，必然有利于涵养、培育和践行社会主义核心价值观，增强社会和谐。

西安作为历史文化辉煌灿烂的千年古都之地，通过创造性转化与创新性发展珍贵的孔庙文化遗产来涵养、培育和践行社会主义核心价值观，不失为一种有效路径。诸如，可以借助西安碑林博物馆"改扩建"之机，将其分为碑林博物馆和孔（学）庙博物馆两部分，突出西安孔庙地位；可以将鄠邑区孔庙打造成文化旅游景区，免费向区内外游客开放；通过政府（政协）支持，将周至五泉村新修孔庙作为

---

① 牟钟鉴，牛廷涛：《儒家文化与社会主义核心价值观——牟钟鉴先生访谈录》，《孔子研究》，2015年第5期，第5—11页。

周至县新孔庙，大力开展涵养、培育和践行社会主义核心价值观的相关活动；对于蓝田、临潼、高陵等孔庙遗址，大多已不能在原址复建，可以选择合适的地方结合文献记载中的原有孔庙形制等修建新庙。总之，可以将社会主义核心价值观与西安孔庙文化遗产中的儒家等中华优秀传统文化相融合，充分发挥其蕴含的社会主义核心价值观内涵，并通过向广大大中小学生、人民群众展陈、数字化演示以及一系列活动，培育和践行更为丰富的社会主义核心价值观。这种利用历史文化遗产渗透社会主义核心价值观的力量应远远胜过"刷标语、喊口号"，更加有利于社会和谐。

### 3. 坚定文化自信，提升区域文化软实力

文化自信是习近平新时代中国特色社会主义思想的重要组成部分和鲜明符号，"是习近平文化思想的基本内核。"①当前以至一段时期，坚定文化自信都是各个地方的重要工作，陕西省委专门出台了《关于坚定文化自信的意见》，深入挖掘陕西优秀传统文化，创造性地转化与创新性发展，讲好陕西故事。孔庙文化遗产是西安各县区优秀传统文化的集中表现，一定程度体现了各县区的历史记忆和文化积淀，是各县区坚定文化自信的重要基础与依托。鄠邑等地存留了孔庙古建筑，充分反映了文化底蕴，通过对其创造性转化与创新性发展，自当有利于坚定文化自信。虽然，蓝田、高陵等县区孔庙已仅剩遗址，但是孔庙相关的无形文化遗产仍是被挖掘利用、坚定文化自信的重要源泉，诸如蓝田四吕及其《吕氏乡约》、高陵元代杨天德杨恭懿父子、明代吕柟及其成就，他们的成长、影响与当时孔庙紧密相关，而且也都是配享当地孔庙的地方先贤，这些首先无疑都是相应区域坚定文化自信的文化源泉，如能创造性转化与创新性发展，则更有利于坚定文化自信。

对西安各区县孔庙文化遗产创造性转化与创新性发展，不仅是在坚定文化自信，同时也是在提升区域文化软实力。在当今时代下，文化软实力已越来越成为区域发展的重要力量。区域文化软实力体现了一个区域的群体思想意识、价值观念、精神风貌、行为模式等文化因素，以这些文化因素表现出来的良好区域文化软实力发挥着或明或暗的影响力、感召力和渗透力，②促进着区域社会经济文化发展效能。从文化软实力这一概念在我国正式提出后，就紧紧与中华优秀传统文化连在一起，而"弘扬中华优秀传统文化是提升当代中国文化软实力的重要切入点"。孔庙文化遗产作为西安县区层面中华优秀传统文化的典型代表，自然是县区提升文化软实力的重要选择。当然，必须要对现有孔庙文化遗产创造性转化与创新性发展，特别是"要善于借助市场力量，创造出更多体现传统文化价值内涵又具有鲜明时代启示的文化旅游产品。"③诸如利用现存的西安孔庙、鄠邑区孔庙

---

① 杨殿军等：《新视域下如何坚定文化自信》，《学习时报》，2018年3月28日第004版。
② 曾德贤，何伟军：《文化软实力：区域经济发展的强大动力》，《前沿》，2012年第13期，第95—96页。
③ 刘爱武：《弘扬中华优秀传统文化与提升当代中国文化软实力》，《思想理论研究》，2015年第8期，第38—42页。

等重新打造庙学街历史文化景区,开展国学培训、研发祭孔等文化产品,进一步提升文化软实力。

### 4. 是西安文化产业发展的重要文化资源与文化资本

把文化产业发展为国民经济支柱产业是陕西省的战略性目标,省会西安具有决定性作用。尽管西安市文化产业增加值占国民生产总值8%以上,占陕西省的60%左右,是近年来经济增长的重要引擎,但是结合国内外文化产业大发展大繁荣的形势及其所拥有的丰厚文化资源来看,则还需不断发力,一是需要充分挖掘被湮没的诸如西安(府)孔庙等文化遗产资源;二是需要大力发展县域文化产业。当前,西安(府)孔庙几乎完全被西安碑林的光辉所掩盖,其本身的文化产业价值还很少得到展现。西安文化产业发展虽然较好,但其实主要是由城区贡献,而其他区县文化产业发展状况和省会以外没有多大区别。从文化资源禀赋的维度来看,西安(府)孔庙既有有形的物质文化资源,又有无形的精神文化资源,加之西安丰富的文化智能资源创造性转化与创新性发展,很容易形成文化产业规模。西安各区县尽管也都有不尽丰富的文化资源,但是在转化为文化产业的必要性与可行性不一而足,基于孔庙在历史上的影响性和孔子在当代所代表的文化力量,针对各区县孔庙文化遗产现状创造性转化与创新性发展,即是文化产业发展的重要表现。

文化资本是法国社会学家布迪厄提出的概念,对个人而言主要包括三个层面:一是本身所具有的教育、技能、文化知识及经验等文化产物;二是客观存在的书籍、艺术品、工具等物质性文化财富;三是以制度化存在的学术资格、文化能力、学历证书等。① 在后来的实践与研究中,人们不断将文化资本理论拓展至文化企业运营和区域文化发展之中,认为区域文化经济发展的文化资本应该包括文化遗产、文化藏品、重点文物、文化设施、文化教育、文化交流、文化管理等13项指标。② 这些指标对于区域文化产业发展有着决定性作用,在广义上孔庙文化遗产涉及了其中众多内容。西安各区县孔庙文化遗产遗存现状即不同程度反映了各地所具有的文化资本。相比较其他文化资源而言,孔庙文化遗产这种独特的文化资本成为各区县最易转化文化产业的依托。尽管临潼、高陵等区县孔庙几乎已无踪迹,但因其在历史文化上的地位至今仍在不同程度地影响文化教育、文化交流,以至于文化管理等,对于相关遗产创造性转化与创新性发展,仍会成为文化产业发展的"资本"。

## 四、西安孔庙文化遗产创造性转化与创新性发展的路径选择

推动中华优秀传统文化创造性转化与创新性发展是习近平新时代中国特色社会主义思想的重要理念和新时代的重要任务,对于中华优秀传统文化核心组成部

---

① 【法】布迪厄著,包亚明译:《文化资本与社会炼金术》,上海:上海人民出版社,1997年,第21—45页。
② 金相郁,武鹏:《文化资本与区域经济发展的关系研究》,《统计研究》,2009年第2期,第28—34页。

分的孔庙文化遗产创造性转化与创新性发展，已成为很多地区文化和旅游发展的重要选择。结合西安孔庙文化遗产保护、传承和弘扬现状来看，对其创造性转化与创新性发展，大致应遵循以下路径：

**1. 以文旅融合的理念加强对西安孔庙文化遗产保护和传承**

文化旅游融合是当前各地文化和旅游发展的重要诉求，西安市及各区县为此均专门制定了《三年工作方案（2020—2022）》。在文化和旅游融合发展中存在几种模式，一是赋予自然山水旅游文化内涵；二是更多利用文化旅游资源打造文化旅游景观；三是加强文创产品与旅游产业的融合；四是文化遗产保护、传承与弘扬和旅游发展相融合；五是利用文化资源策划文化活动形成旅游效应。孔庙文化遗产属于典型的文化旅游资源，对其规划开发，或复建重建孔庙，或利用现存古建筑，形成文化景观，是一种简单直接的文化和旅游融合方式。孔庙文化遗产蕴含了古人丰富的智慧和文化，利用相关元素创意研发旅游商品是文化和旅游融合的表现之一。对孔庙文化遗产通过发展旅游的方式加强保护、传承与弘扬，是当前正在探索的路径模式。利用孔庙文化遗产策划文化节事活动形成旅游效应，曲阜有着示范性表现。西安各区县孔庙文化遗产保存状况不一，但基于区县文化和旅游发展程度，直接以文旅融合理念对其创造性转化与创新性发展，有助于发挥更好效益。

作为碑林博物馆的有机组成部分，西安（府）孔庙在文化和旅游融合方面有着较好表现，但是从文化的蕴含程度相比，进一步创造性转化与创新性发展西安孔庙文化遗产，策划一些诸如祭孔、开笔礼等文化活动和旅游相互配合，更有利于碑林区和西安市文化和旅游深度融合。对于鄠邑区孔庙而言，首先是利用这一文化旅游资源打造新的文化旅游景观；其次是把鄠邑区孔庙文化遗产保护、传承与弘扬和旅游发展相融合；再次可有效增加孔庙附近渼陂湖生态景区的文化内涵，两者相得益彰。对于其他区县而言，关键则还在于保护、传承与弘扬文化遗产，以此加强文化建设促进文化旅游产业融合发展，诸如周至县文化产业和旅游产业发展都相对薄弱，就应充分利用县内拥有原周至孔庙遗址、原佛坪孔庙遗址遗迹以及群众自发新建的五泉村孔庙，结合县内明末清初大儒李二曲等文化遗产资源，认真谋划，长远规划，策划系列文化活动，打造品牌性文化旅游节庆，做好文化和旅游融合文章。

**2. 利用其"文化空间"转化发展为公共文化服务场所**

"文化空间"主要是非物质文化遗产领域的概念，由人类学的范畴延伸发展而来，意指传统的或者民间的文化表达方式有规律性地进行的地方或一系列地方，兼具空间性和时间性。在当代，孔庙是一种重要的物质文化遗产，更是因在其空间场所长期祭孔以及传播儒家传统文化而形成了丰厚的非物质文化遗产。2006年曲阜祭孔大典、2011年衢州南孔祭典、2014年浏阳孔庙祭孔古乐等先后被列入第一批、第三批、第四批国家级非物质文化遗产名录。长春、哈尔滨、乌鲁木齐、兰州等地在每年9月28日孔子诞辰前后也纷纷进行不同程度的祭孔仪式，成为当地重要的非物质文化遗产传承和众多人士文化认同和凝聚比较牢固的纽带，这些孔庙即是当地极为重要的"文化空间"。基于传统儒家文化熏陶下的中华儿女共同心理认知，包括西安在内的全国各地孔庙本身都具有文化空间的功能，即使是有些区县原有孔庙已无踪迹，但因人们对传统文化的渴求又形成了新的文化空间，诸如周至县民众在县西五泉村筹资新建了孔庙大成殿，十多年来连续开展祭孔活动。结合国家不断构建完善公共文化服务体系形势，有必要将西安孔庙文化遗产文化空间创造性转化为公共文化服务场所。

对西安（府）孔庙而言，借助西安碑林博物馆"改扩建"工程之机，迁移碑林，重建大成殿，恢复西安（府）孔庙原貌，将其和碑林博物馆相对剥离，建设相对单独的西安孔庙博物馆，是多年来众多有识之士的呼声。博物馆本身即是为公共文化服务场所的重要组成部分，一方面可以专门发挥祭孔等文化功能，另一方面更重要的则是可以发挥博物馆的保护、收藏、研究、展示等功能。目前，因西安（府）孔庙和碑林博物馆合于一体，空间有限，很多有关孔庙藏品都不能展示，甚至有所损毁，如能建成专门的西安孔庙博物馆则可以将这些珍贵的文物进行成分的有效保护、收藏、研究、展示，进一步体现古都西安深厚的文化底蕴。鄠邑区等区县依托孔庙文化遗产同样也可以建成博物馆或其他公共文化服务场所。虽然，鄠邑区已有一些专业博物馆，但仍缺乏综合性的历史文化博物馆，可以鄠邑区孔庙为核心，吸纳鄠邑区钟楼文物陈列馆等文博机构组建鄠邑区博物馆，全面展示鄠邑区历史文化。对于周至县五泉村新建孔庙，也完全可以因势利导，借助公共文化服务工程项目，将其纳入公共文化服务体系，拓展深化公共文化服务内容，将核心价值观和传统文化充分结合，不断坚定文化自信，提升县域文化软实力。

**3. 通过数字化技术深化西安孔庙文化遗产保护展示和传承利用**

21世纪以来，有两大潮流奔涌而来，一是文化在国家和地区的地位越来越重要，一是以数字化为代表的科学技术在生产生活中的作用越来越突出，人们进行着数字化生存，而且两者越来越呈现交汇合流之势。目前，全球范围内大量的文化遗产得到了数字化保护、展示和传承、利用，可以有效创造性转化与创新性发展。特别是通过VR、AR等技术，加上一些综合性传播手段，可以打破特定的时间和场所限制使传统的物质文化遗产以数字化形式得以展现和传播，最大限度地实现文化遗产资源的利用和共享，扩大公众的认识度和文化遗产影响力。[1]

诸如经过数字化后，"数字敦煌""数字故宫"等在世界上产生了更为深远的影响，曲阜等著名孔庙也纷纷参与了数字化工程，包括祭孔大典已全程数字化，向更广领域更深层次传播了孔庙祭祀文化以及相关文化。

---

[1] 秦宗财，杨郑一：《论文化遗产创造性转化的逻辑与路径》，《中原文化研究》，2019年第5期。

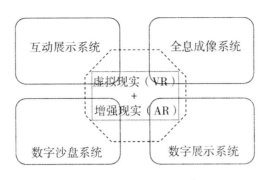

交互式可视展示综合系统

虚拟现实(VR)和增强现实(AR)技术相互结合形成的融互动展示系统、全息成像系统、数字沙盘系统和数字展示系统于一体的交互式可视展示综合系统(如上图),是当前先进的数字化技术。在未来的西安孔庙·碑林博物院数字化建设中,即可以此建设互动景墙、互动景箱、文物互动展现平台、数字沙盘等,通过点选展示屏的菜单,清晰感知西安孔庙·碑林博物院陈列的展品,联动人物和展品、场景和文物的交互式、沉浸式体验,从而全面深刻感知西安孔庙蕴含的文化遗产价值。利用互动景墙、互动景箱、文物互动展现平台360度全方位立体化的呈现,实现与展馆藏品的互动体验。全息成像系统是将三维动画悬浮在柜体实景之中的半空中成像系统,能够给参观者以裸眼观看3D幻影立体显示。数字沙盘是把声、光、电,三维动画以及计算机程控技术与实体模型相结合,呈现出一种惟妙惟肖、变幻多姿的动态展示。诸如在孔庙中就可以借助数字沙盘动态呈现孔子周游列国路线图和互动展现平台,点选孔圣人在各国经历的"历史典故"。让参观者对历史文化有更为真切的感知。数字展示是借助背投LED显示屏,将西安孔庙·碑林博物院的建设和修缮复原的全过程以纪录片的形式融合历史照片、影像、文献资料,通过动态展演,清晰明了地展现了该博物馆的历史足迹。

**4. 打造西安孔庙文化IP,构建区域文化新业态**

近年来,随着互联网、新媒体和数字经济的迅猛发展,文化IP作为助推文化产业发展的新引擎备受瞩目。文化IP强调文化产品之间的连接与融合,侧重高强的辨识度、"自带流量"以及变现能力,"内容"和"流量"是其两大核心要素。基于西安孔庙文化遗产中孔子和儒学的影响力,其"吸粉"和自带流量超强,具有十足的文化IP可能。在打造西安各区县孔庙文化IP过程中,必须充分运用"文化创意+科技创新"双引擎驱动模式(见下图),达到既具有文化气息,又彰显时代活力。

在"文化创意+科技创新"双引擎驱动模式中,丰厚的西安孔庙文化遗产资源是基础先导,通过融入"故事驱动""无中生有"等理念,以4K+5G+人工智能为工具,强化文化创意,运用项目化思维,形成系列文创产品,以着力打造西安孔庙文化IP。基于西安孔庙文化遗产文创产品可以是大众喜爱的影视、动漫、游戏作品、文化综艺类节目等,或者是小众化的非物质文化遗产、戏曲、雕塑、书画等艺术形式衍生出来的文创产品。在发展中,通过文化社群的粉丝发酵,借助互联网平台,使更多的消费者感受传统文化焕发的新活力,不断放大西安孔庙文化IP价值,进一步通过相关文化产业创造性转化,打造区域地标文化精品,通过特色小镇、节庆会展、主题公园等精品文化项目,发挥西安孔庙文化IP的形象名片,逐步构建区域文化产业新业态。

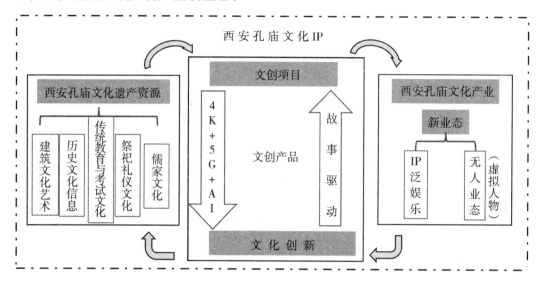

"文化创意+科技创新"双引擎驱动模式

# 《吕氏乡约》产生的历史条件

李建国①

《吕氏乡约》由陕西蓝田吕氏兄弟(主要是吕大钧)制定,被公认为中国历史上最早的成文乡约。它以"德业相劝,过失相规,礼俗相交,患难相恤"为四大宗旨,开创了中国古代民间自治组织的基本构架,对明清时期的乡村治理模式影响甚大,故被国学大师钱穆先生称为中国人的"精神宪法"。

## 一、专制统治的演化与调整

中国早期的国家,脱胎于氏族社会。因此,在夏商周三代,国家与社会在本质上是融合为一、没有分野的,即所谓家国一体。

春秋时期,"礼崩乐坏",奴隶制逐渐衰落,家国一体的局面受到严重冲击。为了加强国家对地方的控制和管理,维护社会秩序,管仲在齐国当权时,大力整顿内政管理系统,实行"叁其国而伍其鄙"的措施。所谓"叁其国",就是将国(国都及其近郊)划分为21乡,士居15乡,工居3乡,商居3乡,分设3官管理。所谓"伍其鄙",就是将鄙野(国都之外的广大地区)分为5属,设立5大夫分管。属下有县、乡、卒、邑4级,分别设立县帅、乡帅、卒帅、司官管理。整顿内政系统的目的是"定民之居,成民之事",也就是使士、农、工、商各有其居,各守其业,不许杂处或任意迁徙。从而使氏族部落的残余影响被革除,行政区域的组织结构更加精细化,有效地维护了社会稳定。

到了战国时代,封建集权制度已经形成,国家与社会的关系也因此开始重构,政权的力量试图渗透于社会的方方面面。商鞅变法就是典型的例证。它开始普遍推行县制,并强化代表国家强制力量的基层组织,"令民为什伍,而相牧司连坐"②,力求通过连坐法,把国家法令落实到社会的最基层,维护封建统治秩序。

秦王朝建立后,继续沿用商鞅变法时期的做法,并把韩非的思想作为指导,建立起以皇帝为核心的专制主义中央集权制度。郡县以下,"乡有三老、有秩、啬夫、游徼。三老掌教化;啬夫职听讼,收赋税;游徼徼循禁贼盗"③。三老是民间德高望重的长者,同时也是社会风俗的引导人;啬夫是基层赋税征收和司法事

---

① 作者简介:李建国(1965— ),陕西省大荔县人,陕西学前师范学院历史文化与旅游学院教授。研究方向:中国古代史(宋明史)、中国文化史。
② [汉]司马迁:《史记》卷六八,北京:中华书局,1959年,第2230页。
③ [汉]班固:《汉书》,北京:中华书局,1962年,第742页。

务的主管；游徼负责治安。三老、有秩、啬夫、游徼是官方和民间的交汇，这几种人的身份并非朝廷正式官员，最多属于半官方性质。这既是所谓"皇权不下县"的表现，也是皇权已经渗透到基层的体现。

然而，秦朝国家对社会的控制和压迫强度，是民众难以承受的。陈胜吴广揭竿而起，秦王朝的统治迅速被推翻。秦二世而亡的教训，迫使后来的统治者必须给民众留下一些生存的空间，或倡导仁政，或主张无为。国家对社会的干预强度，也一直在不断调整。然而，从两汉到隋唐，政府和民间的界限始终没有一个明确的划分。《吕氏乡约》的制定，不妨看作是吕氏兄弟在这个问题上的一种尝试。

## 二、社会环境的变化与士绅阶层的崛起

从东汉到魏晋南北朝，门阀世族的势力一直很强大。它们聚族而居，经学传家，占据大片田园，在政治和经济上拥有很多特权，朝廷经常不得不依赖它们控制地方，维持统治。到了唐初，虽然门阀制度已经退出历史舞台，但世家大姓在社会上仍有较大的影响力。

唐代中期以后，均田制逐渐衰落，很多土地被贵族官僚兼并，成为他们的私产。同时，由于实行科举制，使得不少社会中下层的人士进入了官僚集团，成为统治阶级的一部分。到了宋代，这种情况更加普遍，逐渐形成了一个庞大的士大夫阶层。他们政治上有地位，经济上有实力，学术上有影响，属于社会的精英阶层。

由于传统的世家大族已经不复存在，原来由它们承担的代表朝廷维持地方的职能便落了空。面对民间社会的日益平民化和孤立、碎片化，一些有强烈责任感的士大夫忧心忡忡，他们希望能以儒学的道德纽带改变这种状态。吕氏兄弟就是其中突出的代表。吕大忠认为"人之所赖于邻里乡党者，犹身有手足，家有兄弟，善恶利害，皆与之同，不可一日而无之，不然则秦越其视何与于我哉"？并且明确指出他制定《吕氏乡约》的动机是"素病于此，且不能勉，愿与乡人共行斯道，惧德未信，动或取咎，敢举其目，先求同志，苟以为可，愿书其诺，成吾里仁之美"①，即由他牵头以乡约形式重建民间联系，用这种自愿组织治理好家乡。

此外，乡约的内部组织机构也反映了士绅的权威及影响，体现的是地方士绅的自治权力。乡约设置"约正一人或二人，众推正直不阿者为之，专主平决赏罚当否"。同时规定"每月一聚，具食；每季一会，具酒食。所费率钱合当事者主之。遇聚会则书其善恶，行其赏罚。若约有不便之事，共议更易"。②显然，担任约正的人必须具备一定的经济实力，否则不可能召集众人聚会并负责提供酒食。而且能召集全体约众会议，其人必然有一定的权威和号召力，这种在经济上有实力、政治上有权威的人无疑就是地方士绅莫属，而同时拥有官员和学者身份的蓝田吕氏兄弟正符合这样的条件。他们超越了家族边界，将儒家伦理中的推己及人

---

①② [宋]吕大钧：《吕氏乡约》（《续修四库全书》第934册），上海：上海古籍出版社，2002年，第252页。

原则,由血缘宗法范畴推广到地缘乡里范畴。

## 三、士大夫主体意识的强化及其社会治理的实践

魏晋南北朝至隋唐,佛教和道教各显神通,与儒学"三教并立",儒家思想的官方地位出现动摇。从唐代后期开始,韩愈、李翱援佛入儒,力图重振儒学,要求继承尧、舜、禹以至孔、孟的"道统"。到了宋初,道学形成,儒学发展到它的成熟阶段。

这一时期,道学的关注焦点,已经转变为士大夫对"道统"的自觉承担。以范仲淹、欧阳修、司马光等人为代表的新型士大夫一心所系的不光是朝廷,还有整个天下。他们一方面要劝导皇帝推行仁政,甚至与皇帝"共治天下",另一方面又要督促民间坚守礼义,所谓"居庙堂之高,则忧其民;处江湖之远,则忧其君。是进亦忧,退亦忧。然则何时而乐耶?其必曰:先天下之忧而忧,后天下之乐而乐"。范仲淹的名言,正是当时士大夫这种心理的真实写照。

在宋儒的观念里,天下是万姓之天下,读圣贤书的士大夫既有治理社会的责任,也有这个权利。维护"道统"成为士大夫"以天下为己任"的力量源泉与合法性依据。在北宋时期,蓝田吕氏推行的《吕氏乡约》与王安石推行的"保甲法"隐隐对立。王安石也是北宋中期新型士大夫的著名代表,他"果于自用,慨然有矫世变俗之志"①。熙宁三年(1070),他在全国推行保甲法。规定各地农村住户,不论主户或客户,每十家(后改为五家)组成一保,五保为一大保,十大保为一都保。以住户中最富有者担任保长、大保长、都保长。凡家有两丁以上的,出一人为保丁,农闲时进行军事训练;夜间轮差巡查,维持治安。保甲法既可以使各地丁壮接受军事训练,与正规军相参为用,以节省国家的大量军费,又可以把各地人民按照保甲编制起来,建立严密的治安网,以便稳定封建秩序。可见,保甲法不仅是兵制上的变革,也是加强地方统治的手段,使国家的权力触角深入广大的乡村,最终实现国家政权对基层社会的直接控制,正如王安石所言:"保甲之法成,则寇乱息而威势强矣"。

不过,保甲法之推行,却遭到不少朝廷官员的反对,其中就包括苏轼和司马光。苏轼就不满王安石为推行保甲法而废除沿边民间已有的自治性军事组织"弓箭社",而司马光对保甲法则提出了更严厉的批评。在司马光看来,由于不重视礼义教化,只片面强调"变风俗,立法度,最方今之所急也"②,保甲法不仅不能加强国家对地方的控制,反而会"驱民为盗""教民为盗""纵民为盗"③,成了地方动乱之源。

由于王安石变法并未能使宋朝重现"二帝三王之盛",反而造成了新的社会问题。一批社会责任感强烈的士大夫眼看无法通过顶层设计实现理想,失望之余,只有投身民间,试图摸索出一条基层社会治理之道。《吕氏乡约》就是这样一种可

---

① ② [元]脱脱:《宋史》,北京:中华书局,1985年,第10541页、第10545页。
③ [元]马端临:《文献通考》,北京:中华书局,1986年,第1336页。

贵的尝试。《吕氏乡约》制定于熙宁九年（1076），正在王安石推行保甲法几年之后，二者之间应该存在某种逻辑上的联系。

《吕氏乡约》像王安石变法一样，把维持地方秩序放在非常重要的位置。其第二部分"过失相规"专门规定了犯义之过、犯约之过和不修之过，其中犯义之过包括酗博斗讼、行止踰违、行不恭逊、言不忠信、造言诬毁、营私太甚六种严重危害社会稳定的情形，一旦违反，就要记录在案或受罚。而第四部分"患难相恤"则规定了水火、盗贼、疾病、死丧、孤弱、诬枉、贫乏等七类患难之事，又把防捕盗贼即维持地方安定放在第二位，极为重视。那么，发生了贼盗之事怎么办呢？《吕氏乡约》要求"居之近者，同力捕之。力不能捕，则告于同约者及白于官司，尽力防捕之"①，明显反映出以同约自卫为主、官府缉拿为辅的理念。

然而，《吕氏乡约》与王安石保甲法最大的不同，是实行以礼教为依据的道德约束。《吕氏乡约》包括"德业相劝，过失相规，礼俗相交，患难相恤"四个方面，每一方面又有各种详细规定，主要涉及乡民修身、立业应遵循的基本规范以及送往迎来、婚丧嫁娶等种种活动的礼仪风俗。而所有这一切都属于道义的范畴。

尽管乡约也规定了种种处罚的措施，如"犯义之过，其罚五百。不修之过及犯约之过，其罚一百。凡轻过规之而听，及能自举者，止书于籍，皆免罚。若再犯者，不免。其规之不听，听而复为，及过之大者，皆即罚之。其不义已甚，非士论所容者，及累犯重罚而不悛者，特聚众议。若决不可容，则皆绝之"②，即根据犯约程度之不同，给予相应的惩处，由轻到重分别为书籍（相当于今之记过）、罚金（实为铜）一百、罚金五百、聚众议（当众批评）、绝约（开除约籍），但这些处罚只是保证、维护道德约束的手段。

就这，朱熹还嫌处罚过重，他认为农家贫富不均，有的甚至无金可罚，为了可以通行于贫富，应该"削去书过行罚之类"③。在其《增损吕氏乡约》中，删除了罚金之法，规定凡各种过失，"同约之人各自省察，互相规诫。小则密规之，大则众戒之。不听，则会集之日，值月以告于约正，约正以义理诲谕之。谢过请改，则书于籍以俟。其争辩不服与终不能改者，皆听其出约"。④可以看出，朱熹更注意发挥约众的主观能动性，进一步突出了道德自律。

除乡约之外，作为民间互助团体的社仓、作为民间教育机构的书院等等，都诞生或兴盛于宋代，无一不反映着士绅阶层主体意识的增强与对社会治理的空前重视。

### 四、张载关学的影响

张载是关学的开山祖师。他创立"关学"，最显著的特点是"学贵致用"和"躬

---

① ② ［宋］吕大钧：《吕氏乡约》（《续修四库全书》第934册），上海：上海古籍出版社，2002年，第251页、第252页。

③ ④ ［南宋］朱熹：《朱子全书》，上海：上海古籍出版社，合肥：安徽教育出版社，2002年，第1458页、第3596页。

行礼教"。吕氏兄弟中大忠、大钧、大临都曾师从张载，受其思想影响很大，其中又以大钧为甚。据《宋史》记载，吕大钧与张载本为同科进士，但大钧十分佩服张载为人与学问，故以弟子身份事之。

张载回乡后，除潜心治学外，还身体力行，教化乡里，甚至进行过井田制实验，力图重现三代理想社会。他对儒者入朝能否有所作为心存疑问，曾经对人说过："今之学者大率为应举坏之，入仕则事官业，无暇及此（指圣人之道）。"①认为儒者一心应举会影响学问长进，即使当了官也会只醉心于仕途通达，不再以圣人之道为意，导致心术不正，走偏方向。实际上，张载一生为此困扰。要推行儒家的治道，就须依赖政权的力量；而一旦谋求官运的亨通，则又可能会偏离儒学的立场。如果说，宋儒中以范仲淹、司马光为代表，是以士大夫精神影响朝政，那么，张载则是力图以士大夫精神振作民间，是儒学在野的一种代表。"蓝田四吕"中，吕大钧走的也是后一条道路。

熙宁十年（1077），张载去世，吕大钧以张载事业的传人自命，"益修明其学"。程颐到关中讲学时，对吕大钧的评价相当高，认为他"任道担当，风力甚劲"。按照宋儒真德秀和明儒冯从吾的说法，吕大钧"为人质厚刚正，以圣门事业为己任"；"其与人语，必因其所可及而喻诸义，治经说得于身践而心解；其文章不作于无用，能守其师说而践履之。尤喜讲明井田、兵制，谓治道必自此始，悉撰次为图籍，使可见之行"。

首先，《吕氏乡约》贯穿了关学重礼的传统，主张"以礼化俗"，重建乡村秩序。张载就认为人通过学"礼"，可以"变化气质"。吕氏兄弟在《吕氏乡约》中尽力把礼贯穿到乡村生活的方方面面，如婚嫁、丧葬、岁时交往等。明确指出"凡行婚姻丧葬祭祀之礼，《礼经》具载，亦当讲求。如未能遽行，且从家传旧仪"②。吕氏兄弟认为乡村中婚姻丧葬祭祀等事，皆应遵循《礼》的规定，使礼成为乡民日常行为的准则。"礼俗相交"部分包括"一曰尊幼辈行，二曰造请拜揖，三曰请召送迎，四曰庆吊赠遗"③，以详细条文规范日常生活中待人接物的礼节习俗，是为"以礼勒行"。吕大钧改变了以往"礼不下庶人"的传统，在同胞兄弟的支持帮助下，率先在关中创建《吕氏乡约》，建立起中国最早的成文的乡村自治制度。故明末清初大学者黄宗羲对此高度称赞："于是学者靡然知所趋向。横渠之教，以礼为先。（吕大钧）先生条为乡约，关中风俗为之一变。"④张载也说："秦俗之化，亦先自和叔有力焉"⑤。明代蓝田人王之士也言说："蓝田风俗之美，由于吕氏"⑥。这些均肯定了吕大钧在以礼义教化约束士民方面的作用。

---

① ［宋］张载：《张载集》，北京：中华书局，1978年，第329页。
② ［宋］吕大钧：《吕氏乡约》（《续修四库全书》第934册），上海：上海古籍出版社，2002年，第250页。
③④ ［清］黄宗羲：《宋元学案》，北京：中华书局，1982年，第1098页、第1097页。
⑤ ［宋］程颢、程颐：《二程集》，北京：中华书局，1981年，第115页。
⑥ ［清］黄宗羲：《明儒学案》，北京：中华书局，1986年，第177页。

其次,《吕氏乡约》中的"患难相恤",贯彻了张载"民胞物与"、天下一家的精神。张载在《西铭》中提出"民吾同胞,物吾与也"①,把天地万物包括所有的人都说成同类兄弟的关系,强调互相关爱,他的这些思想使儒家的仁学更加具体化,因而受到道学家的普遍赞扬。吕大钧把邻里乡党关系,比作"身有手足,家有兄弟",显然其中意蕴深长。

再次,蓝田四吕的抱负也明显受到张载的影响。张载抱负极高,他有著名的"横渠四句",即"为天地立心,为生民立命,为往圣继绝学,为万世开太平"。那么,吕氏兄弟有什么人生理想和目标呢?吕大钧在《天下一家中国一人论》一文中曾描绘了自己心目中的大同世界:"外无异人,旁无四邻,无寇贼可御,无闾里可亲"。二者如出一辙。

## 五、良好家风的熏陶

吕氏兄弟先世本为汲郡人。其祖父吕通曾任太常博士,死后葬在京兆蓝田,其家遂定居于此。父吕蕡,任过比部郎中。由于从小受到良好的教育,长大后,吕氏兄弟中有5人先后科举高中,号称"五子登科"。后来,兄弟数人相继在朝为官,皆以憨直持重著称。他们的为人处事与家庭环境及父辈的言传身教有密切关系。

据记载,吕氏兄弟的父亲吕蕡就是一个极重然诺、高风亮节的坦荡君子,他先订婚,后来才中了进士。得知消息后,女方家告诉吕家,他们家的女儿本来身体健康,但在订婚后致盲,希望解除婚约。吕蕡坚决不同意,曰:"既聘而后盲,君不为欺,又何辞!"还是毅然娶了她。后"生五男子,皆中进士第"②。正是这样的家风熏陶,使其子弟个个品行端庄,不但为官清正,而且注意学术,颇有成就,尤其精通《礼》学。据《宋史·吕大防传》记载,大防"与大忠及弟大临同居,相切磋论道考礼,冠昏丧祭,一本于古,关中言《礼》学者推吕氏"。③ 吕氏兄弟不但讲明《礼》学,而且牢记父、祖遗教,躬行实践,尤以吕大钧为甚。史载大钧"居父丧,衰麻葬祭,一本于礼。后乃行于冠昏、膳饮、庆吊之间,节文粲然可观,关中化之"④。而他们制定《吕氏乡约》,显然是为了继承和弘扬刚直清正的家风,然后推而广之,即从所谓明明德进而到亲民、止于至善。

## 结 语

除以上各项外,特别值得注意的是,在《吕氏乡约》产生之前,宋代民间已出现了一些自发性的社会组织和各种规范。吕大钧在与其兄及朋友的书信中曾说:

---

① [清]王夫之:《张子正蒙注》,北京:中华书局,1975年,第316页。
② [宋]陈师道:《后山谈丛》,北京:中华书局,2007年,第81页。
③④ [元]脱脱:《宋史》,北京:中华书局,1985年,第10844页、第10847页。

"今小民有所聚集,犹自推神头,行老之目"①,同时指出"庠序则有学规,市井则有行条,村野则有社案,皆其比也,何独至于《乡约》而疑之乎"?②清楚表明《吕氏乡约》的出现并非吕氏兄弟突发奇想,而是受到了各种民间组织以及戒规的影响,具有一定的社会基础。

总而言之,北宋时期《吕氏乡约》的产生,绝非偶然,而是多种因素综合作用的结果。

---

①② [宋]吕大钧:《吕氏乡约》(《续修四库全书》第934册),上海:上海古籍出版社,2002年,第253页、第255页。

# 墓志所见唐长安城安仁坊宅第相关问题探索

吴小龙①

在唐都长安，里坊作为独立单元，是文武百官和平民百姓日常生活的重要空间。一般认为，长安城宅第的分布是以朱雀大街为界，长安城居民呈现"西富东贵"的规律②。事实上，长安各坊居民的宅第分布相当复杂，还有许多问题需要继续探索。以安仁坊③为例，居于此地的居民多"非富即贵"，宅第的营建与分布自然会受到一定影响，但具体到某一个体时，其宅第情况各有不同，有着一定的差异性。尤其是近年来，安仁坊居民的墓志大量出土，提供了重要材料来源，对探讨安仁坊住宅的时空分布、迁宅现象以及影响因素等宅第的相关问题具有重要价值。

## 一、唐代安仁坊住宅的时空分布

安仁坊原名安民坊，唐高宗永徽元年因避唐太宗名讳而改名，是唐长安城众多里坊之一。安仁坊位于朱雀大街以东，是皇城根下诸坊之一，归万年县管辖。据考古勘测，安仁坊平面形状略呈方形，东西562米，南北540米，面积达30多万平方米④。根据文献及墓志记载，唐代不少名人曾在安仁坊内居住生活，像万春公主、刘延景、王昕等皇亲贵戚，章仇兼琼、元载等高品级官员，元稹、杜牧

---

① 作者简介：吴小龙，陕西师范大学 历史文化学院。
② 具体可参见：陈忠凯、杨希义：《唐长安城坊里宅第变迁原因初探》，《文博》1991年第4期；杜文玉：《唐代长安的宦官住宅与坟茔分布》，《中国历史地理论丛》1997年第4期；陈忠凯：《唐长安城坊里宅第的有序分布》，《碑林集刊》2001年第7辑；贺从容：《隋唐长安城坊内百姓宅地规模分析》，《中国建筑史论汇刊》2010年第00期；张永帅：《唐长安住宅研究》，陕西师范大学硕士学位论文，2006年；荣新江：《高楼对紫陌，甲第连青山——唐长安城的甲第及其象征意义》，《中华文史论丛》2019年第4期等。这些研究成果涉及唐长安城住宅的分布、变迁、规模等诸多方面，为本文的研究提供了很大的借鉴意义。
③ 在唐代，很少称长安城的安仁坊为"安仁坊"，尤其墓志中一般叫作"安仁里"。且当时叫"安仁坊"名称的里坊不止长安城一处。晋阳也有一坊名曰"安仁坊"，晋阳地区出土的唐《龙润墓志》载，龙润为并州晋阳人，于永徽四年(653)薨于安仁坊之第。经考证知，此"安仁坊"应位于山西晋阳，是粟特聚落所在地，有安置外国人之意，并非唐长安城安仁坊所在。
④ 张全民、辛龙：《隋唐长安城2012年考古新收获》，选自国家文物局主编《2012中国重要考古发现》，北京：文物出版社，2013年，第129页。

等有名气的诗人,杜佑等史学家,还有在此译经的高僧,如国内高僧义净,域外高僧金刚智、实叉难陀等。人物类型多样,且都是身份较为显耀之人,恰印证了长安城内居民"西富东贵"的分布规律。但安仁坊居民的宅第是有变化,情况比较复杂。为了说明这一问题,兹根据文献记载及出土墓志,将安仁坊宅第分布整理如下:

表:唐安仁坊宅第的时空分布①

| 生活时期 | 人物 | 官职/身份 | 原籍 | 住宅位置 | 卒地 | 资料来源 |
|---|---|---|---|---|---|---|
| 初唐 | 庞卿恽 | 左武侯将军 | 相州邺县人 | —— | | 《唐文拾遗》卷十三 |
| | 唐俭 | 户部尚书上柱国莒国公 | 太原晋阳人 | —— | 安仁里第 | 《全唐文补遗》第一辑 |
| | 唐嘉会 | 尚衣奉御、殿中少监、上柱国 | 太原晋阳人 | | 大宁里之官舍 | 《唐代墓志汇编续集》 |
| | 元万子 | 尚衣奉御唐君妻 | 河南洛阳人 | —— | 安仁坊里第 | 《全唐文补遗》第一辑;《新中国出土墓志》陕西壹 |
| | 张氏 | 赵玉内人 | 武城人 | —— | 安仁里宅 | 《长安新出墓志》 |
| | 法藏 | 华严宗三祖 | 西域康居国人 | 坊西北 | 大荐福寺 | 《宋高僧传》《唐大荐福寺故寺主翻经大德法藏和尚传》 |
| | 义净 | 律宗译经大师 | 齐州/范阳人 | 坊西北 | 大荐福寺翻经院 | 《宋高僧传》《大唐龙兴翻经三藏义净法师之塔铭并序》 |
| | 实叉难陀 | 华严三藏 | 于阗人 | 坊西北 | 大荐福寺 | 《长安佛教史论》《宋高僧传》 |
| | 释僧伽 | —— | 葱岭北何国人 | 坊西北 | 大荐福寺 | 《宋高僧传》 |
| | 刘延景 | 尚书左仆射 | | 坊东南 | | 《长安志》卷七 |
| | 王昕 | 汝州刺史 | | 坊西南 | | 《长安志》卷七 |
| | 章仇兼琼 | 户部侍郎兼殿中监、西川节度使 | 蜀川人 | 坊西南 | | 《长安志》卷七 |

① 为方便统计及研究,本文仅以文献及墓志记载为标准,对安仁坊宅第进行统计,故此表仅收录在安仁坊确切有宅第者,不含推测者。关于推测者详见正文内容分析。至于时空分布,本表将唐代划分为四个,即初唐为唐高祖武德元年(618)至唐玄宗先天元年(712),盛唐为唐玄宗开元元年(713)至唐代宗永泰二年(766),中唐为唐代宗大历元年(766)至唐文宗大和九年(835),晚唐为唐文宗开成元年(836)至唐哀宗天祐四年(907)。

续表

| 生活时期 | 人物 | 官职/身份 | 原籍 | 住宅位置 | 卒地 | 资料来源 |
|---|---|---|---|---|---|---|
| 盛唐 | 金刚智 | 密教三藏 | 印度 | 坊西北 | 洛阳 | 《长安佛教史论》 |
| | 道光 | 大德禅师 | 绵州巴西人 | 坊西北 | 荐福僧坊 | 《全唐文新编》第六册卷三二七 |
| | 元载 | 前中书侍郎、同中书门下平章事 | 凤翔岐山人 | 坊南 | 长安城 | 《长安志》卷七;《增订两京城坊考》;《唐实录》 |
| | 万春公主 | 玄宗第二十五女 | 长安人 | 坊东南 | —— | 《长安志》卷七 |
| | 阳济 | 鸿胪少卿 | 河南人 | —— | 均州旅次 | 《全唐文补遗》第一辑 |
| | 刘氏 | 彭城县君/阳济夫人/刘延景曾孙 | 京畿道岐州人 | —— | 安仁里私第 | 《全唐文》卷501;《全唐文补遗》第2辑 |
| 中唐 | 张孝忠 | 义成军节度使、同中书门下平章事上谷郡王 | 奚族乙失活部人 | —— | —— | 《长安志》卷七;《增订两京城坊考》 |
| | 谷氏 | 邓国夫人 | 魏郡昌乐县人 | —— | 安仁坊私第 | 《全唐文》卷504 |
| | 于頔 | 太子宾客、燕国公 | 河南人 | —— | —— | 《长安志》卷七;《增订两京城坊考》 |
| | 李氏 | 卫国夫人/于頔夫人 | 赵郡人 | —— | 安仁里第 | 《全唐文》卷504;《增订两京城坊考》 |
| | 杜佑 | 太保致仕岐国公 | 京兆万年人 | 坊东北 | 安仁里第 | 《长安志》卷七;《全唐文》;新旧《唐书》 |
| | 元稹 | 武昌军节度使/右拾遗 | 河南人 | —— | —— | 《增订两京城坊考》《唐诗纪事》《云溪友议》 |
| | 崔造 | 太子右庶子 | 博陵安平人 | —— | 安仁里 | 《增订两京城坊考》 |
| | 柳氏 | 相国安平公夫人/崔造夫人 | —— | —— | 安仁坊 | 《增订两京城坊考》 |
| | 郑絪 | 丞相 | —— | 坊西门 | 昭国坊 | 《增订两京城坊考》 |
| | 陆邑 | 殿中侍御史 | 吴郡人 | —— | 安仁里私第 | 《长安新出墓志》《增订两京城坊考》 |

续表

| 生活时期 | 人物 | 官职/身份 | 原籍 | 住宅位置 | 卒地 | 资料来源 |
|---|---|---|---|---|---|---|
| 中唐 | 陆儒 | 奉先县尉 | 吴郡人 | —— | —— | 《大唐西市博物馆藏墓志》 |
| | 杜式方 | 礼部尚书 | 京兆杜陵人 | —— | 薨于位（临桂） | 《秦晋豫新出墓志搜佚续编》之《杜式方墓志》 |
| | 李氏 | 杜式方妻/凉国太夫人 | 陇西成纪人 | —— | 安仁坊宅第 | 《秦晋豫新出墓志搜佚续编》之《李氏墓志》 |
| | 杜俱 | 朝散大夫 | —— | —— | 安仁里第 | 《西安碑林博物馆新藏墓志续编》卷一五九《唐故尚食奉御杜俱墓铭》 |
| | 崔氏 | 杜俱妻 | 河北清河人 | —— | 安仁里第 | 《西安碑林博物馆新藏墓志续编》卷一六七《杜俱妻崔氏墓志》 |
| 晚唐 | 苗绅 | 朝散大夫京兆少尹御史中丞 | 上党壶关人 | —— | 安仁里第 | 《增订唐两京城坊考》《洛阳新获墓志》 |
| | 杜牧 | 吏部员外郎 | 京兆万年人 | —— | 安仁坊第 | 《杜牧集系年校注》 |

通过对以上统计数据的分析，笔者得到以下结论①：墓志及文献中明确记载居于安仁坊者有35人。其中初唐时期有12人，盛唐时期有6人，中唐时期有15人，晚唐时期有2人。安仁坊内出现的这种时段性差别，不能完全归因于考古发掘的偶然性或出土墓志的局限性。因为目前尚不能断定初中唐时期墓志出土量较之晚唐时期更多。也就是说，以此35人为代表，在一定程度上，可以认为居于安仁坊者多集中在初、中唐时期，晚唐时期最少。

初、盛唐时期居于安仁坊者多勋官贵戚。笔者以为其主要原因是，初、盛唐时期是唐朝的建立与发展时期，在此期间，唐朝涌现出了诸多有功之臣，并得以封赏。像跟随唐太宗南征北战的唐俭，生前居于安仁坊，死后陪葬昭陵；庞卿恽曾归于秦王李世民，参与玄武门之变，亦为唐初开国功臣之一；章仇兼琼，在任期间曾攻取吐蕃安戎城，又治理蜀地，他平定战乱、实行德政，政绩卓著，深受

---

① 因结论的分析材料皆据表中"资料来源"栏内容，故本部分引用墓志及文献的内容尚未加注释进行说明。

百姓爱戴，并被荐举为户部尚书、兼殿中监，亦为唐玄宗统治时期的有功之臣；还有元载，在玄、肃、代三朝为官，甚至升任宰相，并铲除李辅国、鱼朝恩等权宦，一度独揽朝政。至于贵戚，更不在少数。如万春公主为唐玄宗第二十五女，属皇室贵胄；刘延景为唐睿宗之肃明顺圣皇后刘氏的父亲，属皇室外戚；而彭城县君、阳济夫人刘氏又为刘延景曾孙，因此她与丈夫阳济二人皆为外戚；王昕为唐睿宗第五子薛王业的舅舅，亦为亲王外家；元万子，出身北魏皇室后裔（北魏昭成帝拓跋什翼犍十世孙），又被封为河南县君……他们的身份都与皇室贵族有关，地位很高。

值得注意的是，高僧大德亦集中于这一时期，且有相当一部分为域外高僧。如西域康居国人三藏法师，其祖父侨居长安城，并以康作姓，三藏亦定居于长安城，并居于荐福寺翻经院，开坛讲经，译经著说，传播佛教思想；实叉难陀，为于阗高僧，武则天证圣元年（695）到达洛阳，住在大遍空寺翻译佛经，后唐中宗即位，邀请他到长安，住大荐福寺，结果因病圆寂；禅师道光，大唐开元二十七年（739）入般涅槃于荐福僧坊；葱岭北何国（碎叶国东北）释僧伽，年少时在本国出家，唐高宗龙朔初年始至西凉府，至唐中宗景龙四年（710），因疾安置于荐福寺，并亡于此地；还有印度僧人金刚智，于开元七年（719），经海道到广州，又奉敕入长安，于大荐福寺，建立译场，翻译经典，度化世人。很显然，这些域外高僧在这一时期入居安仁坊，与荐福寺的修建有着密切联系。加之，唐朝建立前期，为缓和社会矛盾，争取各阶层的利益，曾实行宽容的民族与宗教政策，尤其是唐太宗、武则天等统治者本身就信仰佛教，试图利用佛教辅助统治，实行了一系列崇佛政策。因此，在当时吸引了一大批颇有名望的高僧在安仁坊大荐福寺内译经、传法。

再看，中晚唐时期，居住在安仁坊的群体似乎并没有很明显的特点，但节度使无疑是值得关注的群体。如张孝忠为义武军节度使，是著名的藩镇将领。义武军节度使，又称易定节度使，是唐朝在河北地区设置的节度使，也是唐朝遏制河北三镇的桥头堡。建中二年（781），李惟岳、田悦等起兵叛乱，唐德宗任命张孝忠为成德军节度使，次年平定李惟岳叛乱。其后，唐德宗将成德节度使分割为三，由张孝忠首任义武节度使。这些节度使掌握地方军政大权，在中晚唐时期显赫一时，朝廷对其十分忌惮。但也有例外者，如元稹，他曾为武昌军节度使，而在此之前，元稹已经官至宰相，宅第位于安仁坊，享有较高待遇。结果大和四年（830），在复杂的政治斗争中，元稹受到排挤，被迫出任武昌军。武昌军节度使是于唐宪宗元和元年（806），在鄂、岳、蕲、安、黄等州设置的武昌军，这里远离京师长安，对元稹来说，这次外调相当于贬官，脱离朝廷，结果次年死于治所之中。

总之，通过解读墓志及统计发现，安仁坊居民居地与卒地基本一致，也就是说，这些居民大都死于居地。像唐俭、元万子、杜佑、杜式方妻李氏、陆邕、杜偁夫妇、赵玉内人张氏、于頔妻李氏、崔造妻柳氏等居民都卒于安仁坊宅第；部分居民在安仁坊的居地与卒地略有些差异，很可能是他们外出任职，死于任地，像杜氏家族杜式方薨于位，即桂州刺史（唐为临桂，今桂林），居地与卒地空间距离很大；据墓志可知，也有死于驿馆等地者，如杜式方之子杜悰的妻子岐阳公主薨于汝州长桥驿亭、阳济死于均州旅次。还有部分居民的卒地不明，像元载因罪被处死，其宅第不止安仁坊一处，故很能断定他是否死于安仁坊宅第；刘延景、章仇兼琼、万春公主等墓志尚未出土，且史书记载不详，故难以断定；于頔、崔造、元稹等皆知居于安仁坊，却未有卒地的相关记载，故而卒于何地，与夫人卒地是否一致，不得而知。而这些宅第据可考者，大都分布于安仁坊的四角方位，即东南、西南、东北，又由于荐福寺浮屠院的修建占据了安仁坊的西北一角，因此至少在唐中宗以后没有居民的宅第位于安仁坊西北方位置。

再者，从此地居民的原籍与宅第位置对应来看，偏差很大。居于安仁坊者有相当一部分祖籍并不在唐都长安，他们或由先祖迁居至安仁坊，自此定居长安，或因任官迁居至安仁坊，在此居住。如武昌军节度使元稹，元稹有《赠毛仙翁并序》，在序中仙翁谓余曰："入相之年，相候于安仁里。"①即元稹任宰相之职时居于安仁坊，说明在此之前元稹并未住在安仁坊；还有苗绅，据其墓志记载可知，他为上党壶关人，其后任朝散大夫京兆少尹御史中丞，薨于上都安仁里第。而上党壶关位于山西地带，即河东道，很显然，苗绅是因任京兆少尹之职才于安仁坊定居，并非原本宅第就在此地。甚至还有一部分外国人，即上文提到的域外高僧，曾受命在安仁坊内的大荐福寺从事佛教活动。

除此之外，根据现有出土墓志，大致可以推测出有部分人也曾在安仁坊居住。像阳济、王昕母长孙氏及妻李清禅等，从与之相关的墓志中解读而来。除高官贵族多在安仁坊内居住外，还有一些僧人，他们生前都曾在大荐福寺参与译经工作。当时的僧人主要有华严宗贤首大师法藏、华严三藏实叉难陀、律宗译经大师义净、密教三藏金刚智及其弟子一行、不空、智舟等，有本土高僧，也有域外高僧。从大荐福寺所立到唐后期，荐福寺内的佛事活动十分频繁。

## 二、唐安仁坊宅第相关问题分析

宅第是人的生存、生活与活动的重要空间，因此不论是高门大族，还是平民百姓，对宅第的营建都十分重视，涉及的相关问题也相对复杂得多。如宅第的归属问题、生活中的迁宅现象、家族宅第的承袭现象、住宅的信仰问题、宅第的数量问题等等，诸如此类的问题在史料文献中记载较少，甚至无从得知。近年来，唐代时期安仁坊居民的墓志大量出土，通过解读志文内容，整合、分析相关信息，为解释以上问题提供了资料来源。

### 1. 宅第的所属问题

在长安城拥有一处宅第实属不易，因而城内宅第的所属问题很值得关注。据

---

① 陈贻焮主编：《增订注释全唐诗》（第3册），卷四一二《元稹诗》，北京：文化艺术出版社，1997年，第225页。

《彭城县君刘氏墓志》[①]得知，彭城县君、阳济夫人刘氏于建中二年(781)十月终于安仁里私第。需要注意的是此安仁坊私第究竟是何人之宅。《刘氏墓志》记载其曾祖为唐睿宗朝的陕州刺史、左仆射刘延景。而刘延景宅第亦位于安仁坊，那刘氏所在的安仁坊这一宅第是其祖父所有，还是其丈夫阳济在安仁坊另有宅第呢？不论是传世文献，还是出土墓志，都尚未记载这一详情，故祖孙二人所居的安仁坊宅到底是否为同一处，无从定论。

但以笔者之见，墓志中所记安仁坊宅第为刘延景所有的可能性较大。《刘氏墓志》记载，刘氏曾祖为刘延景，祖父为刘瑗，姑姑为肃明皇后，身份显赫，所以刘氏地位应该不低。从《刘氏墓志》可知其丈夫为鸿胪少卿阳济，鸿胪少卿在唐代为从四品官，官品较高，看似其有能力在长安城安仁坊营建宅第，且符合其身份地位，但从《阳济墓志》[②]可知，唐德宗即位，念其旧勋，阳济才拜为鸿胪卿，刘海波推测阳济"任鸿胪少卿的时间定在大历十四年(779)至贞元元年(785)较为妥当"[③]，也就是说阳济任鸿胪卿是他晚年时期。而在此之前，据《阳济墓志》载，阳济曾出任幕僚，时间为上元二年(761)五月至宝应元年(762)建卯月之间；后李光弼提拔阳济为密州刺史，不久便因丁母忧而离官，等阳济再任密州刺史时，约在广德二年(764)；其后阳济又出任潭州刺史、衡州刺史，大致是大历二年(767)到五年(770)；就在升任鸿胪少卿之前还曾贬为明州司。凡此种种皆可证明阳济早年历任官品都不高，在安仁坊建宅的可能性很小。

而关于阳济家族，据《阳济墓志》载，阳济祖父阳琎曾任武陟县令，父亲阳杲曾为颖王府骑参军，从二人官职来看，政治地位很低，并非勋官贵戚，根本没有在长安城营建宅第的能力，更何况是安仁坊，故可以排除此安仁坊宅第并不是阳济祖宅。所以笔者推测刘氏死于安仁坊私第，应该是祖父刘延景在安仁坊的宅第，很可能是祖宅传承下来。刘氏住在娘家，也或许与当时安史之乱的爆发有关，或是去长安城避难。关于这一问题，史书及墓志尚未记载，具体原因不详，还有待进一步考证。

再者，《唐嘉会墓志》[④]记载唐嘉会死于大宁里之官舍，很明显是死于任职之地。而他的妻子元万子，根据《元万子墓志》[⑤]可知，她死于安仁坊私第，因此可知唐嘉会夫妇的宅第应位于安仁坊。而唐嘉会的父亲唐俭亦是死于安仁坊宅第，

---

① 吴钢主编：《全唐文补遗》(第 4 辑)，《鸿胪少卿阳济故夫人彭城县君刘氏墓志铭》，西安：三秦出版社，1997 年，第 64 页。以下引《刘氏墓志》皆据此。

② 吴钢主编：《全唐文补遗》(第 1 辑)，《唐故鸿胪少卿贬明州司马北平杨府君(济)墓志铭》，西安：三秦出版社，1994 年，第 229 页。以下引《阳济墓志》皆据此。

③ 刘海波：《〈阳济墓志〉考述》，《河北青年管理干部学院学报》2018 年第 2 期，第 104 页。

④ 吴钢主编：《全唐文补遗》(第 2 辑)，《大唐故殿中少监上柱国唐府君(嘉会)墓志铭并序》，西安：三秦出版社，1995 年，第 269 页。简称《唐嘉会墓志》。

⑤ 吴钢主编：《全唐文补遗》(第 2 辑)，《唐尚衣奉御唐君妻故元氏(万子)墓志铭并序》，第 150 页。简称《元万子墓志》。

由此可知，唐嘉会夫妇在安仁坊的宅第很可能就是唐俭之宅。而据墓志，唐俭因功陪葬昭陵，唐嘉会及其妻子元万子死后，迁葬于唐俭墓葬之侧。也就是说，他们生前住在一起，死后又归于同穴，符合中国的家族观念。

**2. 家族宅第承袭现象**

关于安仁坊宅第的归属问题，另一表现形式则是家族宅第的承袭现象。宅第是私人财产的重要组成部分，可以传至子孙，世代沿袭。

颇值得一提的便是杜氏家族，关于杜佑在安仁坊宅第的由来有"发财置办"的说法，《旧唐书·杜佑传》记载"（杜佑）甲第在安仁里"，其后又记杜式方"时父作镇扬州，家财巨万，甲第在安仁里"①。荣新江先生考证认为京兆杜氏这所甲第并不是从祖上继承下来的，而是杜式方的父亲杜佑在扬州任淮南节度使时，发财致富，得以在安仁坊这样好的位置置办了一所甲第②。所谓"城南韦杜，去天尺五"，杜氏家族所居之地应是长安城的黄金地带，遍布权贵。又据杜佑妻《密国夫人陇西李氏墓志》③可知，李氏薨于上都务本里，由此推测杜佑在长安城至少有务本、安仁里两处宅第。杜式方妻《李氏墓志》④云："以大和七年四月二十五日弃孝养于京师之安仁第，享龄六十七。"可知杜式方夫妇居于安仁坊；《杜式方墓志》⑤又记："再迁太常主簿。始德宗孝文皇帝以诸侯方强，质其子于京师邸……"可知其子杜悰的宅第位于长安城，很可能就是沿袭杜氏家族的宅第，亦居于安仁坊。还有《唐故尚食奉御杜偁墓铭》⑥提到杜偁"大和元年十月九日终于安仁里第"；其妻《崔氏墓志》⑦又记"元和十五年五月廿六日殁于安仁里杜氏私第"。可知京兆杜氏家族的另一支杜偁夫妇亦都死于安仁坊宅第。

杜牧为杜佑之孙，按杜牧《上宰相求湖州第二启》："某幼孤贫，安仁旧第，置于开元末，某有屋三十间。去元和末，酬偿息钱，为他人有，因此移去。八年中，凡十徙其居，奴婢寒饿，衰老者死，少壮者当面逃去，不能呵制。……奔走困苦，无所容归，归死延福寺庙……"⑧可知杜氏家族在安仁坊的这处宅第还曾被用于出租、转卖，故此后杜牧不再在安仁坊宅第居住。后期杜牧穷困潦倒，居无定所，家中奴仆无法豢养，自身无所去处，亦只能寄身于延福寺庙。关于杜牧在

---

① 《旧唐书》卷147《杜佑传附杜式方传》，北京：中华书局，1975年标点本，第3984页。
② 荣新江：《高楼对阡陌，甲第连青山——唐长安城的甲第及象征意义》，《中华文史论丛》2009年第4期，第23页。
③ 王连龙：《跋唐杜佑妻李氏墓志》，《中国国家博物馆馆刊》2012年第10期，第190页。
④ 赵文成、赵君平编：《秦晋豫新出墓志搜佚续编》（第4册），八二〇《杜式方妻李氏墓志》，北京：国家图书馆出版社，2015年，第1138页。
⑤ 同上，七八九《杜式方墓志》，第1091页。
⑥ 赵力光主编：《西安碑林博物馆新藏墓志续编》卷167《唐故尚食奉御杜偁墓铭》，西安：陕西师范大学出版社，2014年，第512页。
⑦ 赵力光主编：《西安碑林博物馆新藏墓志续编》卷159《杜偁妻崔氏墓志》，第489页。
⑧ ［唐］杜牧撰，吴在庆校注：《杜牧集系年校注》，北京：中华书局，2011年，第1009—1011页。

安仁里的住宅,李殷认为"杜牧在安仁里的住宅,应是继承祖父杜佑所得"①。那杜牧晚年在安仁坊是否还有住宅?依李殷研究,杜牧转卖安仁坊三十间房屋,即使在长安任职,也只能居住官署或借助、租住②,可知杜牧晚年在安仁坊很可能已没有属于自己的宅第可居。

而杜牧自撰墓志铭提到"终于安仁里,是其后仍得旧居也",这应是杜牧对长安安仁里的情感寄托及他对安仁里政治诉求与向往的体现③。至于杜牧晚年是否真正住在安仁里宅第,目前尚无材料证明。但至少可知,杜佑之子杜式方、杜式方之子杜悰、杜佑之孙杜牧都住在安仁坊,是从杜佑一辈传承下来的宅第。京兆杜氏家族杜俛一支亦居于安仁坊宅第。

### 3. 迁宅现象

安仁坊居民的宅第有部分迁宅行为。据《酉阳杂俎》记载:"郑絪相公宅在昭国坊南门,忽有物投瓦砾,五六夜不绝,乃移于安仁西门宅避之,瓦砾又随而至,经久复归昭国。"④郑絪迁宅是因"忽有物投瓦砾,五六夜不绝",并将这种现象视为风水问题,认为居于昭国坊南门是风水不好,故迁宅至安仁坊西门,又因"瓦砾又随而至",所以又搬回昭国坊。至于为何选择安仁坊,而非其他诸坊,史书尚无记载,具体原因不详。但可知,郑絪在昭国坊、安仁坊至少各有一处宅第。

再者,元载自幼家贫,唐肃宗年间得李辅国赏识,任京兆尹,得到重用。其后在唐代宗统治期间协助代宗除掉李辅国,更是位居相位多年,权倾四海。元载凭借权力,贪污受贿,奢侈无度,据《旧唐书》载:"城中开南北二甲第,室宇宏丽,冠绝当时。又于近郊起亭榭,……城南膏腴别墅,连疆接畛,凡数十所,……士有求进者,不结子弟,则谒主书,货贿公行,近年以来,未有其比。"⑤元载权力日盛,被代宗嫌隙,最终获罪,当时"并载大宁里、安仁里二宅,充修百司廨宇"⑥,可知元载在长安城中的南北二甲第,即为大宁里、安仁里二宅,十分奢华宏丽。显然元载在安仁坊的宅第与其身份地位及财力有着密切关系。《册府元龟》亦载:"宋晦为虢州刺史,与元载贿交,率百姓采卢氏山林为载制造东都私第。"⑦由此可知宋晦曾为元载在东都修建私第,说明元载在东都洛阳另有宅第,这也是一种迁宅行为。

### 4. 佛教信仰与择宅

由于安仁坊内建有荐福寺,佛教信仰便成了影响居民择宅的重要因素之一。

---

①②③ 李殷:《杜牧居所变迁探析——兼论唐代京兆杜氏双家形态的维护》,载杜文玉主编《唐史论丛》第27辑,西安:三秦出版社,2018年,第109页、第116页、第119页。

④[唐]杜成式:《酉阳杂俎》卷4,"喜兆"条,北京:中华书局,1981年,第49页。

⑤⑥《旧唐书》卷118《元载传》,第3411页、第3414页。

⑦[北宋]王钦若等撰:《册府元龟》卷六九七《牧守部·邪佞》,北京:中华书局,1960年,第8323页。

关于汝州王昕一家，《唐王美畅墓志考略》①一文考证"隋代长孙氏已迁至关中，故王美畅夫人长孙氏应为雍州京兆人"②，且王昕宅第又位于长安城安仁坊③，故推测长孙氏很可能也曾居于安仁坊。《长孙氏墓志》④记载"夫人宿植得本，深悟法门，舍离盖缠，超出爱纲，以为合葬非古，何必同坟，乃遗令于洛州合宫县界龙门山寺侧为空以安神诞"，可知长孙氏信奉佛教，很可能是因为这种信仰，其死后未与丈夫合葬。除此之外，这里还曾居住很多高僧大德，像华严宗三祖法藏、律宗译经大师义净、华严三藏实叉难陀、密教三藏金刚智，都曾居于此地，以大荐福寺为道场讲经著说、翻译佛经等，传播佛教思想，吸引不少佛教信仰者来此膜拜。甚至有一部分高官或其家属因参悟佛道而选择在安仁坊择宅居住。《李清禅墓志》⑤提到墓主讳清禅，诞灵淑慎，植性惠和，从对其介绍中可以看出李清禅信仰佛教。据考古发掘，王昕宅基址有彩绘千佛壁画残片、鎏金小铜佛、鎏金铜佛像背光残片等多件与佛教相关的文物出土⑥，可见王昕或其家人应是佛教信仰者，受佛教思想的影响较大。这种佛教信仰很可能是他们在安仁坊择宅的重要原因之一。

以上问题仅是从墓志中解读出的相关人物的共性。关于安仁坊宅第的问题还有很多，比如居民宅第数量问题，从出土墓志可以得知，居于安仁坊者大都不止一处宅第。《苗绅墓志》⑦记载苗绅为上党壶关人，且祖父苗晋卿亦为上党壶关人，推测此地为苗绅祖籍。墓志又记苗绅于咸通十五年（874）七月薨于长安城安仁里第，很可能是由于祖父死后赠太师，地位尊崇，以及他在长安任京兆少尹的缘故。又由苗绅妻《庾氏夫人墓志》⑧知，夫人薨于长安昭国里第，可知苗绅夫妇至少在长安城有两处宅第。还有前文提到的郑絪、元载、王昕、杜氏家族等，都另有居地，恰印证了居于安仁坊者非富即贵的说法。

---

① 胡戟、荣新江主编：《大唐西市博物馆藏墓志》一三九《王美畅墓志》，北京：北京大学出版社，2012年，第308—311页。
② 梁克敏：《唐王美畅墓志考略》，《文物春秋》2016年第6期，第102页。
③ ［清］徐松撰，李建超增订：《增订唐两京城坊考》，西安：三秦出版社，2019年，第52页。
④ 周绍良，赵超主编：《唐代墓志汇编》，长安〇五四《大周故润州刺史王美畅夫人故长孙氏墓志》，上海：上海古籍出版社，1992年，第1030页。
⑤ 吴钢主编：《全唐文补遗》第6辑《大唐太原王君故夫人赵郡李氏墓志》，西安：三秦出版社，1999年，第368页。
⑥ 西安市文物保护考古研究院：小雁塔历史文化片区综合改造一期项目2018年考古调查报告（未发表）。
⑦ 李献奇、郭引强编：《洛阳新获墓志》一二〇《唐故朝散大夫京兆少尹御史中丞苗府君（绅）墓志铭》，北京：文物出版社，1996年，第303页。
⑧ 周绍良主编：《全唐文新编》（第14册），卷八〇二《唐朝散大夫前行尚书司勋员外郎柱国苗绅妻故新野县君庾氏夫人墓志铭》，长春：吉林文史出版社，2000年，第9791页。

### 三、影响安仁坊宅第变化的因素

影响长安城居民择宅的因素有很多,也很复杂。宅第并不是长安城内简单的建筑空间或居住地,加入王公贵族、朝廷官员及平民的参与,其分布便折射出当时的政治形势与社会风气。具体说来,唐代时期在安仁坊选择宅第主要与自然条件、经济财力、政治身份、思想观念、里坊环境等因素有关。

#### 1. 自然因素

宅第建在何处,百姓又是如何选择栖身之地,自然地形无疑是其首要因素。《元和郡县图志·关内道》记载:"隋氏营都,宇文恺以朱雀街南北有六条高坡,为乾卦之象,故以九二置宫殿,以当帝王之居,九三立百司,以应君子之数。九五位贵,不欲常人居之,固置玄都观及兴善寺以镇之。"① 唐长安城由隋大兴城扩建而来,因此长安城地形有"五塬、六岗、八水、十一池"之说,其中六岗地势高度从北到南依次为390米、400米、410米、415米、420米、450米以上,地面形状犹如《易经》上乾卦的六爻一般,依次为九一、九二、九三、九四、九五、九六(如图一),九四之地便是安仁坊一带。此地地势相对较高,可避卑湿,且整体地形较为平坦,又有漕水流经,水源充足,适合居住与生活。从诸多自然条件来看,安仁坊十分适合唐人居住,所以达官贵胄的宅第多聚集于此。

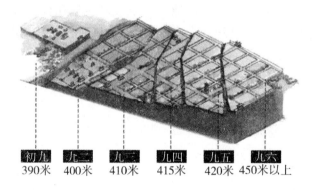

图1 六坡地形示意图

#### 2. 政治经济因素

除自然因素外,唐人同今人一样,入城之初,在营建宅第时,着重考虑的应是财力问题。但是当其在长安城中有所发展后,开始追求生活质量,宅第位置便成为他们考虑的又一重要因素。官员选择居于长安城的重要原因之一是参与朝政,与他们所处位置的空间距离密切相关,因此他们多居住在安仁坊并非巧合。就安仁坊位置而言,从历史角度看,唐安仁坊在长安城皇城之南,位于朱雀大街之东的第一列坊、皇城之南的第三排坊,该坊西临朱雀门大街,与丰乐坊相对;东临

---

① [唐]李吉甫:《元和郡县图志》卷一《关内道》,北京:中华书局,1983年,第1—2页。

安上门大街，与长兴坊相对；北临外郭城第七横街，与开化坊相对；南临外郭城第八横街，与光福坊相对，大致处于整个长安城的中间位置，属万年县管辖。由此安仁坊临近朱雀大街，且处于多个十字路交叉口，交通便利，外出方便；又位于皇城根下，距离皇城、宫城等宫殿相对较近，便于参与朝政、办理公务；且距离东西两市亦较近，又方便商品的买卖。

事实上，依照唐令，在京城营建宅第并非仅有财富即可，还与居民的政治身份密切相关，其政治地位是关键因素，因此官员在京城修建住宅既是财富的体现，还是身份地位的象征。关于朝廷官员营建宅第问题，《旧唐书·李义琰传》记载：

义琰宅无正寝，弟义璡为岐州司功参军，乃市堂材送焉。及义璡来觐，义琰谓曰："以吾为国相，岂不怀愧，更营美室，是速吾祸，此岂爱我意哉！"义璡曰："凡人仕为丞尉，即营第宅，兄官高禄重，岂宜卑陋以逼下也？"义琰曰："事难全遂，物不两兴。既有贵仕，又广其宇，若无令德，必受其殃。吾非不欲之，惧获庆也。"竟不营构，其木为霖雨所腐而弃之。①

唐高宗时，李义琰提到"凡人仕为丞尉，即营第宅"。意思是官员达到丞尉一级，就可以营建宅第。但唐代县丞不过八品，县尉不过九品，都是低品级官员，他们尚能修建宅第，更何况高官贵族。故长安城内宅第众多并不稀奇，其中官员宅第占了长安城相当大的比例。像刘延景、王昕、万春公主、杜佑等，作为皇亲国戚、世家大族，曾在安仁坊生活，并建有宅第，是符合其身份地位的。安仁坊内除王公贵族、世家大族宅第外，也有节度使住宅，如西川节度使章仇兼琼、武昌军节度使元稹、义成军节度使张孝忠等，他们拥有兵权，有着很大的权力，政治地位颇高，在安仁坊营建宅第亦符合其身份。

除了部分官员自己营建、购买宅第外，部分由皇帝赏赐而来。这些赐宅的规模面积多为豪宅甲第，尤其是赏赐宅第的原因及所在位置，定是经过统治阶层深思熟虑，这便与当时的政治紧密相连。因此，在安仁坊拥有一处住宅，既是经济财力的体现，也是政治势力、身份地位的象征。但史书中有关赐宅于安仁坊的记载很少，很可能是因为安仁坊内本身就多朝臣聚集，住宅尚无空缺，作为赏赐的机会较少，像刘延景、王昕等贵戚亦有可能为皇帝赐宅，只是文献没有记载，无从考证。但不论是自身修建或购买，还是皇帝赏赐，都很大程度上体现了宅第主人的地位之高。

### 3. 人文因素

鉴于安仁坊内荐福寺、小雁塔等特殊文化元素的存在，佛教信仰也是唐人择宅的考虑因素之一。大唐是一个信仰宗教的国度，早在立朝之初就视道教为国教。自玄奘取经归来，佛教备受统治者推崇，到武则天时期，尊礼高僧，大兴伽蓝，掀起崇佛热潮，在天授二年（691）"敕释教宜在道教之上，僧、尼处道士之前"②，佛教能够与道教处于同等位置，可见佛教在唐代的地位之高。此地又有荐福寺，

---

① 《旧唐书》卷八一《李义琰传》，第2757页。
② 《唐会要》卷四九《僧道立位》，上海：上海古籍出版社，2006年标点本，第1006页。

唐睿宗、武则天为唐高宗追福而建，其后又修建小雁塔，因此又吸引了不少官员、佛教信徒在这一带定居，方便佛事活动。加之安仁坊位于皇城根下，长安城的中间位置，且西临最为宽广的朱雀大街，当时把朱雀门到承天门一段称为"天街"，因此这一带又被称为风水宝地。而风水问题几乎是唐人择宅都要考虑的因素，它虽不是最为重要的，却是当时不可规避的问题。大唐虽然国力鼎盛，文化开放发达，但仍然无法跳出时代的局限。唐人普遍寄托于自然力量，认为宅第位置的选择与仕途、命运相连，决定着命数走向。

此外，不论贵族、官员，还是平民，受等级观念及法令规定影响，住宅规模都要受到严格限制，以体现等级差异。中国古代一直沿用"编民"制度，按户籍分配一定的住宅用地面积，而长安城内容纳了大量官员和普通平民住宅，因此不可能任由居民修建住宅而不加限制，理应会制定出一个有秩序的宅第配给标准，以此来控制和稳定里坊内的住户。加之安仁坊空间有限，坊内居民的住宅规模定会受到一定限制。杜绍顺曾根据敦煌吐鲁番文书等资料得出结论，认为1—5亩是中国古代居民比较合理的住宅规模范围①。贺从容又在此基础上对长安城平民百姓住宅面积进行推测，认为平均每人一亩宅基地，而且随着城市不断发展，长安人口逐渐增加，居民住宅规模在不断缩小②。而且安仁坊多是朝臣居住，宅第面积较大，由于坊分给住宅区域有一定的标准与限制，加之荐福寺的修建，自然会大大占据坊内的住房空间。《唐律疏议》提道：

> 诸侵巷街、阡陌者，杖七十；若种植、垦食者，笞五十。……疏议曰：侵巷街、阡陌，谓公行之所，若许私侵，便有所废，故杖七十。若种植、垦食，谓于巷街、阡陌种物及垦食者，笞五十。……若巷陌宽闲，虽有种植，无所妨废者，不坐。③

在坊间生活，住房、种植等不能侵占巷街、田间小路，否则行杖笞之刑，但若因闲置而有种植，且不受影响者，可不受罚。这在一定程度上对坊内居民的住宅面积进行了控制，且具有一定的灵活性。《唐会要》亦载：大历二年（767）五月敕"诸坊市街曲，有侵街打墙，接檐造舍等，先处分，一切不许，并令拆毁……如有犯者，科为敕罪，兼须重罚"。④ 这也是利用敕令来限制坊内住宅的表现。除限制住房规模外，房屋高度也受到一定限制。《唐律疏议》规定："诸登高临宫中者，徒一年；殿中，加二等。疏议曰：宫、殿之所，皆不得登高临视。若

---

① 杜绍顺：《唐代均田制平民应受田标准新探》，《中国经济史研究》1996年第3期，第132—139页。

② 贺从容：《隋唐长安城坊内百姓宅地规模分析》，《中国建筑史论刊》2009年第3辑，第302—303页。

③ [唐]长孙无忌等撰：《唐律疏议》卷二六《杂律》，"侵巷街阡陌"条，岳纯之点校，上海：上海古籍出版社，2013年，第417页。

④ 《唐会要》卷八六《街巷》，第1867页。

视宫中，徒一年；视殿中，徒二年。"①唐朝宰相裴度曾将宅第建在"九五"之地的高坡上，被人诬陷居心叵测，破坏了当时的礼仪等级，裴度便立即上书请罪，并拆除宅第。

唐朝十分重视礼仪制度，由于统治者及唐令的种种限制，里坊中居民的住宅建筑虽各种各样，但都是与主人的身份、地位，甚至文化修养密切联系的。像屋脊翘曲、墙壁彩绘、棂格雕花、屋宇高矮等各种搭配装饰，都有着严格的等级区分，也是礼仪规范的一部分，安仁坊亦受此影响。据当前安仁坊发掘现状来看，隋唐朱雀大街东侧的夯土遗迹和砖瓦分布区，东西约100米，南北约50米，已发现11个房址，大致位于东西相连的几个院落内，是一组唐代宅邸建筑基址。该宅邸院落位于安仁坊西南隅，面积约5000平方米②。唐代实行均田制，规定"良口三人已下给一亩，三口加一亩；贱口五人给一亩，五口加一亩"③，唐代以二百四十步为一亩，一唐亩折合521.94045平方米④，此宅第面积达10亩，规模较大，很可能是因为"若京城及州、县郭下园宅，不在此例"⑤的缘故，一些贵族和高品级官员的宅第不受均田制的限制。又据《增订唐两京城坊考》，安仁坊西南有汝州刺史王昕宅，王昕为薛王业的舅舅，是亲王外家。从此宅大致方位及王昕身份来看，应为王昕宅。还有杜佑宅在安仁坊有三十间，面积很可能是王昕宅的三倍，宅第面积更大。仅此二人宅第面积就达两万平方米以上，占据整个安仁坊（30万平方米）的十五分之一。按此规格来看，外戚刘延景、宰相元载等的住宅面积并不会小。

## 四、结语

唐代时期的安仁坊在长安城内位置显著，尤其政治地位突出。近年来唐代时期安仁坊居民的墓志得以大量出土，虽不能统计出居于此坊的所有居民群体，但大体可知安仁坊内聚集的基本都是一些勋官贵戚，政治地位较高。通过对出土墓志的解读，发现有的居民不止安仁坊一处宅第，因此具有迁宅现象；有的居民信仰佛教，在此居住与荐福寺有着密切联系，因此择宅又具有明显的宗教意味；还有的墓志虽记载墓主人居住在安仁坊，但其宅第是否位于安仁坊尚且存疑，因此有了安仁坊宅第的归属问题；而安仁坊又是不少家族的聚居之地，进而延伸出家族宅第承袭现象……因此，涉及安仁坊宅第的相关问题有很多。而这些问题的解释都要得益于对出土墓志的分析。除此之外，值得注意的是，在当时，居于安仁

---

① 《唐律疏议》卷七《卫禁》，"登高临宫中"条，第126—127页。
② 参考西安市文物保护考古研究院《小雁塔历史文化片区综合改造一期项目2018年考古调查报告》（未发表）。
③ ［唐］李林甫等撰：《唐六典》卷三《尚书户部》，陈仲夫点校，北京：中华书局，2014年标点本，第74—75页。
④ 华林甫：《唐亩考》，《农业考古》1991年第3期，第154页。
⑤ 《唐六典》卷三《尚书户部》，第75页。

坊又可视为身份地位的象征。也就是说，在安仁坊拥有一处宅第，并不是单由经济财力所决定，而是对择宅对象有着严格的限制。除自然因素外，还有政治经济、社会文化、身份地位等方面的因素，是诸多因素综合影响的结果。因此，在唐代，长安城内居民的住宅规模、规格、择址等都有一定的限制与规定，也足见唐代时期的等级制度是十分严格的。

# 再造古都：20世纪30年代西安"古都"形象的物质基础及空间叙事

杨 博①

西安曾经是中国历史上当之无愧的中心，然而这一地位在20世纪早期更显颓势。1924年，鲁迅等文化名流前来西安讲学时，目睹西安世象中的乞丐、吸鸦片者，对其衰落与破败深表失望，表示"完全出乎意料之外，连天空都不像是唐朝的天空，费尽心机用幻想描绘出的计划完全打破了，至今一个字也未能写出"。② 鲁迅因而取消了自己创作小说《杨玉环》的计划。即便如此，鲁迅先生仍然留下了"汉唐气魄终究雄大"的文化论述，成为对西安一瞥的记忆。

然而，在1930年前后，面对日本的入侵所凸显的民族危机，国内掀起了一场关于"古都"的讨论，③ 西安以其固有的历史背景与北京、南京、洛阳等城市列入古都之中。那么在短短的不到十年间，作为"古都"之一的西安，何以从20世纪20年代的"废都"，到30年代的"民族文化故乡"④，这背后又蕴含着怎样的时代意蕴呢。对此，学界已从文学与城市形象的对应角度，⑤ 对不同时期西安游记所反映的西安形象进行了表述与研究。但是，对于20世纪30年代西安城市空间究竟在何种因素的作用下形成了从"废都"到"古都"的形象转变，对这种背后转变因素的深入揭示尚属阙如，因此，本文试从国家权力对西安"古都"形象的影响入手，论述现代性思维如何通过空间改造的方式，将这一时期西安打造成一座凝结

---

① 作者简介：杨博（1972— ），辽宁里山人，长安大学副研究员。主要研究方向为区域史与区域文学。

② 复旦大学中文系、上海师范大学中文系选编：《鲁迅书信选·致山本初枝夫人》，1973，第191页。

③ 毛曦：《20世纪50年代前的中国大古都问题——有关大古都研究学术史的补充》，《中国历史地理论丛》，2017年第1期。

④ 民国文人易君左以在《西安述胜》中以"民族文化故乡"看待西安，林语堂在以西安为背景的小说《朱门》中，借主人公李飞之口，将西安视为"中国传统之锚"。考古学家何正璜也认为西安"此渭水之滨之古城，实中国民族文化精髓之所在"。这些论述都可看作是对西安"古都"记忆的叙述。

⑤ 对于民国西安形象的研究有：王鹏程《民国文人的西安记忆与文学想象》，刘宁《民国作家笔下的西安城市景观与文化空间初探》、杨早《西望长安不见家——近代游记中的西安叙事》、侯亚伟《向往、失望与期望之间：近代中国游客视界中的西安》，这些研究大多从文学角度对不同时期民国西安形象进行了研究，对于文学形象背后的影响因素还有进一步的研究空间。

民族想象的"古都"。

在笔者看来,任何城市形象的构建都包含其物质与文化因素,只有这两者均发生改变,城市形象才会悄然改变。西安能够重回国人视野中心,是20世纪30年代西安城市的物质与文化因素变化促进了西安城市形象的改变,进而影响到国人对西安的形象和认识。因为从形象学(imagology)的角度来看,"形象"是对一种文化现实的描述,融会了客观和主体的因素,是情感与思想的混合物。① 因此,本文对这一年代西安的城市物质基础:城市空间的改变、外部交通的发展;文化因素:导游书籍对城市空间的形塑、国民政府重建黄帝陵"中华民族"叙事等历史事实进行分析,从内外两个方面,展现出上述因素对西安城市空间产生的影响,进而重塑出"古都"形象。

让我们拨开历史的云烟,重回西安被视为"民族文化故乡"的现场。

## 一、重建"古都":20世纪30年代西安城市建构的政治与物质基础

随着国民政府于1927年国民政府建都南京,它对西北的建设随之提上日程。国民政府提出对西北交通的发展,"现值革命成功,开始建设"。1928年1月,国民政府成立建设委员会,1930年7月,该委员会制定了《西北建设计划》。尤其在"九一八"的事变后,鉴于东北已经沦陷,国民政府强调要以西北为复兴基地,于是提出了各种开发西北的计划和决议,国府要员纷纷对此发表言论。

戴季陶认为:西北开发"实在关系我们国民革命的前途"。② 张继也说:西北开发刻不容缓,如果我们不早动手开发,"则恐有代吾人而开发之者"。③ 财政部长宋子文指出:"西北建设,不是一个地方问题,是整个国家的问题","西北建设,是我中华民国的生命线"。④因此,从政府到民间,"西北开发"备受瞩目。在这样的背景下,西安的政治地位陡然上升。1932年3月5日,第四届中央执行委员会第二次全体会议通过,决定以长安为陪都,定名为西京,并设立了西京筹备委员会,由国民党元老张继为西京筹备委员会委员长,积极开始了城市与道路建设、城市绿化、遗址保护等事业。

在1932年初国民政府定西安为"陪都"后,西安市政建设渐受重视。同年,设立了"市政工程处",市区内的主要街道逐渐被修改为碎石路面。据有关档案资料显示:当时西安大小185条街道中,碎石路面96条,总面积达330,000方米。⑤ 从1935年11月到1938年3月,西京筹备委员会在西京四郊及其附近之重

---

① [法]布吕奈尔等著:《什么是比较文学》,葛雷、张连奎译,北京大学出版社,1989,第89页。

②③④ 秦孝仪主编:《革命文献》第88辑,《西北建设》(一),台湾中华印刷厂,1981,第20页、第91页、第103页。

⑤《西京筹备委员会工作报告》(民国1932年9月至1933年4月),《筹建西京陪都档案史料选辑》第233—237页。

要地带，先后修筑了汤峪路、仓颉路等20条公路以通汽车，其宽度均在5米以上，总计长度超过367华里，并新筑沣峪河桥等5座桥梁，桥身总长127丈。截至1939年，西京筹委会已筑成公路网700余里。至1940年12月，又完成了青龙寺路、清凉寺便路、兴教寺便路等一系列风景路段的修筑，总计达751华里。1941年，为适应城区工商业发展之需要，又开辟东西自强路8条、南北抗战路9条、建国路8条，总长40多公里。以后的数年中，筑路工作且筑且补，一直在进行着。在西京筹备委员会存在的13年中，至少在西京市内及四郊修筑公路920里有余①。

城市绿化在西京筹备委员会的工作中也占有相当大的比例。例如1935年11月到1938年3月间，西京筹备委员会在新修筑的汽车路旁，栽种了杨、柳、榆、槐、香椿、苦楝等树木，成活的达14000株有余。这一时期还建成未央、杜公祠、含元殿三个林场和城南、茂陵、昭陵、太液池、张家村五个苗圃。西京筹备委员会成立之初，即提出"广植树木，并设法长期引水入城，以资改进城市风景，调剂市民精神"②的方针，作为全市建设工作的重点。截至1944年4月，西京筹备委员会累计在公路两旁栽植行道树164,930株，为西安市城市绿化作出了贡献。

西京筹备委员会文化事业的建设也围绕建立新的民族文化地理景观而展开。"文化为民族精神之表现，其兴衰动关国家之兴亡，故特注重予此项工作。"西京筹备委员会在其工作计划中将"保护古迹并表彰先贤"列为一项重要工作。

  保护古迹并表彰先贤

1. 修葺杜公甫祠（祠在西京城南少陵原下）。
2. 保护霍去病墓石刻。
3. 建修董子（仲舒）祠（祠在西京城内东南隅）。
4. 修建濛溪宫（宫在西京城南）。
5. 保护华塔（塔在西京城内南城根）。
6. 修筑唐凤凰门游亭（亭在西京城北）。
7. 保护未央宫（宫在西京城西）。
8. 提倡民族扫墓。
9. 其他：如城南之香积塔、紫阁峪之保林塔、草堂寺之玉石塔、汉城天禄阁、关家树之符〔苻〕秦国师碑、太乙宫之陈抟碑记，均曾修葺保护，以彰先贤遗迹。③

西京筹备委员会成立之初，即将调查名胜古迹列入工作大纲之中。为供游览者识别和保护之需，筹委会特在隋唐曲江遗址、唐大明宫、苻秦宫城、石渠阁、阿房宫、汉龙台等73处历古迹处栽立标志，并分别培植风景林、果林等以资保

---

① 《西京筹备委员会工作报告》（民国1932年9月至1933年4月），《筹建西京陪都档案史料选辑》第233—237页。

②③ 《西京筹备委员会工作报告（节录）》（民国1921年7月至1922年6月），《筹建西京陪都档案史料选辑》第154—163页、第154页。

护。对分散在周围各县的文物古迹,他们也尽力予以保护,先后给户县、眉县、蓝田县、韩城县等地专门发布了一系列公函,内容涉及对沣桥牌楼、草堂寺、太史公祠、太白山等众多名胜古迹的保护。① 在具有民族意识的现代管理者眼中,这些文物和遗址是承载民族文化的重要载体,也凝聚着中华民族向现代民族国家发展的烙印。

西安城市空间建设及发展得到了游客的肯定。1934年5月7日,近代无锡著名教育家侯鸿鉴于17年后重返西安,对西安城市建设的成就发出由衷的感慨:

"余往中山街闲步,见道路修整宽广,行人车辆往来皆有秩序,市容甚可观。回想十七年前之西安,今日建设之猛进,公安之维持,建筑品之规模齐整,中山路之宽广,在钟楼东面一街尤可观也。

而今耳目一番新,都市繁荣气象春。

遮道车尘非昔比,喧腾民乐曲江滨。"②

在现代民族国家建立和应对民族危机的过程中,现代政府采用强调或重新叙述以往本国历史的荣光来鼓舞本民族国民的自信心。西京筹备委员会采取的城市建设手段与遗址保护,不仅是蕴含民族主义的现代城市空间发展,更是彰显出西京筹备委员会将古代遗址与现代生活相嫁接的一种文化上的努力,表现了执政者对民族与国家重建的想象。在这种将地理想象纳入民众的日常生活,并引导民众对古迹文化的重视的过程中,西京筹备委员会在现实物质空间上将整个西安构成一个"民族文化"所包围的城市空间。

## 二、陇海铁路:连接"古都"西安与中国东部的交通基础

铁路开启了现代流动性的新纪元,也开创了近代中国现代发展的新篇章。从1889年5月,清廷下令建造铁路开始,中国的铁路主要集中在沿海发达城市及中国的东部地区,客观上刺激和发展了中国东部的城市经济,并带来了现代旅游业在东部的发展。随着国民政府定都南京后,加速了"西北开发"的脚步,1934年12月,陇海铁路潼关至西安段完成,奠定了陕西大众化旅游的基础。也加强了国民政府对西北的控制能力,将整个东部与西部的铁路网络联系在一起,使得东部旅客便于想象国家疆土和进行景观游览。《铁路旅行:19世纪时间和空间的工业化》中指出:"19世纪最富现代性的标志非铁路莫属,它不仅改变了人们的生活方式,而且将不同空间联成国家网络"。③ 这一结论对于20世纪的中国同样适用。

在陇海路通车前,西安落后的交通状况阻碍了中国东西部的交流。西安东部主要的交通阻碍在于硖石与潼关等处,被称为崤函古道。对此,清代《读史方舆

---

① 吴宏岐:《抗战时期的西京筹备委员会及其对西安城市建设的贡献》,《中国历史地理论丛》,2001年第4期。

② 侯鸿鉴:《西北漫游记》,无锡锡成印刷,1936版,第7页。

③ Shivalbusch, Wofgang: *The Railroad Journey: The Industrialization of Time and Space in the Nineteenth Century*, Berkeley, University of Berkeley Press, 1977, p. 186

纪要》中记载:"洛阳西至新安,道路平旷。自新安西至潼关殆四百里,重冈叠阜,连绵不绝,终日走硖中,无方轨列骑处。其间硖石及灵宝、阌乡,尤为险要,古之崤函在此,真所谓百二重关也!"① 到了1924年,民国学者陈钟凡(1888—1982)对潼关"天险"也做了描述:"潼关高据山岭,依岭筑城,雉堞丛峙,俯阚河曲,高屋建瓴,形势雄胜,信称天险。由关迤南,秦岭诸山,直接商县,叠嶂悬崖,无路可通,东西往来,仅此一径。杜工部所谓:'连云列战格,飞鸟不能逾'者也。"② 同样也是在这一年,鲁迅等人应西北大学的邀请,从北京出发前往西安讲学,一行人花费了8天7夜的时间,换乘了火车、货船、汽车三种交通工具。当时的陇海路火车仅通到河南陕州(今河南省三门峡市),鲁迅等人不得不换乘货船,据同行的王桐龄记载,"船顶甚低,舱甚窄,每舱又各有行李二三件,局促殊甚。余等卧则屈膝,坐则折腰,立则鞠躬,人人终日抱膝长吟,无自由回旋之余地"。③ 因此,对于习惯现代交通工具的旅客来说,"有许多南方的中国人,仿佛到西半球去游玩一番,倒不算什么,却是到中国的西北一趟,显得十分惊奇。这完全是西北交通设备欠缺的缘故,硬生生把中国西北与东南分离了"。④

对于西安落后的交通状况所引起的落后生活状况,当时的交通专家凌鸿勋总结道:"盖西北为大陆地带,无航运之便利。所赖之运输,惟背负驼载及少数之大车而已。此种运输方法。需时既久,运费自昂。虽有特产,未由与他处竞争,而所有工业材料、机械、教育器具用品,以及关于衣食住行之需要。为西北所缺乏者,皆以运转困难,无从输入。即偶一有之。而其代价之昂,绝非经济落后之西北所能担负。其结果则西北广漠之原,仍维持其古代之状况,其人民亦度其千年之前之生活。"⑤

1934年12月底,陇海铁路潼关至西安段修建完毕,1935年1月正式通车。在陇海铁路通车之后,不但缩短了东西部旅客旅行的时间,也促进了西安的旅游发展。据平汉和陇海路列车时刻表的记录,从北京到西安全线仅需2天时间,沿陇海路从郑州到西安仅需一天,江亢虎在《秦游杂诗》中对铁路的快捷方便做了形象的描述"崤函漫诩泥丸固,百二关河一日程"。⑥ 因此,1935年《申报年鉴》对陇海铁路的价值给予了充分评价,"国有陇海路……,其潼关至西安一段,计一百三十二公里,于二十三年年内铺轨完成,即于十二月二十七日全线通车,客货可自东段海州直达西安,对于开发西北,繁荣徐海,可谓已奠一基础"。⑦

为了促进陇海段至西安的旅游发展,陇海铁路当局充分利用各种现代媒介,

---

① 顾祖禹:《读史方舆纪要》,商务印书馆,1937,第1918页。
② 陈钟凡:《陕西纪游》,《国学丛刊》,1924年第3期,第103页。
③ 王桐龄:《陕西旅行记》,文化学社,1928,第6页。
④ 陈必贶:《长安道上纪实》,《新陕西》,1931年第1期,第116页。
⑤ 凌鸿勋:《陕南杂录》,《旅行杂志》,1933年第6号,第8页。
⑥ 江亢虎:《陇海道中》,《文艺捃华》,1936年第3卷第1期,第42页。
⑦ 申报年鉴社编辑:《申报年鉴 民国二十四年》,申报年鉴社,1935,交通水利条第1页。

对陇海路沿线的景点进行推广。陇海铁路管理局于《铁路杂志》上刊登《华山导游》的启事，"西岳华山在陇海铁路华阴车站之南十里，山麓有玉泉院，为入山之谷口，在此可以雇轿乘至青柯坪，自此缘磴而上，奇境环生，历千尺幢，百尺峡，群仙观，老君犁沟，猢狲愁，而至北峰庙，中备有卧室床铺，可以下榻，素菜饮食，别有风味，由此经卧牛台，仙人碥，上天梯，日月崖，苍龙岭，而至金锁关，自此分途游览东南中西四峰，名迹繁多，不及备载，最著者如仙人掌，避诏崖，莲花峰，长空栈，赌棋亭等处，莫不别开生面，自成胜境。华山以四峰为主，方形耸削，上干云表，山重水复，气象万千，到此始知造物之奇，名山之妙，有非生花笔所能形容者，磴道虽峻，沿途俱有锻炼，可以附攀，山路虽远，各处俱有道院可以憩息，故游人甚盛，毫无不便。——陇海铁路管理局启"①《旅行杂志》为民国时期旅游类的专门期刊，其在1937年7月1日出版了《全国铁路沿线名胜专号》，其中《陇海线名胜》对陇海铁路全线名胜作了图文并茂的介绍。

　　陇海铁路修通之后，也促进了西安旅馆业的发展。"旅馆营业尤为兴盛……，缘西安繁荣，系以陇海铁路通车为主要原因"②。"西京之住宿问题，尚不为难。自陇海路到达后，交通既便，旅馆业自亦随之更形发达。比较清洁之上等旅馆，如东大街之西北饭店、西京馆店、关中大旅社、冠世大旅社、西北大旅社、华兴大旅馆、广仁大旅馆。西大街之交通大旅社及北大街之新新大饭店、南大街之江苏大旅社等，均尚可住。房金每日每房自四毛起至二元三元不等。略次者如东大街之中西旅馆、中西宾馆。西大街之长安饭店及端履门聚贤旅馆等，亦复清洁，房价稍低，自三毛起至一元不等，视房间之优劣大小而定。上述价目均不连膳。茶水并须另外加费。如租用较小房间。则被褥亦须自备，如未带行李而欲向馆中租用者亦可。"不仅旅馆业兴旺发达，饮食业也得到发展。西京市上的菜馆，著名的有西京招待所（西菜）、南京大酒楼（江苏馆兼办西菜）、西北饭店大餐间（西餐）、玉顺楼（河南馆）、第一楼（陕西馆）、什锦斋（天津馆）、鸿源饭庄（河南馆）。这许多餐馆大都集中在东大街一带，专供外来的旅客和当地的富绅官员们宴乐之用。③据《西京指南》记载，西京共有"酒菜馆一八七、旅馆二三八。"④

　　陇海铁路多方面地改变了西安的城市空间和地位。首先，它的贯通，使西安"陪都""西京"的重要地位名副其实；而铁路作为现代交通网络所带来的便利和发展，又使西安逐渐转变为一座现代旅游城市。当时的《旅行杂志》对此情况进行描述："自从国民政府统一全国后，对于交通建设异常注意，成绩突飞猛进，比先前是大不相同了。因此之故，民众对于旅游的兴趣，也逐渐浓厚起来，凡铁路所通之处，几乎可以找到游人的踪迹。"⑤大量人流的聚集，也进一步促使西安导游书籍供不应求。《西京指南》的作者王荫樵于再版序言中说："西京为雍州旧地，

---

① 《华山导游》，《铁路杂志》，1935年第1卷第4期，第11页。
②③ 倪锡英：《西京》，上海中华书局，1936，第129页、第133页。
④ 王荫樵编：《西京指南》，中国文化服务社陕分社，1941，第122页。
⑤ 编者：《陇海线名胜》，《旅行杂志》1937年第11卷第7期，第52页。

秦汉故都……古迹名胜,随在皆是,足以表现文物之光华,民族之伟大。……但初版五千本,早于三年前一空。"① 陇海铁路"自通车西安后,旅客拥挤"。② 1935年1月陇海线潼关至西安段正式运营,年旅客发送量为189.5万人;次年,西安至宝鸡段投入运营,旅客发送量激增为278.6万人。③ 从中可见,陇海铁路不仅对20世纪30年代西安的宾馆业起到推动作用,也对这一时期西安的旅游业起到重要推动作用。

其次,陇海铁路促进了西安城市空间发展。西安的东北部分为"满城",为清代八旗驻军之地,在辛亥革命后变成荒地,西安火车站在这一区域的修建,促进了该城区的开发和建设。王荫樵称"至铁路通达后,新市区及大差市一带,因接近车站之故,曩昔片野荒地,悉夷平开发,益以地价昂贵,百倍于先,于是西安精华者,不得不移其目光于尚仁路中山大街矣,中山大街崇楼巨厦,连亘不断,新式商店,鳞次栉比,每届华灯初上,行人络绎不绝"。④

最后,陇海铁路也将旅游观看与建国想象联系了起来。随着国民政府"开发西北的"号召,前往西北考察的人员也与日俱增,其著述多达85种。⑤ 其中涵盖陕西的游记多达50种以上,而散见于报刊的游记多达300篇以上。发表于《旅行杂志》中一篇名为《游览建国》的文章,指出了旅行对国家的意义:"夫以吾国幅员之大,山川之富,世无与比,然舍东南数省外,大都地弃而不辟,货弃而不采,此国人只知闭门读书之大误也。总理遗教,首重建设,然不遍历各方,不知土地之肥瘠,形势之险易,事业之宜与不宜;必也亲临游览,而后知有所轻重,有所取舍,有所先后,此实建国之一大助也。"⑥

而游览西安后体会到国家意义的旅行者也大有人在。清华教授李长之在《旅行杂志》上直抒胸臆:"和我们的想象相反,潼关以西的景致决不是更枯燥下去。反而极其优美。尤其过了渭南,小雨也下起来了,那空气的湿润,山色的秀伟,还有那疏疏落落的灞桥上的垂柳的青翠,不由得跳上心头的就是'江南如画'这四个字的形容。国家观念薄弱如我的人,这时也深深地觉到中国的可爱了。"⑦ 而民国时著名的历史地理学者,国内人文地理学的开创者张其昀从历史角度审视西安这座城市。"新陪都非他,就中国地理上几个天然中心,运用伟大政策以经营之,使其成为物质人文集中之地,而与首都有拱卫策应相互保障之效。"⑧ 张其昀在考察了西安历史及现今的气候、河流、土地、人口密度之后,提出了"余以为新陪

---

① 编者:《陇海线名胜》,《旅行杂志》1937年第11卷第7期,自序第3页。
②③ 西安铁路分局史志编纂委员会:《西安铁路分局志》,1997,第99页。
④ 同上,第117页。
⑤ 尚季芳:《国民政府时期的西北考察家及其著作述评》,《中国边疆史地研究》2003年第3期。
⑥ 黎昭寰:《游览建国》,《旅行杂志》1936年第10卷第1期,第7页。
⑦ 李长之:《从长安到安阳》,《旅行杂志》1938年第3期,第18页。
⑧ 张其昀:《西北旅行记(三)》,《国风(南京)》,1936年第8卷第3期,第83页。

都之建设,必自发展交通入手"的结论,并从国防的角度提出了陇海路向西北国土内部延伸及与苏联铁路连接的问题,"可为欧亚交通辟一捷径,一旦海疆有事,我国可由此门户与各国往来,于国防关系极为重大……汉唐时代长驾远驭之精神,倘能再见于今日,则今后之西京,不难成为中国之莫斯科焉"。① 这些深刻论断展示了张其昀作为现代历史地理学者对于西安的眼光和判断。

陇海铁路向西北内陆延伸的意义不仅在于将西安纳到整个现代中国的交通体系中,从而奠定了西安大众化旅游格局,使得深入西北的游客体会到"中国的可爱了"。1937年著名的地理学家严德一利用铁路完成了他的旅行,"皆取道铁路火车之便利"。"此行在外凡历时两旬,途程周共约七千里,除极小段之同蒲路未完成外,余皆取道铁路火车之便利。历经津浦、平津、平绥、同蒲、陇海诸路,完成苏皖鲁冀察晋陕豫八省之铁路旅行"。② 更为重要的是,铁路交通作为现代国家控制领土安全的一种重要手段,陇海铁路向西北内陆的延伸打破了传统交通条件下东西部的时空障碍,加速了人员、物资在国土内部的流动,使得东西部的经济、文化更加紧密地联系在一起,促进了中国内陆城市西安的现代化发展,加强了国民政府对西北内陆的控制。

### 三、《西京胜迹》:一种"古都"西安想象的典型方式

城市旅行指南是近代由西方引入的一种现代文本形式,也是一种形塑城市空间的特殊方式。其不仅是给游客提供方便,更在深层次上提供了一种观看城市的视线和想象城市空间的方式。旅行指南中的编排并不是自然而然的过程,而是高度选择性的。一本城市导游书籍对整个城市的景观突出什么,略去什么,乃是一种别有用心的编码过程。周宪在讨论景观话语的建构时曾经精辟地概括这一过程:"编码过程就是将多元复杂的意义凝缩为对潜在的旅游者来说最具旅游价值的主题。即是说,景观的媒体化再现就是转化为对旅游者有所触动的语言,诱发他们的旅行动因,孕育他们的旅行想象。"③

涉及当时西安的导游书籍共有11种,分别为:《陇海铁路旅行指南》(1932)、《陕西实业考察便览》(1932)、《西京之现况》(1933)、《西北导游》(1935)、《西京胜迹》、(1935)、《西京导游》(1936)、《西京游览指南》(1936)、《西京快览》(1936)、《西京》(1936)、《新西安》(1940)、《西京要览》(1945)。这些导游书籍可以看作西安现代化的缩影,从陇海铁路修通到国民政府派出陕西实业考察团,再到中国旅行社将西安作为旅游目的地推介,西安导游书籍经历了一个内容从简到繁的发展过程,这些导游书籍涉及西安历史沿革、地方行政、公共事业、交通、食宿游览、实业等方方面面。

---

① 张其昀:《西北旅行记(三)》,《国风(南京)》,1936年第8卷第3期,第92页。
② 严德一:《陇海铁路沿线陕豫境内之地理景象》,《地理教育》,1937年第2卷第2期,第21页。
③ 周宪:《现代性与视觉文化中的旅游凝视》,《天津社会科学》,2008年年第1期。

尽管这批旅行指南编撰者目的不尽相同，但其中有一点是共同的，均刻意渲染西安古迹，并将城市空间融合在其中，是"一种别有用心的编码过程"。在这当中，《西京胜迹》格外引人注目。《西京胜迹》不仅由本地陕西省立第一图书馆馆长的陕西长安人张俊青编撰，而且舍弃了其他公共事业、交通等实用信息，直接将古代长安诗歌空间与现实西安城市空间相对应，凸显了将想象的历史空间与现实空间融合的目的，在深层次上提供了一种观看西安的视线和想象城市空间的方式，而且这种空间想象方式直接作用于当时游记，因而更具有典型性与分析价值。

《西京胜迹》先后出版了1932和1935年两个版本，1932版仅54页，1935年版为106页。1935年版在前半部分与1932年版相同，主要介绍西京的旅行线路及景点，后半部分按照区位附录了景点所对应的古代诗歌（以唐代为主），试图"重新唤起世人之回忆"。

张俊青在《西京胜迹》序言中谈到其编撰目的："西京为周、秦、汉、前秦、后秦、西魏、北周、隋、唐古都，当极盛时，亦常以高等文化，炫耀域内。现虽际于衰落，而具名胜古迹，由憧憬于人心，故自开发西北，建设陪都之议定，亦重新唤起世人之回忆，遂致陇海道间，长安市上，游人如织矣。"①这种连续的叙述目的是在读者心中出现一个连续的"民族文化"的想象共同体。而在具体编排上，《西京胜迹》按照区位划分出古代诗歌空间。其内容和区位分为：一、长安；二、临潼；三、蓝田；四、鄠县；五、咸阳。在长安条目下又分为甲城关和乙近郊，其中近郊包括东路、南路、西路、北路，共录诗118首，当中大部分为唐代诗人的诗句。

以城关的游览为例。在诗句的引导下，游客可以从城关远眺可以看到"汉家宫殿含云烟②"，也可以感叹"白云望不尽，高楼空倚栏。中霄鸿雁过，来处是长安③"。也可以在关楼之侧，仰望"残星几点雁横塞，"聆听"长笛一声人倚楼④"。进而在太宗的豪迈之眼观看下，远望终南"重峦俯渭水，碧嶂插遥天。出红扶岭日，入翠贮岩烟……"⑤，进而遥想盛唐气象"北斗挂城边，南山倚殿前。云标金阙迥，树杪玉堂悬"。⑥这些诗句都围绕城关或在城楼高处展开视野，使得游客在城楼或西安游览时，联想到这样的诗句，使得游客的视角和空间想象得到突破，进入一个气象万千的大唐胜境。因此，《西京胜迹》使得游客在"城关"游览时，自然被诱导进入一个诗歌构成的唐代长安空间，并按照导游书籍设置的旅行线路

---

① 张俊青：《西京胜迹》，陕西省立第一图书馆，1935，第1页。
② ［明］韩邦靖《长安道》，张俊青《西京胜迹》，陕西省立第一图书馆，民国二十四年（1935）。
③ ［明］何景明《长安》，张俊青《西京胜迹》，陕西省立第一图书馆，民国二十四年（1935）
④ ［唐］赵嘏《长安秋望》，张俊青《西京胜迹》，陕西省立第一图书馆，民国二十四年（1935）
⑤ ［唐］李世民《望终南山》，张俊青《西京胜迹》，陕西省立第一图书馆，民国二十四年（1935）
⑥ ［唐］杜审言《蓬莱三殿侍宴奉敕咏终南山应》，张俊青《西京胜迹》，陕西省立第一图书馆，民国二十四年（1935）。

（城市道路）进行体验，从而将唐诗所代表的符号及其象征空间内化成游客的体验。不过对于编纂者而言，其引用的诗句不仅是用于表现对古代兴盛王朝的向往，更借以表达对国家和民族复兴的期待，其实质是对日益加深的民族危机的曲折回应，而其他西安各路的诗句诱导与城关类似。

通过联系传统与当下的民族国家经验，《西京胜迹》作为现代旅游需要所催生的地方导游书籍，为游客建立了一种新的观看西安的方法。无论褒贬，"西安"对于游客都是一种景观，在观看这个景观时，游客不仅考虑景观本身的成因、历史文化背景、它与作为观察者的自己之间的关系，都是以自己所在的位置、自己对它的理解来观看和定义景观。无论是雄伟的城关、还是令人遐想的昭陵六骏，还是大小雁塔与陕西省立博物馆的文物，它都是基于民族的需求和评价标准才被"看见"的。《西京胜迹》所传达的汉唐空间想象不仅为前来西安的游客所接受，并影响了游客的空间体验与表述。

作为这种空间体验影响的代表，著名作家易君左所著游记《西安述胜》是这种空间体验的形象化再现与转化。1936年，易君左来西安游览，他在游记《西安述胜》化用了《西京胜迹》序言中"夫周秦汉唐之故都，一邱一壑、一瓦一石之遗存，足资缅思"[①]一句，将其发挥为"其余各处所存古迹，多于牛毛，任踏一砖，即疑为秦；偶拾一瓦，又疑为汉。人谓长安灰尘，皆五千年故物，信然耶"？从中，我们可以体会《西京胜迹》与易君左旅行体验之间的关系，易君左不仅接受了《西京胜迹》所设定的"五千年故物"的西安形象，也直接承袭了《西京胜迹》中的语句。

不仅如此，易君左在游记中运用了《西京胜迹》所设定的空间透视与想象的方法，将古代长安的空间与现实西安的空间叠加在一起。他盛赞西安的景致："灞桥折柳，遂至临潼。浴华清之温泉，月明山暗；逍遥太真之姿态，水滑脂浓。此一夕也，为人生难得之宵。一月长征，连宵繁梦，抽片刻之清暇，涤里之征尘。于时皓月飘空，骊山在望，亭台花木，各系离情。风鸟水鱼，宁无别意？佳肴美酒，一醉且呵呵；浅咏低吟，千秋日寂寂。余等徘徊于骊山之畔，月明午夜，待车而归。夜凉如水，顿觉清寒，朗吟黄仲则之诗曰：'似此星辰非昨夜，为谁风露立中宵？'此景此情，犹历历在目也！"[②]这种一系列的"汉唐空间"的罗列，放置在"西安"上时，却无形地将"西安"等同于"长安"，不仅不使人反感，反而让人感受到了西安作为"古城"历史的厚重，映衬出西安历史文化的悠久。但是，作者并不简单的将时空指向过去，而是指向了现在的"开发西北"。"夫游西北即等于还故乡，西北者，中华民族文化发源地，人未有不思故乡者，况久飘零异域之游子乎！近年以来，西北教育建设皆有显著之进境，朝野上下咸知吾民族有发祥地可珍，余以为'开发西北'之口号，不如易为'光大故乡'之为愈也！别矣！此古典之故乡，此令人怀慕无已时之古长安！"[③]易君左在最后提出"光大民族故乡"的口号时，当叙述者不假思索地将"民族故乡"视为"西安"本有的客观属性时，都忘记

---

① 张俊青：《西京胜迹》，陕西省立第一图书馆，1935，第1页。
②③ 易君左：《西安述胜》，《友声》1936年第12期，第3页。

了这些标签是他们站在"民族"的立场上赋予的。所以这些叙述看似是在表现西安的样貌，实际上是在无形中以现代民族国家的立场重新定义了"古城西安"，并赋予西安"民族故乡"这样的称号。

《西京胜迹》所设定的这种规定视角经由易君左的叙述得到强化和推广，尤其是他以看似不经意地透露出的这种"西安形象"，产生了更佳的宣传效果，它让这些古老的特征仿佛就是"西安"的客观属性，让人忽略了这些标签其实都是易君左将自己的理解和感受投射到景观之上的。而且这种投射获得了广大读者的共鸣。《西安述胜》最初发表在1936年上海《友声》月刊上，引起轰动，第二年又被《上海青年》《圣公会报》《好文章》等期刊转载，易君左的生花妙笔则使得西安的"古都"形象成为其城市象征符号。对于这一共通现象，台湾地区学者沈松侨在研究一系列西北游记之后，得出了一个共通的结论，一般而言，国族主义运动所采取的"自然国族化"（nationalization of nature）的叙事策略，在这种模式下"国族将其历史、神话、记忆与'国族特质'投射于一块地理空间或特殊地景之上，从而将国族共同体与其特定疆域联系在一起，使后者转化为国族的'家国'。这种使国族疆域'熟悉化'（familiarized）的方式，所强调的面向，乃是国族历史与文化对土地空间的形塑与印刻（imprint）。"①

从以上分析可以看出，旅行的文化是集体的，尽管它是具体的和情境化的，但旅行的"文本性态度"注定了它的集体性。萨义德认为，文本化本身就是集体的，因为他确信："单个作家对于文本集合体具有决定性的影响，然而正是这些文本集合体构成了东方主义这一话语形式，如果没有这样的话语形式，单个作家的文本将会湮没无闻，而且单个文本或作家与其所属的复杂文本集合体之间具有动态关系。"②也就是说，对于某一地区的个人旅行书写，只有依赖于关于这一地区的集体文化书写（民族志或民族主义）才能得以保留下来，话语传统之外的，则会被忽视而后被遗忘。放置在《西京胜迹》的具体语境之中，我们发现了游记与民族主义的某种潜在的、隐蔽性的共谋或同构。其重点在于，《西京胜迹》所设定的"古都"结构是先于游客构成的，因此，旅行者在阅读《西京胜迹》等导游书籍后，其路线为结构所设定，旅行者在20世纪30年代西安的旅行，即是在民族主义的氛围中不知不觉中体验西安被设定的"古都"形象。

## 四、想象中华民族："古都"西安周边陵寝的景观叙事

在历史上，西安不仅有帝王生活的城市空间，其周边也分布有大量古代帝王的陵寝及历史遗址。张光直认为："宗庙、陵寝和青铜、玉等高级艺术品的遗迹遗物，以及祭仪的遗迹如牺牲或人殉之类，一方面作为政权基础的宗法制度的象征，

---

① 沈松侨：《江山如此多娇》，《台大历史学报》第37期，2006年6月，第175—176页。
② E SAID：*Orientalism*, London and Henley Routledge Kegan Paul Ltd, 1978：p. 23.

一方面是借宗教仪式获取政治权力的手段。"①城市周边陵寝是统治者利用已掌握的权力"建造"出来的，本身就是一种预先经过周密规划的政治行动。而王朝成立之后，"新的宗族以此在一块新的土地上建立起新的权力中心"，②更是使帝王陵寝等空间成为国家权力的象征。民国时代，帝制虽然已湮灭不存，但体量巨大、历史悠久的陵寝却成为光大民族往昔的凭依和新兴民族国家的历史图腾。因此，本节将从地图构建的西安城市空间，国民政府对西安周边黄帝陵、茂陵、昭陵等帝王陵寝的重新叙事两个方面进行分析。进一步剖析现代国家是如何以现代知识重新处理传统城市空间关系，再通过现代传媒等手段建构出新的"中华民族"叙事。

首先，在大规模的现代城市地图绘制过程中，西京筹备委员会通过测绘将西安周边的帝王陵寝等遗址纳入西安的城市空间中，成使之为"民族文化"象征体系的一部分，从而让国人重新定位与想象这些陵寝与西安的关系。在《西京筹备委员会工作报告》中，此举被清晰解释为"茂陵、昭陵各所辖全区地形之测绘：为宣扬汉武茂陵、唐太昭陵，以供瞻仰，而振作民族精神计，将各该陵之所有陪葬坟墓之全部地形，分别加以测量，并绘制成图"。③

我们以《西京胜迹》所附《西京古迹名胜略图》（图一）与《西京附近各县古迹名胜略图》（图二）为例，来探讨一下这种现代制图方式所带来的深刻影响。这两张图都依据现代制图方式，按照缺省的原则，突出了城中主要道路与古迹名胜。地图是地理探险书写常用的空间驱逐策略，也是另一种占有性的书写空间。通过旅行路线的标识，地图的绘制者将景观与古代时间结合起来，构成了旅行的空间，从而得到一个超脱日常生活的体验。而通过这样的现代测量与制图活动，西京筹备委员会将西安及其周边空间有效地简化为连贯的、布满古迹的城市空间，并通过地图的铭写重新把"古都"的意义贯彻到每一幅地图中，将有些破败甚至消失的遗址变为可见的景观。这种地理空间的生产是西京筹备委员会的一种策略性产物，它不仅符合西京筹备委员会对西安的政治定位，也暗中契合了游客对西安这片国土的想象，构成了"地理、知识和权力之间的一致性"。

英国地理学家大卫·利文斯通研究近代西方科学知识的传播过程时指出：近代西方科学的广泛成功，至少部分归因于仪器复制、观察者训练、操作规程传播和方法标准化等空间策略。由此观之，将现代地图学中"科学"知识运用到地方知识的生产，部分亦归因于上述因素。④而将茂陵、昭陵等帝陵及其他遗址进行测

---

① 张光直：《关于中国初期"城市"这个概念》，见氏著《中国青铜时代》，三联书店，1999年版，第33—34页。
② 张光直：《美术、神话与祭祀》，辽宁教育出版社，2002，第6页。
③ 《西京筹备委员会工作报告》（民国1932年9月至1933年4月），《筹建西京陪都档案史料选辑》第233页。
④ 蔡运龙、（美）Bill ackoff 主编：《地理学思想经典解读》，商务印书馆，2011年，第391—399页。

绘，不仅是用现代知识对传统帝陵等遗址空间进行现代解读与传播，更是将其以符合现代人的知识形式进行展示，并将其纳入"中华民族"的叙事序列之中，达到"振作民族精神"的目的。其标出的所有古代遗址都试图将"民族文化空间"这一最基本的信息传达给游客。

其次，除了这种隐含的"平面化"现代制图叙事，现代政府常常使用权力赋予景观以新的意义。国民政府重塑了黄帝的文化记忆，① 对西安周边黄帝陵、茂陵、昭陵等帝王陵寝的叙事进行了发明，重新建构了这些陵寝与"中华民族"的关系。

1935年4月7日，在中央大员邵元冲的一再提议下，一度被冷落的"黄帝"叙事重新被国民政府重视，举行了隆重的祭祀大典。当日晨8时，各代表齐集陵前举行典礼，国民党中央各机关人员及民众5000余人到场共襄盛举。典礼仪节如下：（一）全体肃立；（二）主祭者就位；（三）与祭者就位；（四）上香；（五）献爵；（六）献花；（七）恭读祭文；（八）行三鞠躬礼；（九）静默三分钟；（十）礼成。中枢代表张继、邵元冲、邓家彦，暨陕省党部代表宋志先、郭英夫，省府代表邵力子、雷宝华、李志刚，绥署代表冯钦哉就位后，依照典礼程式行礼。

这次祭祀大典上，国民党代表与南京国民政府代表分别宣读了祭文。国民党的黄陵祭文回顾了中华民族始祖黄帝的"文德""武烈"及其对华夏文明的创制之功，表达了对日本侵略者"骎骎以相侵"的痛恨和对先祖所创辉煌业绩的缅怀，最后发出了黄帝子孙要"力排艰险，以复我疆圉，保我族类"，实现中华民族"复兴之大谊"的抗战号召。国民政府的黄陵祭文确认了汉满蒙回藏五族都是"仰托灵庥"的黄帝子孙，面对"烽燧未靖，水旱间告"的内忧外患时局，表达了深刻的民族忧患意识。随后，4月9日早晨，邵元冲一行由陕西省政府人员与西安各界代表陪同赴咸阳和兴平，分别致祭周陵与茂陵。南京国民政府还为此印发了一系列标语，如"向文武周公发誓，要恢复我们的文明"，"维新周邦文化"，"向汉武帝发誓，要恢复我们的光荣"，"效法历史上的英雄，预备民族自强"等等。

在黄帝陵上演的国家礼仪过程中，国民政府通过一系列的仪式完成了权力传递的过程，国民政府成为权力的合法拥有者。在整个传播过程中，传播的主体是中央政府，传播的受众是参与仪式的官僚阶层及参加的群众，仪式过程中的各种视觉体系、听觉体系和空间体系、现代媒介共同构成了传播过程。国民政府通过对各种传播符号的调度，通过仪式化的过程，最终不仅确立了国民政府的合法性，同时，这种传播过程沟通了历史、国民政府和官僚阶层及普通大众。

在黄帝陵谒陵仪式之后，报纸等媒介对"黄帝陵"祭祀活动的报道以及使得"黄帝之苗裔"的观念传播开来，使群众在活动中感受到中华民族共同体的想象。例如：蛰居西安的文学家鲁彦在报纸上获悉这一消息后，当下给学生的作文题目是"述黄帝之功绩"。"我的学生有的被称为'长安干板'，有的被称为'蓝田鬼''郃阳鬼'，有的被称为'刁蒲城'，'野渭南'，粗看起来，仿佛都是没出息的孩

---

① 沈松侨：《我以我血荐轩辕：黄帝神话与晚清的国族建构》，《台湾社会研究季刊》，28期（1997年12月）。

子,但做起文章来却青出于蓝……无从着手批改只觉得篇篇都是琳琅满目,救国救民之词,便一路用红圈连了下去,最后都给他们一句鼓励话:'不愧为黄帝的苗裔!'或则'真正的黄帝的苗裔!'"①

一些文化名流在参加黄帝陵祭祀后,也对此进行了二次传播,例如上文提到的邵元冲之夫人,南社女诗人张默君。1935年5月,张默君在金陵女子大学讲演时,用极大篇幅细致提到了自己在西安的谒陵经历,谈到黄帝陵桥山"只翠柏如龙,绿云蔽日;其沮流紫洞,形胜至为雄奇"。又称"……我侪恭谒桥陵后,复往咸阳,谒周文武成康诸陵于毕原,及汉武帝茂陵于槐里之茂乡;复至醴泉,谒唐太宗昭陵于九嵕山,归途经临潼,谒秦始皇帝陵于骊山。所见河岳山川之奇秀,历代帝王之大业圣图,缅怀列祖列宗手创一切典章文物之伟烈艰钜,至足以发扬踔厉,油然生虔敬奋勉之心"。②这些语句不仅仅只是在抒发自己的感想,更具有政治宣传和道德教化的意义,其最终目的是"扬大汉之天声,振上古之风雅,起垂死之国魂"。③

黄帝陵祭祀及谒陵之后的二次传播,其目的均是为了建立与传播"黄帝"叙事。众多媒介的共时性叙事,将西安及其周边景观想象融合在"民族文化空间"的想象中。这不仅是国民政府对西安及周边地区的政治控制,也是在文化上对地方的解码,将其空间纳入"中华民国的版图",文化上纳入"中华民族"的文化叙事中。

国民政府对"黄帝陵"的空间改造是现代政府的一种常用权力手段。随着1927年国民政府建都南京,其先后建立了"孙中山符号"和与之相适应的"中山陵"空间,④如果说之前的西安旅行空间的体验激发了国民对民族身份的认同,而黄帝陵等帝王陵寝的叙事则是对民族身份的进一步强化与确定。作为西京筹备委员会主任的国民党元老张继,曾与《旅行杂志》记者有过这样一段对话:

问:"晚近研究我国古史者有一种意见以为'黄帝'实在是一个代表的名词,并不是实在有黄帝这样的一个人。这话对不对?"

答:"兄弟以为这话不对,至少这种论调对于中国是有害的,因为他们既将黄帝的印象弄模糊了,把黄帝当作一个时代不认为黄帝是一个人,这岂不是要推翻中国的历史吗?自己推翻自己的光荣历史,对于国家民族,有利还是有害,不问而知。"⑤

张继的回答,是政治人物对"黄帝"的理解,也是试图重建"中华民族"历史叙事的一种努力,这种建立悠久民族历史的意义,不仅可以激发国人的民族自豪感,

---

① 鲁彦:《西安印象》,《文学杂志》,1936第1卷第6期,第39页。
②③ 张默君:《西北归来对于中国诗教感言:二十四年五月在金陵女子大学讲演》,《建国月刊(上海)》,1935年第13卷第1期,第1页。
④ 陈蕴茜:《国家典礼、民间仪式与社会记忆:全国奉安纪念与孙中山符号的建构》,《南京社会科学》2009年第8期。
⑤ 吕纯:《张溥泉先生谈"黄陵"》,《旅行杂志》,1944年第1期,第7页。

也激发了国人投入全民族抗日战争的热情。因此，张继不无肯定地说"我们很相信，政府在战后会把黄帝陵大规模地修理和表扬，使黄帝陵成为中华民族精神的中心。"①

安东尼·吉登斯在《现代性的后果》一书中这样认为：在传统社会，空间（space）和地方（place）总是一致的，但"现代性"引入之后，"空间"日益从"地方"分离出来，"地方"逐渐变得捉摸不定，地方意义的重建必然是国家空间对地方重新赋予其意义的过程。因此，西方"现代性"在世界其他地方的传入过程，就是"空间"对"地方"进行整合、计算、分类、解码，进而建构独立于地方的知识。所以，在民族国家建构的过程中，也意味着"风景"作为现代国家疆土组成部分的建构。对"风景"的重新组织、测量、叙述，都意味着国民政府借助现代知识与权利对西安的控制与重新解码，也意味着现代国家势力对西北内陆的组织与重构。

## 结　论

"地方向来都不会完整、完成，或受到束缚，而总是流变，处于过程之中。"②在民族危机的影响下，西安作为西北重要城市的地位陡然上升，伴随着"西北开发"的发展，西安城市的政治基础与物质基础都围绕"民族文化故乡"而展开。陇海铁路改善了西安的外部交通状况，使得游客体会到"中国的可爱"。导游书籍将古代"长安"嫁接到西安的城市空间，完成了"民族文化故乡"的空间想象结构。随着政治文化叙事的需要，西安周边的陵墓空间被纳入"中华民族"的叙事重组中，甚至于在抗战时期，西北普通景观"白杨"在《白杨礼赞》中都成为民族象征的承载物。

西安"古都"形象的确立，不仅是政治、交通、大众媒介共同作用，更是国民政府在抵御日本入侵，民族危亡下的一种文化动员，并继承和发扬了帝陵遗址和传统都城的一体性空间特征。西安的"古都"形象是"后都城时代"下，传统都城空间向现代城市空间转变的缩影，也是现代国家进程影响西北内陆城市的结果。

国家权力对西安城市空间结构产生深远的影响，它改变了和扩大了西安的城市空间，也加深了地方城市与国家的紧密联系。譬如"炎黄子孙"的国家象征在民国时期得以固定及传播，而西安借助政治、经济、文化等因素再一次进入全民视野，重新获得"古都"的定位与推崇，实际是国家的代名词与缩影。到了今天，伴随着中国国家形象的上升与"一带一路"建设的发展，西安被视为"丝绸之路"的起点，这种新的城市形象背后仍然是国家力量的影响。西安这座城市的命运就在与国家权力的纠葛中跌宕起伏，故事仍然在今天延续。

---

① 吕纯：《张溥泉先生谈"黄陵"》，《旅行杂志》，1944年第1期，第7页。
② Tim Cresswell 著：《地方：记忆、想象与认同》，徐苔玲、王志弘译，群学出版社（台湾），2006，第63页。

# 朝鲜半岛与古代丝绸之路

全弘哲①

朝鲜半岛处在欧亚大陆的东段，千余年前在欧亚之间广泛展开的物质文化的交流活动，经由中亚沙漠地区的绿洲路线、西伯利亚南部的草原路线以及海上丝绸之路波及朝鲜半岛。朝鲜半岛处在古代丝绸之路的大型网状线路的一端，我们可以从现今韩国保存和发现的文化遗产中清晰地看到昔日多元文化的交流痕迹。

古代新罗（公元前57年—公元935年）的王城庆州是欧亚大陆的所有文化都通过丝绸之路传播到朝鲜半岛一端的目的地。在庆州的古坟中发现了许多文化物质交流的证据，这绝不是偶然的现象，可以将其作为讨论的重点。庆州古坟中出土的多样的文物表明，它们是来自以西亚地区为主的外国进口商品，以罗马风格为代表的琉璃（或玻璃）制品（图一），是体现新罗与欧亚西端国家之间交流与贸易的典型文物之一，学术界认为这些琉璃器皿是在公元4至5世纪的地中海沿岸一带生产的，再经由中亚从事丝路贸易的商人通过陆路和海运路线输入到新罗地区。此外，在塔什干和撒马尔罕制造的精美珠宝，由上面提到的同一批商人进行交易。新罗还从遥远的阿拉伯半岛和欧亚西端的国家，进口调味料、草药和香料等产品。波斯地毯和羊毛地毯也通过丝绸之路推销给新罗人。庆州桂林路14号古坟中发现了具有异国风情的黄金宝剑（图二），黄金制成的小球串成连珠，勾勒了宝剑的轮廓，黄金宝剑的内部装饰上采用了漩涡状的纹样图案，这是源起于古代色雷斯地区凯尔特人（Celt）的典型纹样，宝剑周围的波浪形纹样受到希腊文化的影响，而象征骨骼部分的月桂树树叶的纹理，则受罗马文化的影响。该宝剑在当时算作最高水平的精细工艺，但该类型宝剑制作于何地，仍有讨论的空间，但在克孜尔石窟的壁画中的王侯人物，佩戴了近似的宝剑，比较引人注目。在新罗时代的天马冢内出土了一些琉璃制品，这与地中海沿海制作的罗马琉璃杯非常相近，学术界推测该类型的罗马琉璃杯是经过地中海海路和北方草原的路线流入新罗的。新罗金冠（图三）是代表着新罗黄金文化的精髓，金冠上凸起的装饰物象征着鹿角与树枝，南俄罗斯草原萨尔马提亚族（Sarmatians）金冠上的树木和大角鹿的装饰，与新罗金冠上的象征物在内涵方面较为接近，可能是新罗金冠的原型之一。如今庆州博物馆的院子内放置着一块长约3米的条形石块上雕饰着"立树双鸟连珠纹"，在伊朗伊斯法罕的伊玛目清真寺也发现类似的构图手法。

---

① 作者简介：全弘哲，韩国又石大学孔子学院韩方院长，韩国敦煌丝绸之路学会副会长。

图 1　罗马琉璃器皿，韩国国立庆州博物馆

图 2　黄金宝剑，天马冢古坟　　图 3　新罗金冠与配饰，
　　　　　　　　　　　　　　　韩国国立庆州博物馆

　　古代的朝鲜半岛作为丝绸之路的东端节点，对日本接收外来的物质文化也起到了促进的作用。保存着日本王室宝物的仓库——奈良县的正仓院，这里保存着经过朝鲜半岛传播的部分丝路文物。正仓院收藏着一件经过百济传来的12厘米高的一级宝物琉璃盏，其通体向外散发着钴蓝色的光，盏身上采用了凸出圆圈的纹样装饰技法，与韩国庆北漆谷松林寺砖塔中的舍利子器皿可形成密切的比照关系。盏座纹样中的唐草纹和鱼子纹，都与百济金铜质地舍利缸的纹样近似。从朝鲜半岛在传播过程中起到的作用来看，这些琉璃盏是在百济时期得到过加工（或二次加工），再传入日本的可能性是有的。

　　物质文化在古代丝绸之路各个节点上的交换速度，远超我们如今的想象，物质文化相遇和接触得越多，越是能对已经形成的交换网络形成正向的反馈。在宗教文化的交流方面，有观点认为新罗的佛教僧侣只需一个月左右，就可以获得在中国印刷的或经由中国引进的新佛经。大概在半年的时间，土耳其伊斯坦布尔（君士坦丁堡）的女士们使用的发簪，就能作为热销的商品到达新罗的王城庆州进行出售。这些事例表明,新罗王国与世界的其他地区有着非直接的交换通道,尽管存在一些间接的贸易路线,例如丝绸和新罗本地产品的间接路线,通过绿洲的路线连接了东亚、中亚、西亚和欧洲。

图4　立树双鸟连珠纹,韩国国立庆州博物馆

历史资料也记载了朝鲜半岛与外部世界的人员来往与交流。一些有关历史和地理的穆斯林古书中提到了新罗王国,记载了新罗的地理方位、自然环境和产出的物品,还包括穆斯林前往新罗的记载。韩国方面的史料记载,高丽王朝时期(公元918—1392年)穆斯林曾在开城有过群居的事实。在人员往来的实物证据方面,统一新罗时代(公元668年—901年)遗留下来的挂陵,值得我们注意。挂陵是元圣王的陵墓,大约修建于公元8世纪末期,整体的保存情况较为完好,在其陵墓入处的苍松翠柏间站列着胡人武士(波斯武士)石像(图五)、文官石像以及两对石狮子像。胡人武士石像有着宽阔而高耸的鼻梁,眼窝深陷,下巴上长满了浓密而卷曲的胡须,身高八尺有余,拿着武器棍棒状的武器,呈现出威严而立的样子。需要注意的是,这位胡人武士并没有身穿铠甲,而是日常的服装,在其身后还挂着一个"算囊"。挂陵另一位武人像,虽然身穿唐朝时期的服装,模样却是中亚地区人的样貌。新罗时期的胡人像还不止这些,在庆州兴德王陵西侧的武人像,为中亚粟特人的样貌。庆州九政洞的方形古坟中出土了一个有棱角的柱子,柱子上用阳刻法雕刻了西域风格的武人像和狮子像,武人像手拿波斯地区传来的"Polo"手杖。庆州龙江洞古坟中发现的陶土质地的人物像和庆州西岳洞石室的神将像,样貌都是浓眉圆眼,有着典型的中亚粟特人的浓密长髯。庆州味邹王陵古坟中出土了神秘的嵌花式人面玻璃珠,也叫镶嵌玻璃丸玉,在这直径1.8厘米的串珠里,刻画着微笑着人的面孔、鸟以及树木,每个图像都繁复出现四次,珠子里面的人物形象呈现出高高的鼻子和白皙的皮肤,表明了新罗与中亚之间的交流。古代丝路不仅是当时的西域人和西域物品进入朝鲜半岛的必经之路。同时,也是

朝鲜半岛的人和物进入西域地区的必经之路,在今乌兹别克斯坦国撒马尔罕的阿夫罗夏伯(Afrosiab)的宫殿壁画里,描绘有与前来与粟特王结盟的新罗或高句丽的使臣(图六),人物的典型特征是头戴一对鸟羽冠,这成为识别人物身份和所在生活地域的重要标志。在敦煌莫高窟335窟之中,在注意倾听文殊菩萨和维摩居士对话的人群之中,有两个头戴鸟羽冠的人物,他们来自古代的朝鲜半岛。最近在莫高窟的壁画中,又陆续发现了40多个疑似与朝鲜半岛有关的人物像,他们冠上的羽毛样式较为多样,多为顶部分叉、根部集束式的鸟羽冠,与前述中的对称鸟羽冠有所不同,这让人耳目一新。还有唐朝章怀太子李贤的墓中发现的《礼宾图》,就有使臣头戴鸟羽毛的头巾型帽子出现的场面。

图 5　胡人武士像,庆州挂陵

图 6　撒马尔罕大使厅壁画西墙局部

穿越了历史的隧道,我们在如今韩国日常的衣、食方面,也能够看到曾经的物质文化交流所留下的深深印记。例如,韩服在其发展过程中除了受到中国的汉服影响之外，可能还受到黑海沿岸斯基泰游牧文化的影响，当时的人们由于骑马的需要，吸收了斯基泰服饰的一些特点。韩服是以原产中国的丝绸为主要的制作面料，我们可以从一些韩国的地名中看出当时人们对丝绸的看重，比如丝绸又名绫罗绸缎，在荣山江流域出产丝绸的"罗州"，就受这一传统的影响。韩国具有代表性的点心，如"胡饼""胡面包"和"胡桃"，在其前面都有着"胡"字，如果想要正确地理解"胡"字的使用，我们需要追溯到东西方文明交流的大唐盛世，当时的长安兴起了外国文化的热潮——"胡风"，在某个名词前面加上表示外来的"胡"字，这是当时的流行语，表示是经由外国传入的东西，如外国的音乐为"胡乐"，外国的饮食为"胡食"。在经济作物方面，黄瓜曾被称为"胡瓜"，原产于中亚的大蒜被称为"胡蒜"，还有原产于印度南部的"胡椒"等等。

丝绸之路是东西方物质文化交流的重要时期，欧亚大陆的多中心的文明开始分享各自的文化知识和拿手的物件，这种分享是文化进步的原动力，象征着古代人类进行全球化的努力尝试与不断实践。历史的经验告诉我们，任何国家或人民都不能孤立地发展壮大，只有超越狭隘的政治边界的物质文化交流，才能开启生活在不同地域的人们互相了解的好奇心和多元包容的文化耐受力。

## 参考文献

［1］文化财管理局：《武宁王陵发掘调查报告书》，三和出版社，1973年。

［2］文化公报部文化财管理局：《天马冢发掘调查报告书》，1974年。

［3］文化财管理局、文化财研究所：《皇南大冢北坟发掘调查报告书》，文化财管理局，1985年。

［4］金文子：《三国时代鸟羽冠——以鸟羽冠的变形为中心》，水原大学論文集，1987年。

［5］中国美术全集编辑委员会编：《中国美术全集·绘画编·16·新疆石窟壁画》，文物出版社，1989年。

［6］百济文化开发研究院：《百济雕刻·工艺图录》，1992年。

［7］赵荣济、朴升圭、金贞礼（等）：《陕川玉田古坟群Ⅲ》，庆尚大学校博物馆，1992年。

［8］李仁淑：《从东西文化交流看韩国古代玻璃》，《韩国研究》，1993年。

［9］庆州文化财研究所：《皇南大冢南坟发掘调查报告书》，1994年。

［10］李仁淑：《黄金与玻璃》，《中亚研究》（第2期），韩国中亚研究协会，1997年。

［11］JOO, Bo-don. (2000) The Formation and Characteristic of Silla Culture. In: A Search for the Light of the East – Silk Road and Korean Culture.

［12］LEE, Hee-soo. (2000) Cultural Exchange Between Silla and West Asia. In: A Search for the Light of the East – Silk Road and Korean Culture.

［13］国立庆州博物馆：《新罗黄金》，2001年。

［14］KWON, Young-pil. (2008) Art of the Silk Road and Korea to Be Newly Viewed. In: The History and Culture of the Silk Road (Jeju National Museum Cultural Studies Series 7).

［15］National Museum of Korea. (2009): The crossroad of civilizations: Ancient culture of Uzbekistan (First edition, November 16).

# 霞浦摩尼教灯仪与波斯宗教在华之递嬗

杨富学  杨琛①

2008年10月以来，福建霞浦、福清、屏南诸地相继发现了大批宋代以后的摩尼教科仪文书抄本，举其要者有《摩尼光佛》《兴福祖庆诞科》《奏申牒疏科册》《祷雨疏》《点灯七层科册》《求雨秘诀》《乐山堂神记》《冥福请佛文》等，②其中不少都涉及燃灯与灯仪，例如《奏申牒疏科册》出现与"灯"相关的内容凡九处，其中为设立道场而燃灯者居其七；《祷雨疏》涉及灯仪者计有11处；《兴福祖庆诞科》有3处；《摩尼光佛》《高广文》《借锡杖文》中也各有1处，足见礼灯、燃灯的仪轨普遍存在于霞浦摩尼教日常活动之中。

燃灯为世界上需多宗教所共有，诸如印度教、佛教、犹太教、基督教、道教等都将燃灯作为节日的一项重要仪式。③那么，霞浦摩尼教之燃灯及其仪式是如何来的呢？与其他宗教之燃灯仪式是否存在一定联系？都是值得学术界探讨的问题。

## 一、霞浦摩尼教科仪本所见燃灯与燃灯仪式

燃灯与燃灯仪式在霞浦摩尼教很多见，如至今尚未刊布的《借锡杖文》讲的与目连救母相关的内容，虽文字无多，却二度提及点灯之仪，兹录全文于下：

1. 借锡杖文
2. 恭闻、目连尊者。住居豪富之家。身
3. 在王阁之中。父曰传公长者母廼青
4. 提刘氏夫人。自徎准亲逝后。报答无
5. 由。谨发诚心。捨然学道。果蒙佛力。德
6. 证神通。说法三万六千度人。无量无

---

① 作者简介：杨富学（1965— ），河南邓州人，敦煌研究院人文研究部研究员，兰州大学敦煌学研究所教授，博士生导师，主要从事古代宗教、敦煌学、西北民族史研究；杨琛（1990— ），女，甘肃酒泉人，兰州大学敦煌学研究所博士研究生，主攻敦煌学与古代宗教史。
基金项目：国家社会科学基金重大项目"敦煌中外关系史料的整理与研究"（编号19ZDA198）。
② 樊丽沙、杨富学：《霞浦摩尼教文献及其重要性》，《世界宗教研究》2011年第6期，第177—183页。
③ 陈怀宇：《敦煌出土燃灯文中所见三种佛教燃灯传统论述》，郑阿财主编《佛教文献与文学》，高雄：佛光出版社，2011年，第528页。

7. 边，圣德传于古今，孝感乾坤。欲拯慈

8. 亲，惟凭佛力，点莲灯，燃惠炬，烁破三

9. 途。竖华幡，植法幢，虔诚供养，含灵

10. 抱识，共沾长者之供麻。报答酬恩。亲

11. 脱青提之重罪，所以幽冥远离，叨利

12. 高升。愿力宏深弘重，诚心有感有通。

13. 追想圣人之德，无以加怜，孝子开发，今

14. 世之人。何莫由是，道也。以今狱筵初启，

15. 佛事中宵，坛前燃点地轮沙灯，烁

16. 开狱户。但臣厶身披福田法衣，敢借

17. 六环金锡，振破幽关。救囚狱，得生

18. 叨利；拔亡者，而赴净邦。

19. 报恩德菩萨摩诃萨 鸣钹 首偈

20. 昔日目连报亲恩，真往灵山问世尊，

21. 五彩袈裟留在世，一条金锡号六环，

22. 惟愿本师亲手付，功完果满送来还，

23. 振破三途大地狱，振开十八狱门关。

24. 首举 大圣地藏王菩萨。

霞浦摩尼教科仪本《祷雨疏》篇幅较长，计有72页，有文字2万余。从文献第661行所见"大明国福建等处承宣布政使司直隶福宁州公廨"字样看，当为明代之物。文献内容庞杂而丰富，含《牒皮圣眼》《牒皮式》《奏申额式》《奏三清》《奏昊天》《奏贞明》《取龙佛安座牒式》《安座请雨疏式》等，反映的是一套完整的祈雨仪式。①其中第99—108行有涉及燃灯的内容：

99. 光明正教下祈雨济禾乞熟会首厶众等，竭衷拜恳，俯历丹忱。冒干洪造，所称意者，

100. 言念生逢圣世，忝处人伦。蒙天地盖载深恩，感神明维持厚德。兹居霄壤，专

101. 务田园。慕一六之交孚，而哝啾之不测。颙希稼穑以谋生，惟望丰穰而充足。供家输粮，

102. 亶赖收成。叨逢巳巳岁次厶季以来，天时亢旱，连月不雨，溪涧绝流，泉无蟹眼，田折龟

103. 纹，禾苗枯稿，遍地焦黄，八方怨苦，四野呻吟。难忍燃眉之苦，何由剪爪之诚？民心激切，

104. 坐若针毡。是以阖境旄倪专心致意，效三斋七戒之诚，拯五谷三农[13]之悃。凡愚有求

---

① 彭晓静、杨富学：《霞浦摩尼教文献〈祷雨疏〉及相关问题》，樊锦诗、杨富学主编《敦煌与中外关系研究》，兰州：甘肃文化出版社，2019年（待刊）。

105. 必应，龙天无愿不从。以此众诚发心，营备香灯，涓吉厶月厶日，命请明流，赍持香信，远

106. 叩钟龙圣井，祷请感应行雨龙王菩萨，爰及随龙土地，幸民诚之有赖，荷

107. 龙圣之应祈，蒙赴会盆。厶月厶日，迎归本境祠中，立坛供奉。蒙赐随车雨泽，普济焦

108. 枯。①

另有篇幅较长的科仪本《奏申牒疏科册》，清代抄本，内容多与济度亡灵有关，也有祈雨之类内容，如同道教文检一样，分为奏、申、牒、疏等不同种类，根据神灵的地位使用不同的文种。粗略统计，其文字当在万言以上，其中第73—81行涉及燃灯内容：

73. 功德超伤疏　伏以

74. 贝叶翻风，度脱伤魂皈极乐，琉璃耀日，昭回瑞气，覆尘居节，届

75. 天中会崇佛事，嗣　太上摩尼如来云云，和南百拜谨疏为　乡贯奉

76. 佛超伤诵经，礼忏还财扳亡求报恩子厶，洎哀眷等维日炷香百拜

77. 莲座，俯鉴哀悯右厶，痛为亡过厶厶，原命厶年云云受生得年，厶岁不幸

78. 于厶云云身亡，切思身遭，魂沉九地，魂落十伤，不凭荐拔，曷

79. 遂生方。兹当届期，特伸追荐良因，爰就今月是日，虔备香灯，敦

80. 请法士于家，启建　西方上品资度道场，宏开厶昼夜，具录词由，奏闻

81. 佛圣，彰明申牒诸真印可。②

诸如此类，不能一一备举。

摩尼教以光明为尚，灯自然象征光明，成书于公元348年前的《阿基来行传》（Acta Archelai）第XXV章第1—2节有如下话头：

1：裁判们说道："我们知道，灯要照亮整个屋子，而不是任何一个角落；正如耶稣所说，'没有人会点了一盏灯，却放在蒲式耳下，而总是放在灯柱上，以照亮屋内的所有人和物。'"

2："因此，若按耶稣之说，假如有一盏灯，那它就应照遍整个世界，而不是其中的一部分。所以，如果光明占据了整个世界，那么天生的黑暗又在哪里呢？除非它只是偶然地出现。"③

《阿基来行传》乃4世纪上半叶赫格曼尼亚斯（Hegemonius）所撰，记载了美索

---

① 杨富学、包朗、刘拉毛卓玛：《霞浦本摩尼教文献〈祷雨疏〉录校》，杨富学主编《汉唐长安与丝路文明》，兰州：甘肃文化出版社，2019年，第428—430页。

② 杨富学、杨琛、包朗：《霞浦本摩尼教文献〈奏申牒疏科册〉校注》，樊锦诗、杨富学主编《敦煌与中外关系研究》，兰州：甘肃文化出版社，2019年（待刊）。

③ Vermes (trans.) & Lieu (comm.), Hegemonius, Acta Archelai (The Acts of Archelaus), Manichaean Studies IV, Lovanii, 2001, pp. 44—58, n. 32—77.

不达米亚某地主教阿尔科劳斯（Archelaus）与摩尼的一场辩论。是知，在摩尼教初传美索不达米亚平原之早期阶段，灯即充任光明的象征，唯并无灯仪之说。吐鲁番出土胡汉诸语摩尼教文献不少，皆无燃灯与礼灯方面之记载，即使在作为摩尼教理论来源之琐罗亚斯德教经典中，同样亦不见燃灯与礼灯之说。文献中有灯仪内容，始见于敦煌本摩尼教文献，如宇字56（BD00256）《摩尼经残经》第154—156行曰："是时惠明使于其清净五重宝地，栽莳五种光明胜誉无上宝树；复于五种光明宝台，燃五常住光明宝灯。"①

揆诸希腊文、拉丁文、波斯文、粟特文、回鹘文等摩尼教文献，可以得出结论，灯仪非摩尼教旧有之物，乃随着摩尼教入华受中土文化熏染而形成之新内容。

## 二、霞浦摩尼教燃灯仪式与中土佛教之关系

燃灯及其仪式，中国古已有之，《西京杂记》卷三云："[汉]高祖初入咸阳宫，周行府库，金玉珍宝，不可称言。其尤惊异者，有青玉玉枝灯，高七尺五寸。作蟠螭，以口衔灯，灯燃，鳞甲皆动，焕炳若列星而盈室焉。"②可见秦汉时期，咸阳宫内即有"玉枝灯"存在，不过，彼时的燃灯更多的是用作照明或象征地位，尚不能称其为仪式。能与灯仪有所关联的当是"庭燎"和"爟火"之类的祭祀活动，被视作后世道教灯仪形成之源。③

佛教入华，与宗教活动紧密相连的燃灯仪式也随之而入。佛教之灯为六种供具之一，表示六波罗蜜中的智波罗蜜。佛经中多以灯明喻法、智慧，以光明照破愚痴暗障。燃灯作为一种仪式，同涂香、散花、焚香、饮食一样都是对佛的供养，系僧侣、信徒积累功德的重要方法。④职是之故，佛教也以传灯比喻传法，佛典中保留有大量记载历代法师传法机缘的传灯录，其中以禅宗的《景德传灯录》《五灯会元》最为典型。霞浦本摩尼教科仪文书沿袭之，如《奏申牒疏科册》第119行云："教肇西方，弘开度人之典；灯传东土，丕降报本之文。"⑤科文中之"教"，貌似指佛教，但在前后文中均出现"摩尼"之名目，文见第110行之"摩尼光佛肇创三宝之道场，菩萨如来大开万法之慈域"和第126行"右榜晓谕　三界通知　年月日坛司给　传　摩尼如来云云榜"。暗示"教肇西方""灯传东土"之谓实质在于描述摩尼教始肇兴西方而流播东方的历程，采纳与佛教相类的经历与说法，只不过

---

① 芮传明：《摩尼教敦煌吐鲁番文书译释与研究》，兰州：兰州大学出版社，2014年，第12页。图版载中国国家图书馆编：《国家图书馆藏敦煌遗书》第4册，北京：北京图书馆出版社，2005年，第362页。

② [晋]葛洪著，周天游校注《西京杂记》卷三，西安：三秦出版社，2006年，第140页。

③ 张泽洪：《道教礼仪学》，北京：宗教文化出版社，2012年，第10页。

④ 冀志刚：《燃灯与唐五代敦煌民众的佛教信仰》，《首都师范大学学报（社会科学版）》2003年第5期，第8—12页。

⑤ 杨富学、杨琛、包朗：《霞浦本摩尼教文献〈奏申牒疏科册〉校注》，樊锦诗、杨富学主编《敦煌与中外关系研究》，兰州：甘肃文化出版社，2019年（待刊）。

是为了掩盖摩尼教实质而借用佛教作为幌子而已，恰如唐玄宗所指斥的那样："末摩尼法本是邪见，妄称佛教，诳惑黎元。"①虑及会昌灭法后摩尼教僧侣遭受的杀戮及南传闽浙后所经历的一系列艰难困厄，不难想到，此乃科文制作者通过依托佛教名目来传播摩尼教思想的一种手段。尤其是《点灯七层科册》更是以"点灯七层"题名，开宗明义叙述霞浦摩尼教科仪中的"燃灯"形式。

霞浦本《点灯七层科册》又名《功德奏名奏牒》，共26页，文献大体包含四个方面的内容：第一部分为无名请神专用科仪文（第1—84行），主要用于礼赞诸神，请求诸神赐福，是全册最为集中阐述摩尼教教义的部分；第二部分为《佛说善灶经文》（第85—132行）；第三部分为无名经文；第四部分为《佛说日光经》（第178—179行）。其中第75—76行有"唱土地赞 回向 作献香花灯烛伸供养，茶菓斋馐伸供养"之语。②该文献由北宋霞浦摩尼教教主林瞪法脉传承人谢道琏法师传用，内有《佛说善灶经文》《佛说日光经》等，观其经名，似为佛教，但阐述的教义却是摩尼教的，内载神祇很多，除了摩尼教之外，尚有道教和民间信仰的成分。其中的"灯"和香、花、茶菓等作用相类，皆为供养品。

"点灯七层"之谓，源自佛典《药师琉璃光如来本愿功德经》和《佛说陀罗尼集经》。前者有言：

时彼病人亲属知识，若能为彼归依世尊药师琉璃光如来，请诸众僧转读此经。然七层之灯悬五色续命神幡……是故净信善男子善女人等，皆应受持药师琉璃光如来名号，随力所能恭敬供养。③

病人在弥留之际，冀以通过一定的法事念诵该经而还阳，作法事时要点燃七层灯，悬挂五色续命神幡。何以需点燃七层灯？因为阿鼻地狱有"七重铁城七层铁网，下十八鬲，周匝七重，皆是刀林。"④

若妇女生育时为规避难产之痛厄，亦点灯七层祈求药师佛，《佛说陀罗尼集经》记载曰：

是法印咒，若有人等，多诸罪障，及诸妇女难月产厄，愿欲转祸求福，并患鬼神病难差者，以五色线而作咒索，用系病人项及手足腰腹等处，仍教令作药师佛像一躯，写《药师经》一卷，造幡一口，以五色成四十九尺，又复教然四十九灯，灯作七层形如车轮，安置像前，又教放生四十九头，然后与作五色咒索，作咒索法，得线未搓，即烧名香发愿已，咒四十九遍香烟熏竟，搓线作索咒声莫绝，搓作索已，以印挂之，更咒其索四十九遍，然后结作四十九结，一咒一结数足即止，应将此索系彼人身，又转药师经四十九遍，所有罪障皆得解脱，临产之时一无苦恼即得易生，所生孩子形貌端正，聪明智慧寿命延长，不遭横苦常得安隐，

---

① ［唐］杜佑著，王文锦等点校：《通典》卷四〇，北京：中华书局，2003年，第1103页。
② 杨富学、包朗、薛文静：《霞浦本摩尼教文献〈点灯七层科册〉录校研究》，《陕西历史博物馆论丛》第25辑，西安：三秦出版社，2018年，第114页。
③ ［唐］玄奘译《药师琉璃光如来本愿功德经》，《大正藏》第14册，No. 450，页407b。
④ ［东晋］佛陀跋陀罗译《佛说观佛三昧海经》卷五，《大正藏》第15册，No. 643，页668c。

鬼神之病立即除断。①

依该经，为临盆妇女做法事，需要点灯七层，每层七盏，七层灯形成车轮形状，如此不仅临产时产妇无痛楚，即使所生的孩子也相貌端正，健康长寿，不受恶鬼邪神的侵扰。

由是以观，"点灯七层"与"悬五色幡"本为相匹配的佛教法事仪轨，祈请的对象是药师佛，《药师琉璃光如来本愿功德经》与《佛说陀罗尼集经》的说法一致。揆诸霞浦本《点灯七层科册》，启请的诸神却是"光明众"：

1. 唐□□界内外中，皆是贞明垂教诫。
2. □□宝相三界内，是真实相光明众。
3. □□摩尼大圣尊，降愿慈悲哀悯我。
4. □□光明福德门，舍除我等诸怨咎。
5. □光降福电光佛，变化及于想念寂。
6. 或出八地入十天，或入八地十天出。
7. □明命及四天王，令禁魔冤安世界。
8. 无上贞明广自在，以明降暗禁生死。
9. 惟愿今时听我启，降大威神护我等。
10. 任巧方便自遮防，无等安宁离冤地。②

"光明众"中，首先为"摩尼大圣尊"，即摩尼教教主摩尼光佛，其次为"电光佛"，再次为"四天王"，皆是摩尼教神佛，中间亦以较大篇幅阐发摩尼教教义，这种偷桃换李做法的最终目的无非是依托佛教传播摩尼教思想，民间法师往往以此作为谋生的一种手段。③

《点灯七层科册》形成时间较晚，大致应在明清时期，而成书于宋代的《摩尼光佛》中也有关于燃灯的内容，说明摩尼教燃灯之仪的形成由来已久。兹引录《摩尼光佛》相关文字如下：

409. 我今
410. 普法众，运心竭志诚，遍沾诚水性，洒
411. 净新人殿。启请法中王，安住法空（宝）座，
412. 热以七觉香，戒品为香气。燃以七宝
413. 灯，智惠为光焰，散七宝花，万法为庄
414. 严。献以法喜食，檀忱以为味，以兹妙
415. 法供，彼净福田因。虚空可度量，功德
416. 无穷尽，荐拔亡者灵，往生安乐国。③

---

① [唐]阿地瞿多译《佛说陀罗尼集经》卷二，《大正藏》第18册，No. 901，页799b。
②③ 杨富学、包朗、薛文静：《霞浦本摩尼教文献〈点灯七层科册〉录校研究》，《陕西历史博物馆论丛》第25辑，西安：三秦出版社，2018年，第107—108页、第121页。
③ 杨富学、包朗：《霞浦摩尼教新文献〈摩尼光佛〉校注》，《寒山寺佛学》第10辑，兰州：甘肃人民出版社，2015年12月，第102—103页。

这里的"法中王""七觉香""七宝灯""智惠"等语都明显借自佛教。

### 三、霞浦摩尼教燃灯仪式对道教尤其是闾山派的借鉴

揆诸上文所举霞浦科仪本,可以发现,其主要功能在于供养与祈福。其实,在此之外,摩尼教燃灯还有一项更重要的功能,即禳灾救度,一来消弭自然灾厄,二来救度地狱受苦众生的。如《兴福祖庆诞科》第227—228行有谓:"香花灯烛送神聪,乘鸾驾鹤返瑶宫。唯愿寿山高耸起,阖境□□□康,远行地菩萨摩诃萨。"①其中的道教意味非常明显。

道教灯仪源于中国固有的火祭②,后受到佛教熏染而在照亮九幽、拔魂救度之功能上有所发展③,至唐代,道教的斋醮科仪中已有完整的灯仪,《正统道藏》收录的近20种灯仪经典⑤可分为金箓和黄箓两类,前者即专供济度亡灵的仪轨。南宋时的灵宝斋法即已出现九幽、血湖等与"破狱"有关的黄箓类灯仪。晚唐五代著名道士杜光庭曰:

凡修斋行道,以烧香然灯最为急务。香者,传心达信,上感真灵;灯者,破暗烛幽,下开泉夜。所以科云烧香然灯,上照诸天福堂,下照长夜地狱。苦魂滞魄,乘此光明,方得解脱。既然灯须各有所法,象春九、夏三、秋七、冬五、四季十二,皆随五行本数设之……长夜罪魂,无由开朗。众生或无善业,宿有罪根。殁世已来,沉沦地狱。受诸恶报,幽闭酆都。不睹三光,动经亿劫。我天尊大慈悲悯,弘济多门。垂然灯之文,以续明照夜。⑥

又佚名撰《黄箓破狱灯仪》云:

今斋官某人修建黄箓宝斋,兼点九幽神灯,奉用追荐亡过某人。恭以风雷地狱一切冥官,广赐慈悲,溥垂开度。伏愿黑风殄影,霹雳停声,戈戟早息于飘飞,肢体不至于分散,使其幽扃辉耀,地狱澄清,拔度亡魂,早超明镜。⑦

是知,道教斋仪中的礼灯仪式确为利用灯来破除黑暗、追求光明、积累功德、拔度地狱亡魂使之得以解脱的法事活动,内涵与摩尼教教义中战胜黑暗、追求光明的主旨契合,且拔度亡魂的过程同摩尼教拯救光明分子,使之重归光明世界的宗教理念也高度一致。是以,霞浦摩尼教科仪本中所见为救亡拯溺而启建道场、营备香灯等,多是受道教灯仪影响的产物。

在正统佛道之外,闽地民间信仰对霞浦摩尼教灯仪也不无影响,对闾山派的

---

① 计佳辰:《霞浦摩尼教新文献〈兴福祖庆诞科〉录校研究》,西北民族大学硕士学位论文,2013年。

②⑤ 张泽洪:《道教礼仪学》,北京:宗教文化出版社,2012年,第10页。

③ 谢世维:《破暗烛幽:古灵宝经中的燃灯仪式》,《国文学报》第47期,2010年,第99—130页。

⑥ [唐末五代]杜光庭:《太上黄箓斋仪》卷五六《礼灯》,《中华道藏》第43册,北京:华夏出版社,2004年,第315页bc。

⑦ 《黄箓破狱灯仪》,《中华道藏》第44册,北京:华夏出版社,2004年,第45页b。

借鉴为其代表。闾山派为流传于闽越一带的民间宗教，一般将其认定为道教流派，起源于闽越巫术，及至南宋，仍被南宗五祖白玉蟾称作"巫"。①亦有学者认为闾山派来自佛教密宗瑜伽教，在分离出来后成为独立的巫法，而后发展为巫教，再后被纳入道教系统，完成了从佛入道的变化，②从现有的闾山派科仪本中也可看出明显的佛、道二教痕迹。从总体观之，将闾山派归入道教法门当无大误。

之所以推定霞浦摩尼教灯仪受到了闾山派的影响，一则因为霞浦上万村村民至今流传着其教主林瞪曾在闾山学法的事迹；③二来出于闾山派各坛的科仪本中发现了与霞浦摩尼教科仪本内容相近的宗教仪轨。如福建建阳闾山教科仪本中《破狱送佛科文》之《血湖破狱》一篇，其仪轨的过程便是先建立法会道场，再以香灯奉请神祇光降道场，从而达到拔度亡灵之目的：

今宵灯主破幽灯，荐亡报恩孝子女代为亡故考妣名魂下，求忏血湖地狱苦。明灯一盏，化分冥财，拜答阎罗天子一十八重地狱鬼王，修因首七，度亡报恩孝子女ムム人ム名代为亡故考妣室ムム某人魂下，生生世世，永不惰（堕）入容铜血湖地狱门。④

是知闾山派有奉请灯主燃放破幽灯来为父母化分冥财、救亡灵出血湖地狱的仪轨。反观《奏申牒疏科册》，同样有祈求为亡过父母忏除前罪、拔度脱离血盆地狱的内容，如第63—72行文字曰：

切念先故考云云，兹当ム七届期，合缴原牒比照，由是输诚涓向今月是日，营备香灯，仗佺于家，崇建西方上品资度道场一昼夜，具录词由，奏闻 佛圣，彰明申牒 诸真印可，严结坛仪，看诵 弥陀、地藏二尊度人真经，午奉净供，入夜依文修礼三宝如来度亡慈孝目连菩萨胜会一筵，启请 佛圣光降道场，证明修奉，酌水馈花，呈献净供，宣通文疏，用作度亡良因，秉旛诣灵，三召正魂，归返家堂，朝参 毫相，忏除生前罪垢，涤释死后愆尤，导引灵筵，享供闻经，就中焚缴 钱牒共计ム道，并功德文牒，付亡赍诣 属曹案头，呈验比对合同，庶毋差互，请领善果，乞判生方圆满化奉财函马等。延奉 度亡会上刹海能仁，仰求 大恩宥，特伸式荐ム魂，乘此良因，往生 明界等，因得此理合备由，牒请 就缴。⑤

由是以观，两者无论是仪轨内容还是主旨上皆存在高度的一致性。此外，又有闾山梨园教科仪本中《灶经科》一文，其中所奉请之神明以及忏罪的祷文皆与

---

① 刘仲宇：《中国民间信仰与道教》，台北：东大图书公司，2003年，第98页。

② 徐晓望：《论瑜伽教与台湾的闾山派法师》，《福州大学学报（哲学社会科学版）》2008年第2期，第5—10页。

③ 杨富学：《林瞪及其在中国摩尼教史上的地位》，《中国史研究》2014年第1期，第119页。

④《福建省建阳市闾山教科仪本》，《中国传统科仪本录编》第10册，台北：新文丰出版公司，2007年，第646—647页。

⑤ 杨富学、杨琛、包朗：《霞浦本摩尼教文献〈奏申牒疏科册〉校注》，樊锦诗、杨富学主编《敦煌与中外关系研究》，甘肃文化出版社，2019年（待刊）。

《点灯七层科册》之《佛说善灶经文》极为相似。兹摘录二者部分内容如下，可资对照。

| 闾山梨园教科仪本《灶经科》① | 《点灯七层科册·佛说善灶经文》② |
|---|---|
| 恭闻五方五帝东厨司命灶君，上通天界、下察人间，居青黄赤白黑之正宫，属金木水火土之全体，有十二时辰之造化，德大良格，僚七十二部之落神，各秉权行。 | 凡人住宅，有十二时辰，五方禁忌，以属吾之所管。吾在天为天帝，在人间为五帝司命，又为北斗七元使者，主人寿命长短、富贵贫穷，掌人福禄。若在地，为五帝灶君，管人住宅。（第89—94行） |
| 录祸福之轻重，注寿命之长短，作恶者灭福灭寿，积善者添量添选。注善恶之分明，无毫厘之差谬。 | 今日夜虔诚皈依诸佛菩萨，读诵此经三遍，即获平安，人口康泰，男忠女贞，夫妻和睦，仕宦得迁，经求称遂，官符消散，疾病永离，田蚕六畜无有耗失，万物收成。即说偈曰："帝释临住司命灶君，世人恭敬福禄咸臻，去祸除灾疾病不侵，故传经法散处安存。"（第125—132行） |
| 伏愿昔登昆仑山，上启觉皇问答之阴阳及其鬼烹，今于阎浮治中许弟子忏悔之良因，伏念妇性愚蒙，莫知禁忌，或赤身露体，妄言寄语，宰杀猩（腥）膻，或取垢秽柴薪，男女头发，刀斧致使惊动尊神。故招人口朗，汝逞片善以吹熏奉香花而供养，此日今时请降此堂，证明修奉，大众处诚香花奉请。 | 佛言：昔日登昆仑山，见一老母乃问曰："何得独在此中？"老母答曰："吾是吹火之母。上通天界，下说五行。达于神明，观乎<br>89(5)二气。"（第86—89行） |

通过比较不难看出，二者皆是以香灯奉请各路灶神以作供养，来忏赎罪孽，且二者亦皆在文后半部分缀有化用自道经《太上灵宝补谢灶王经》的经文内容，只在个别词句上有所差别，由此足见霞浦摩尼教之仪轨与闾山派联系之密切。

除闾山派外，闽地还有其他民间信仰也在一定程度上与霞浦摩尼教之燃灯有所关联，如福建原汀州府各属县的僧人、香花和尚所举办的仪式中多有拜蒙山、放焰口以及燃放水灯的宗教活动，其仪式有时候是与道士（或其他宗教仪式之术

---

① 《福建省寿宁县闾山梨园教科仪本》，《中国传统科仪本录编》第11册，台北：新文丰出版公司，2007年，第506—507页。
② 杨富学、包朗、薛文静：《霞浦本摩尼教文献〈点灯七层科册〉录校研究》，《陕西历史博物馆论丛》第25辑，西安：三秦出版社，2018年，第115—118页。

士)一起来主持的,①已经不分彼此了,足见其融合程度之深。

在霞浦摩尼教科仪文中,涉及蒙山、焰口以及水灯燃放的活动也很多,《奏申牒疏科册》第44—45行曰:"各备一万酬谢恩资,丐注销完,燃放水灯,拯拔沉溺,发施焰口蒙山法食,赈济孤幽,各遂生方,功德圆满,给牒送灵,祈超净界。"②第103—108行亦有《焰口疏》见载。

故知,华化摩尼教不但大量吸收了佛教和道教灯仪的形式和内容,还在入闽后进一步吸纳了当地民间宗教信仰中的仪轨和宗教活动形式,最终形成自己的燃灯仪式。

### 四、霞浦摩尼教与祆教燃灯仪式之关联

另外,值得一提的是,与摩尼教同为三夷教的祆教中也有类似燃灯的仪式,而摩尼教在诞生之初就从琐罗亚斯德教中汲取了大量内容,因此,探讨摩尼教灯仪的来源同祆教之间的关系也有一定的必要。祆教来源于波斯的琐罗亚斯德教,但二者间尚存在一定差别,对此,蔡鸿生先生曾从神谱、形象和葬仪三方面进行过精辟的论述③,兹不复赘。就总体言,祆教还是继承了琐罗亚斯德教对于火的崇奉。祆教在中土传播自当伴有圣火的载体——火坛,"考古资料显示,中国境内从北朝至唐代,在具有萨保职衔和来自西域的胡人贵族墓中出土有各种形式的火坛形象,或在志盖、石椁,或在围屏、墓门、墓碑,或是有独立的火坛,代表了其来自西域的族源身份和祆教信仰习俗"。④1987年洛阳吉利区唐墓出土唐三彩"灯"一件,灯座为覆莲形,上面浮雕兽面,灯柱柱身由覆莲和仰莲相接组成,柱身装饰数圈连珠纹。灯盏以一盘承托仰莲,正中为盏。⑤有学者认为,"这其实是一件唐代祆教信众用的小型拜火祭坛,其功用为祆教信众举行宗教仪式时,于其顶端燃火进行歌颂光明的祭祀礼拜。这件圣火坛灯盏的深腹造型,灯柱的两节式设计以及其上层层叠叠的连珠纹都表明了它与萨马尔干出土的小型拜火祭坛具有的极深的渊薮关系"。⑥似可说明祆教在入华后出现了以灯盏代替火坛的祭祀形式。尤有进者,在敦煌发现的与赛祆有关的文书中多有使用灯油的记录,如S. 1366《归义军衙内油面破历》(980年):"十七日,准旧城东祆赛神用神[食]五十七分,

---

① 魏德毓:《民间宗教仪式群体的竞争与融合——闽西道教正一派与香花和尚关系初探》,《华侨大学学报(哲学社会科学版)》2009年第3期,第15—21页。

② 杨富学、杨琛、包朗:《霞浦本摩尼教文献〈奏申牒疏科册〉校注》,樊锦诗、杨富学主编《敦煌与中外关系研究》,兰州:甘肃文化出版社,2019年(待刊)。

③ 蔡鸿生:《"粟特人在中国"的再研讨》,陈春声主编《学理与方法——蔡鸿生教授执教中山大学五十周年纪念文集》,香港:博士苑出版社,2007年,第9—13页。

④ 商春芳:《洛阳出土唐三彩"灯"为祆教小型拜火祭坛辨析——兼论洛阳出土文物中的祆教艺术元素》,《乾陵文化研究》第11辑,西安:三秦出版社,2017年,第273页。

⑤ 洛阳市文物工作队:《洛阳出土文物集粹》,北京:朝华出版社,1990年,第98页。

⑥ 商春芳:《洛阳出土唐三彩"灯"为祆教小型拜火祭坛辨析——兼论洛阳出土文物中的祆教艺术元素》,《乾陵文化研究》第11辑,西安:三秦出版社,2017年,第273页。

灯油一升，炒面二斗，灌肠［面］九升。"①可见，在当时的祆教祭祀活动中，的确有燃灯的情况出现。但这是否意味着摩尼教灯仪也受到了祆教的影响呢？这可以从两个方面来分析：

首先，通过国内的考古发现，祆教燃灯极有可能是其在入华后为保留对圣火的崇拜而采取的退而求其次的策略，即祆教信众在环境受限的情况下，以"灯"的形式来代替原有的火坛。故而，这种燃灯仪式从其宗教实质上，同中国传统灯仪为供奉神祇或救亡拔度的功用有很大区别。唐代的赛祆仪式举行的时间主要为每年的一月、四月、七月、十月，仅在个别年份有一个月支付两次画纸举行赛祆活动的情况，应与祆教徒的庆祝日——伽罕巴尔节有关。②由祆教拜火、赛祆等习俗演化出的民俗文化在中原也有存留，如正月初七人日节③，冀鲁豫地区出现的火神节④，潮汕地区的"出花园"成人礼⑤，其实都有可能与祆教存在着直接或间接的关系，乃祆教通过与当地文化的互动交融而形成的全新文化形式。易言之，赛祆活动中的燃灯或许在形式上受到了中国传统文化和当时环境的影响，但保留了原有的宗教内涵，而摩尼教灯仪所进行的场合则多是在济度亡灵、举办法会、启建道场之时，更接近佛教、道教的燃灯形式。

其次，唐代入华的祆教僧侣并未携带本教经典和神像，亦不主动向汉人传播，而宋代被民众祭祀的祆神则已并非是粟特祆教系统的神祇，而是汉人按自身需要和想象创造出来的，因此可以说及至宋代，祆教实际上已汇入了中国传统的民间信仰。⑥而摩尼教入闽（843年）前，虽也出现对灯的记载，但毕竟内容寥寥，是否当真举行了燃灯仪式无法确认，真正出现有明确燃灯仪式的记载也是在入闽之后，大量出现更是在成书年代较晚（大致在明清时期）的《点灯七层科册》《奏申牒疏科册》和《祷雨疏》中，此时的祆教早已融入了中国传统的民间信仰。因此，我们有理由认为，霞浦摩尼教灯仪即便受到祆教燃灯的影响，也应是间接的，相较而言，其主流上主要来自佛、道二教和当地民间信仰。

## 五、结论

综上所述，霞浦摩尼教的燃灯仪式非其原生的宗教仪轨，而是在唐代武则天

---

① 中国社会科学院历史研究所等编《英藏敦煌文献（汉文佛经以外部分）》第2卷，成都：四川人民出版社，1992年，第277页。录文见唐耕耦、陆宏基编《敦煌社会经济文献真迹释录》第3辑，北京：全国图书馆文献微缩复印中心，1990年，第281页。
② 赵洪娟：《从晚唐五代敦煌"赛祆"探祆教习俗与中国节庆风俗的融合》，《宁夏社会科学》2018年第2期，第244页。
③ 赵洪娟：《中古人日节与波斯诺鲁孜节渊源考——基于比鲁尼〈古代民族编年史〉的探讨》，《民族文学研究》2019年第2期，第106—118页。
④ 赵洪娟：《冀鲁豫火神节之渊源考》，《民俗研究》2018年第6期，第92—101页。
⑤ 赵洪娟：《潮汕"出花园"成人礼之祆教因素探究》，《文化遗产》2018年第5期，第111—117页。
⑥ 张小贵：《中古华化祆教考述》，北京：文物出版社，2010年，第15页。

时期入华后逐步衍生出来的，乃逐渐汲取华化佛教、道教以及本土民间信仰的宗教仪式而成。这既是因为摩尼教作为外来宗教，有必要吸收本土的宗教文化内涵以自存，也是由于佛、道二教以及民间宗教仪式所蕴含的宗教意向极为切合摩尼教自身的教义，这其中，道教照彻幽狱、救亡拔度的灯仪宗旨与之最为贴近，而闽地的民间宗教也占有更多的地利之便，故而，霞浦摩尼教灯仪的融摄不但从早期的崇佛逐渐更多地转向崇道，也更深入地融入了当地的民间文化，这一过程也完全契合摩尼教入华后逐渐脱夷化并本土化的特色。此外，值得一提的是，同自域外传入中土的祆教也在燃灯仪式上具有和摩尼教类似的经历，可从发展时间和相关性上说，霞浦摩尼教的灯仪应同祆教灯仪并无直接的联系。

如果说以上这些仅能证明摩尼教中出现灯仪不过是借其他宗教的名目以保护自身发展，那么摩尼教对佛教、道教及其他教法之灯仪的吸收则更多地能体现出该宗教"变色龙"的本质。[①] 摩尼教灯仪比较清晰地展现其在传入中国后对佛、道思想和本土宗教的高度融合，体现出摩尼教为了适应汉地宗教形式而进行本土化，与之将摩尼教的神明与教义相结合，最终形成了中国本土摩尼教独有的宗教特质。

---

[①] 一位拜占庭学者曾批评摩尼教"像水螅或变色龙一样，会根据时间、地点和人物而变化"。见 Ch. Astruc, Les source grecques pour l'histoire des Pauliciens d'Asie Mineure, *Travaux et Memorires* 4, 1970, p. 193.

# 唐与新罗道教文化往来再探索

拜根兴①

## 前言

唐朝存在的近300年中，除过7世纪后半叶短暂的时期之外，唐与朝鲜半岛所在的新罗建立了较为稳固的宗藩往来关系。这种关系不仅表现在政府之间的使者往来、留学生派遣、佛教僧侣的求法巡礼，而民间的经济、人员往来②也频见史载，展现出全方位的，堪称唐朝与周边民族国家友好关系典范应有的盛况。尽管如此，和连篇累牍、成果累出的双方佛教交流相比，唐与新罗的道教交流与往来，学界虽有一定的研究，但总体关注的却相对较少，对一些问题的诠释仍有待于进一步加强。鉴于此，本稿在已有研究的基础上③，对唐与新罗道教文化的交流往来再做探讨，以就教于诸师友方家。

## 一、韩国古代新罗与道教涉及的问题

首先，有关韩国古代道教的产生，当然也涉及新罗道教，中韩学术界有不同的看法。具体表现在韩国古代道教是自创还是输入问题。据韩国学者朴正雄研

---

① 作者简介：拜根兴（1964— ），陕西省大荔县人，陕西省师范大学历史文化学院教授，博士生导师。研究方向：中外关系史、中国古代史。

② 相关研究可参拜根兴《七世纪中叶唐与新罗关系研究》，中国社会科学出版社，2003年。王小甫主编《盛唐时代与东北亚政局》，辞书出版社，2003年。党银平《唐与新罗文化交流研究》，中华书局，2007年。拜根兴《唐朝与新罗关系史论》，中国社会科学出版社，2009年；拜根兴《石刻墓志与唐代东亚交流研究》，科学出版社，2015年。[韩]权悳永《古代韩中外交史：遣唐使研究》，一潮阁，1997年。[韩]卞麟锡《唐 长安新罗 史迹》，亚细亚出版社，2000年。[韩]权悳永《在唐新罗人社会研究》，一潮阁，2005年。[韩]金昌谦《新罗의海洋》，一潮阁，2016年。王兰兰《唐道教文化在朝鲜半岛的传播研究》，《西安电子科技大学学报》（社会科学版）2017年第4期。[韩]朱甫暾《金春秋와 그의 사람들》，知识产业社，2018年。

③ [韩]车柱环《统一新罗时代의道家의道教思想》，《道教文化研究》第5辑，1991年。张泽洪《唐五代时期道教在朝鲜的传播》，《宗教学研究》2004年第2期。[朝鲜]李能和辑述，孙亦平校注《朝鲜道教史》，齐鲁书社，2016年。孙亦平《道教在韩国》，南京大学出版社，2016年。[韩]张寅成《韩国古代道教》，书景文化社，2017年。

究①,主张从中国传入者多为中国学者和日本及欧洲学者,而持韩国古代自创说的多为韩国学者,其发端于20世纪50年代。也就是说,20世纪50年代之前,韩国本土学者对于朝鲜半岛古代道教也是持中国传入说的观点。这种自创论在以前只是在韩国受到关注,可是随着全球化进程的加速,韩国与国外学界的交流更加频繁,这一观点逐渐引起了一些国外学者的注意,只是对这种观点持反对态度的人远远多于赞成的人。大多数持反对观点的人认为韩国道教自创论,是韩国学界特有的民族主义史学倾向所致。

朝鲜半岛古代道教自创论,其依据为高丽时代金富轼编纂的《三国史记》卷4引用新罗渡唐学生,韩国汉文学鼻祖崔致远所撰《鸾郎碑序》②,以及高丽毅宗在位时有关八关会的记载③。至于现有论著中多引用《三国遗事》中有关檀君神话中的仙道元素,进而成为论证道教自创说的重要依据。但众所周知的是,这些记载明显为高丽中晚期的附会之说,朝鲜中期安鼎福(1717—1791)撰写的《东史纲目》一书对此就提出自己的看法,在此不赘。也就是说,朝鲜半岛古代道教自创说有其局限性。而朝鲜时代出现的韩无畏《海东传道录》、赵汝籍《青鹤集》等书,其中涉及的人物亦多时空错位,都有难以自圆其说的地方④,反映当时朝鲜半岛部分知识人在儒教、佛教一统前提下,希望通过树立道教,唤醒百姓本土独立的懵懂意识。

其次,新罗的花郎道与中国古代道教的关系问题,即中国道教对韩国古代新罗的花郎道的影响到底有多少,信奉花郎道者对道教理念的汲取程度如何?对此,孙亦平教授撰有专文探讨。她对《三国史记》作者金富轼援引新罗人金大问所撰《花郎世记》有新的诠释。认为新罗人既重视弘扬自己固有的神道传统,又积极学习来自中国的文化,将儒佛的精髓糅合吸收,再用老庄无为思想加以包装,以此培养教育青少年,进而出现金富轼《三国史记》中记载的选拔人才的方式方法。

罗人患无以知人,欲使类聚群游,以观其行义,然后举用之。遂取美貌男子,妆饰之,名花郎以奉之。徒众云集,或相磨以道义,或相悦以歌乐,游娱山水,无远不至。因此知其邪正,择而荐之于朝。故大问曰:"贤佐忠臣,从此而秀,良将勇卒,由是而生。"此也。三代花郎,无虑二百余人,而芳名美事,具如

---

① [韩]朴正雄《韩国道教的起源:韩国道教的自创论和外来传入论的比较研究》,《当代韩国》2011年第2期(夏季号)。

② 崔致远《鸾郎碑序》载云:"国有玄妙之道,曰风流。试教之源。备详仙史,实乃包含三教,接化群生。且如入则孝于家,出则忠于国,鲁司寇之旨也。处无为之事,行不言之教,周柱史之宗也。诸恶莫作,诸善奉行,竺乾太子之化也"。[高丽]金富轼《三国史记》卷4《新罗本纪·真兴王》,乙酉文化社,1997年,上册,第110—111页。

③ "遵尚仙风,昔新罗仙风大行,由是龙天欢悦,民物安宁。故祖宗以来,崇尚其风,久矣。近来两京八关之会,日减旧格,遗风渐衰。自今八关会,预择两班家产,家玮仙家,依行古风,致使人天感悦"。见[朝鲜]郑麟趾《高丽史》卷18《世家·毅宗》,亚细亚文化社,1985年。

④ 黄勇《〈海东传道录〉和〈青鹤集〉所述韩国道教传道谱系考辨》,《宗教学研究》2012年第2期。

传记。

这种奇特的花郎道选拔人才的方式,在当时高句丽、百济、新罗三国间竞争激烈的大背景下,具有一定的可操作性,也切合新罗自身的社会环境和人文条件,当然,其中的道教色彩也相当明显。对此,孙亦平总结道教对新罗花郎道的影响,其主要表现在以下几点:

首先,花郎道来自"玄妙之道",以"风流"为其母体,所谓的"道"是指宇宙的本原状态,所谓的"风流"则指人与天神自然交融的境界,与道教以"道"为本的信仰自然相通。第二,花郎道逍遥于湖山的游行方式,与道教倡导的以无为自然为宗旨,云游于山林中修道,追求将有限的个体生命回归宇宙的永恒生命的理念相似。第三,道教所采用的一些特异道术被花郎道借鉴与运用。第四,道教的神仙信仰贯穿于花郎道的风流精神之中。花郎道对花郎俊美容貌的要求,对花郎举止风度的讲究,以山水陶冶性情的做法都以道教神仙作为精神原型,故花郎也被视为新罗仙人,又称"仙郎",如傅勤家言:"花郎又与道教有关,是则道教大有造于高丽之土,明矣"。新罗花郎道虽非直接吸收中国道教而产生,但具有浓厚的道教色彩。

其次,道教传入新罗后,也因花郎道的影响而与高句丽道教有不同的特色,并在宗教信仰、修道方式、修行目标等方面和道教存在差异。也就是说,道教传入新罗后,和当地的神道结合,形成一种有异于道教本身特点,在朝鲜半岛三国统一过程中极具号召力的花郎道,并通过花郎道选拔一大批德才文武兼备的人才,成为新罗统一三国的重要的因素之一。无疑,孙亦平所做研究值得推崇,是现在看到颇具创意的研究。只是道教与花郎道之间的关系,即道教传入新罗的时间,以及两者之间的融合及相互影响,还需做更深入的探讨。依据现有史料,统一新罗时期,道教和花郎道并行于新罗,花郎道很好地吸收道教有用因素,进而为己所用。

再次,统一新罗时期道教在韩国的传播情况到底如何。有关这一问题,下文将予以探讨。而新罗道教发展的迟缓衰微,极有可能和新罗佛教的炽盛,道教固有的贵族特性,加之还有花郎道存在有关。对此,笔者在下文再做梳理。

## 二、唐与新罗的道教交流

众所周知,唐高祖武德二年(619)、四年(621),高句丽先后两次派遣使臣到达唐都长安,显然,了解新生王朝动向,探讨与其建立固定关系之意向明确。武德五年(622),唐朝派使赐书高句丽王;武德七年(624),遣前刑部尚书沈叔安前往高句丽,册封高句丽王高建武为上柱国、辽东郡王、高丽王,仍携带天尊像及道士到达高句丽,在高句丽王廷宣讲推广《老子》,高句丽王及其臣僚百姓数千人前来观摩听讲,成为高句丽王廷政治生活中的一大盛事。不仅如此,高句丽王还遣人入唐,求学佛老教法,也得到唐朝的支持。历来研究者将此与高句丽权臣泉盖苏文喜欢道教联系起来,而唐朝兴师动众,遣使及道士(同去的八名道士)前往,并且获得很好的效果,以至于高句丽朝野从此掀起一波接一波信奉宣扬道教热浪,引起高句丽佛教界的不快和反制。著名的佛教人士普德和尚因此南下避难,就是很好的证明①。有学者将高句丽最终灭亡与泉盖苏文信奉推广道教联系起来,不失为一个很好的诠释②。

与此同时,鉴于百济武德四年派使入唐,唐朝于武德七年,遣使册封百济王扶余璋为带方郡王、百济王。新罗虽也是武德四年派使入唐朝贡,但不同的是,高祖李渊亲自接见慰问新罗使者,并且遣派通直散骑侍郎庾文素出使新罗,赐新罗王"玺书及画屏风、锦彩三百段";次年,唐朝又派遣通直散骑侍郎李祯前往新罗。亲自接见慰问新罗使者,并在两年中连续两次遣使前往新罗,相对于同处朝鲜半岛的百济、高句丽来说,无疑存在不小的差异,显示出早在武德年间,唐朝针对朝鲜半岛三国就有了看似朦胧的应对策略③。可以看出,唐朝对朝鲜半岛三国的入朝示好,采取不同的对应措施,进而产生不同的效果。

那么,在建国过程中受到道教界全力支持,即位后极力推崇道教,并将老子作为李唐王朝始祖的李渊君臣,为什么没有派遣道士前往新罗、百济?在此姑且不提百济,单就新罗来说,依据《三国史记》"新罗本纪"及相关传记记载,这一时期是新罗花郎道发展的重要阶段④,花郎徒成为新罗王廷处理内外事务的重要支柱,无论是庾文素还是李祯,他们在新罗可能了解到更多实际的情况,也就是说,新罗不像高句丽,它没有引进道教方面需求,那唐朝也就没有必要派人前往,做所谓的宣讲和推广,此应是主要的原因。

此后,随着唐朝与高句丽关系的逐渐恶化,唐罗同盟关系更加密切,只是唐朝解决高句丽问题的急迫,与新罗为解除百济威胁频频请兵交织一起,成为七世纪中叶唐罗关系错位发展的重要表象,直到百济、高句丽在唐与新罗联合作战下灭亡为止。而随后长达七年的唐罗战争爆发,双方关系也掉落到最低点。在此过程中,往返唐与新罗之间的新罗使者、官员,其中对当时道教感兴趣者也不乏其人,这固然与当事人的爱好密不可分,但也说明有关庄老之学,特别是涉及道教

---

① [高丽]释一然《三国遗事》卷3《宝藏奉老,普德移庵》,韩国乙酉文化社,1997年。[韩]李乃沃《渊盖苏文의执权과道教》,《历史学报》第99、100合辑,1983年,第94—96页。

② 关于高句丽灭亡原因,学界有各种不同的解读,其中高句丽权臣泉盖苏文信从推广唐朝道教就是其中之一。笔者认为作为相对弱小的政权,和新建立并蓬勃向上的唐朝分庭抗礼,而唐朝频繁采取骚扰蚕食政策;而面对唐朝与新罗联合灭亡百济,高句丽只能作壁上观,从而在时间的洪流中,高句丽的疲态劣势就愈来愈多的显现出来。可以说,泉氏兄弟内讧,只是压死骆驼的最后一根稻草而已。参拜根兴《唐高宗时代朝鲜半岛的剧变与高丽的应对:兼论高丽的灭亡原因》,《陕西师范大学学报》2014年第4期。

③ 拜根兴《唐都长安与新罗庆州》,杜文玉主编《唐史论丛》第21辑,三秦出版社,2014年;同氏《初唐李祯出使新罗与登州—唐恩浦海上通道》,樊英峰主编《乾陵文化研究》第11辑,三秦出版社,2017年。

④ [韩]朱甫暾《新罗花郎徒研究的现状与课题》,韩国启明史学会编《启明史学》第8辑,1997年。

的书籍在新罗并非难以找到，说明道教此时至少已对新罗上层产生了一定的影响。

如据《三国史记》所载，新罗三国统一元勋金庾信得到神秘老人的秘法，在深山中修炼，并得到上天的帮助，最终打败高句丽、靺鞨的围困①。金仁问"字仁寿，太宗大王第二子也。幼而就学，多读儒家之书，兼涉庄老、浮屠之说"②。稍后《甘山寺石造弥勒菩萨立像造像记》中主人公金志诚，其于开元七年（719）二月，为父母发愿，敬造甘山寺一所，阿弥陀佛像、石菩萨像各一躯。载云：

……有重阿飡金志全，诞灵河岳，降德星辰，性叶云霞，情友山水，蕴贤材而命代，怀智略以佐时。朝凤阙而衔纶，则授尚奉御，逡鸡林而曳绶，则任执事侍郎。年六十七，悬车致仕，避世闲居，侔四皓之高尚，辞荣养性，同两疏之见机，仰慕无着真宗，时时读瑜伽之论，兼爱庄周玄道，日日览逍遥之篇，以爲报德慈亲，莫如十号之力，酬恩圣主，无过三宝之因。故奉为国主大王伊飡恺元公，亡考亡姚亡弟小舍梁诚，沙门玄度，亡妻古路里、亡妹古宝里，又为妻阿好里等，舍其甘山庄田，建此伽蓝。仍造石阿弥陀像一躯，伏愿托此微因，超升彼岸，四生六道，并证菩提……③

金庾信接受神秘老人秘法修炼，以及金仁问幼小之时遍览"庄老、浮屠"之说，金志诚致仕后，在研读佛教瑜伽高论的同时，崇尚商山四皓之归隐，兼爱庄子玄妙之道，日日观览《庄子·逍遥篇》，成为这一时期儒佛道兼修的重要事例。虽然此三个事例还不足以完全体现这一时期道教在新罗传布的实际状况，依笔者所见，其仍然可说明以下几点：首先，道教书籍传至朝鲜半岛，应该是往来于唐、罗间的使者们携带而至，这一时期入唐的新罗僧侣携带道家书籍的可能性显然不大。其次，因为金仁问涉猎学问中，"庄老"明显排在"浮屠"之前，说明在新罗盛行佛教，花郎道深入人心的大背景下，道教并非无人问津，也有一定的市场。而金庾信将道教秘术很好的利用到应对高句丽、靺鞨的战斗中，更加凸显道教在新罗上层中的影响。第三，因道教区别于佛教及其他宗教固有的特点，即需要有一定的经济实力，信奉修炼者多为贵族官僚人群④，金志诚喜好道教即可说明这一点。第四，喜爱道教、具有超强的经济实力的重阿飡金志诚，退休之后为父母建造甘山寺，雕造阿弥陀佛、菩萨像，可否证明儒佛道三教在新罗已呈融合之势？笔者以为，因所见史料有限，此问题还有待于进一步考察。总之，这一时期道教在新罗贵族官僚层面已有传播，而作为新罗王廷来说，其更大的可能是吸收道教中的有用因素，将其充分利用，进而完善到花郎道之中，这在新罗统一三国战争中众多花郎的行为即可得到证明。

---

① ［高丽］金富轼《三国史记》卷四一《金庾信传上》，韩国乙酉文化社，1997年。
② ［高丽］金富轼《三国史记》卷四四《金仁问传》。
③ ［韩］许兴植编《韩国金石全文》（古代篇），亚细亚文化社，1984年，第127页；另参拜根兴《七至十世纪朝鲜半岛石刻碑志整理研究》（未刊稿）。
④ 黄永年《佛教为什么能战胜道教》，收入黄氏所著《文史探微》，中华书局，2000年，第486—491页。

进入8世纪，唐朝在经历武周与唐交替后步入正轨，而新罗圣德王继立。唐玄宗即位后，唐与新罗关系进一步提升。唐玄宗极力推崇道教，据右拾遗崔明允撰《大唐平阳郡龙角山庆唐观大唐祖元元皇帝金篆斋颂并序》①记载，开元十四年（726），地处晋州浮山县的龙角山祥瑞频出，玄宗派内臣前往浮山县所在的龙角山增修清庙，筑造圃宫，改兴唐观为庆唐观，意在庆贺大唐中兴②。与此相类似的道教活动也层出不穷，玄宗让杨玉环以女道士名义入宫，改其名为杨太真，进而册封其为贵妃，并选专门的道师给杨贵妃讲授《三皇宝录》③；玄宗的两个妹妹金仙公主、玉真公主均信奉道教，高调往来各地道观；这一时期著名的道教人士也得到用武之地，叶法善、张果、司马承祯、李含光、吴筠等道士均驰名朝野，两京及天下道观、道士也雨露均沾；唐玄宗利用道教理念"惩恶劝善""训导氓黎""淳化风俗"，并以"无为"思想作为治理国家的重要信条之一④。正因如此，在与周边国家民族往来交流过程中，唐玄宗也积极宣播道教，与统一新罗国家的交往就是如此。

应该说，新罗圣德王（702—737）、孝成王（738—742）、景德王（742—765）在位期间，恰好是唐玄宗在位，及随后的安史之乱爆发时段，其间却是唐与新罗关系发展的黄金时段，唐与新罗的道教交流在这一时段也绽放光彩⑤。据笔者研究，新罗圣德王在位期间，遣使入唐达42次之多，唐玄宗在皇宫多次接见新罗使者，赏赐各种服饰及丝织品⑥。当然，唐玄宗选派使者前往新罗涉及的道教信息，值得详论。先看唐玄宗选派邢璹出使新罗。

二十五年，兴光卒，诏赠太子太保。仍遣左赞善大夫邢璹摄鸿胪少卿，往新罗吊祭，并册立其子承庆袭父开府仪同三司、新罗王。璹将进发，上制诗序，太子以下及百僚咸赋诗以送之。上谓璹曰："新罗号为君子之国，颇知书记，有类中华。以卿学术，善与讲论，故选使充此。到彼宜阐扬经典，使知大国儒教之盛"。又闻其人多善弈棋，因令善棋人率府兵曹杨季鹰为璹之副。璹等至彼，大为蕃人所敬。其国棋者皆在季鹰之下，于是厚赂璹等金宝及药物等⑦。

孝成王二年，春二月，唐玄宗闻圣德王薨，遣左赞善大夫邢璹，以鸿胪少卿往吊祭。璹将发，帝谓璹曰"新罗号为君子之国，颇知书记，有类中国，以卿惇

---

① [宋]李昉等《文苑英华》卷七七九，中华书局，1982年。
② 参雷闻《龙角仙都：一个唐代宗教圣地的塑造与转型》，《复旦学报（社会科学版）》2014年第6期。
③ 参雷闻《贵妃之师：新出〈景龙观威仪田僨墓志〉所见盛唐道教》，《中华文史论丛》2019年第1期。日文见[日]土屋昌明主编《洞天福地研究》第9辑，2020年。
④ 参薛平拴《论唐玄宗与道教》，《陕西师范大学学报》1993年第3期。
⑤ 参[日]土屋昌明《唐玄宗たよる创业神话の反复と道教の新罗への传播》，日本专修大学《专修大学古代东ューテシア研究センター年报》第1号，2015年。
⑥ 王霞、拜根兴《新罗圣德王的亲唐政策始末》，《中国边疆史地研究》2014年第3期；拜根兴《唐都长安与新罗庆州》，杜文玉主编《唐史论丛》第21辑，三秦出版社，2015年。
⑦ [后晋]刘昫《旧唐书》卷一九九上《东夷·新罗传》，中华书局，1985年。

儒，故持节往，宜演经义，使知大国儒教之盛"。又以国人善棋，诏率府兵曹参军杨季膺为副，国高奕皆出其下。于是，王厚赠璹等金宝药物；唐遣使诏册王妃朴氏。……夏四月，唐使臣邢璹，以老子《道德经》等文书，献与王。……①

有关新罗圣德王去世后，唐玄宗派遣使臣邢璹出使新罗，上述《旧唐书》《三国史记》两书记载最为详细，似可作为论证这一事件值得信赖的史料。两种史书的记载大同小异，但具体差异如下：首先，《旧唐书》有邢璹出发前，唐玄宗曾制作诗序，太子以下及百僚皆赋诗送别。《三国史记》没有记载这方面的内容。其次，《三国史记》中有邢璹到达新罗两个月之后，向新罗王献上老子《道德经》等文书，而《旧唐书》没有记载。需要说明的是，金富轼编撰《三国史记》之时，《旧唐书》的内容他完全可以看到，他删去太子以下百僚赋诗送别邢璹使团，或许与唐朝出使异域使者出发之前都举办这种形式有关。当然，唐玄宗制作诗序较为特别。而唐玄宗时代注重道教，出使异域使者除过宣扬儒家经典之外，是否都携带老子《道德经》，史书编撰者因而省略了这一部分？对此应做进一步探讨。而金富轼增加了邢璹献书新罗王的内容，应该是依据他所看到新罗当时的记载所致。

另外，笔者认为还需解决史料记载的另一问题。这就是为什么邢璹到达新罗之后，没有即刻或者说在吊唁圣德王、册封新罗孝成王，办理完棋类大赛，游山玩水之后献上携带的书籍，而是经过两个月之后，也可能是在行将返回之前，才姗姗迟将携带的老子《道德经》献给新罗王？而两个月的时间并不算短，可以做很多事情。是什么原因导致献书推迟到两个月之后或临回国之前？笔者认为，其一，邢璹不太可能忘记献书这件事，献上老子《道德经》应他到达新罗重要的官方活动之一。其二，新罗王廷是否有什么忌讳，或者有令邢璹难能启齿的事情，导致即刻难以实现献书？其三，邢璹最终献上老子《道德经》，说明在道教书籍传布问题上，此前的考量或者障碍已经解除，或者说新罗王廷与唐使者在此问题上已达成共识，进而对随后唐与新罗道教交流创造了条件。查阅现有研究，或许是史料欠缺之缘故，此前中韩学界并未有人关注深究《三国史记》有关邢璹献老子《道德经》涉及的问题，笔者提出上述疑问，希望能引起学界重视，查阅更多能够说明问题的史料，使这一问题能够有更加令人信服的解释。

再论天宝初年奉命随三洞法主秘希一出使新罗传布道教的皇甫奉諠事迹。

道士皇甫奉諠墓志2009年入藏西安大唐西市博物馆。皇甫奉諠墓志全称为《大唐故道门大德玄真观主皇甫尊师墓志铭并序》，该墓志公布之后，日本专修大学土屋昌明教授及笔者或发表论文，或在其他论著中有所考论②，但其中可能仍有未能涉及的问题。墓志记载了墓主皇甫奉諠于天宝初，因"祥符发于尹真人故宅，声教遐布，有诏以童诵随三洞法主秘希一传经新罗。复于王庭，光锡羽珮，

---

① ［高丽］金富轼《三国史记》卷九《新罗本纪·孝成王》。
② ［日］土屋昌明《唐代道教东传新罗与长安的道观：以皇甫奉諠墓志为中心》，《东方宗教》122号，2013年；拜根兴《新见石刻墓志与唐代东亚交流研究》，周伟洲主编《西北民族论丛》第10辑，2014年。

甫廿五岁矣"①事迹。显然，天宝初年，皇甫奉頵其人曾随三洞法主秘希一奉命前往新罗传道。关于"祥符发于尹真人故宅"事件原委，史书记载云：

> 甲寅，陈王府参军田同秀上言："见玄元皇帝于丹凤门之空中，告以我藏灵符，在尹喜故宅。"上遣使于故函谷关尹喜台旁求得之。……壬辰，群臣上表，以"函谷宝符，潜应年号；先天不违，请上遵号天宝字。"从之。二月，辛卯，上享玄元皇帝于新庙。甲午，享太庙。丙申，合祀天地于南郊，赦天下。②

同年六月，唐玄宗又下制书并"宣示中外"③。可以看出，秘希一、皇甫奉頵前往新罗可能有双重使命：其一，虽没有具体史料说明他们前往新罗的时间，但唐朝刚改元，按照其和周边民族国家长期形成的交往惯例，此时唐朝似应派使者到周边藩属国，传达唐朝改元的诏旨。秘希一一行到达新罗，是否还有传达唐朝改元的使命？因其与魏曜一行前往新罗时间先后我们并不知晓，故在此存疑。其二，秘希一一行奉命将新发现的道教灵符即道教教义经典传入朝鲜半岛。其三，培育引领新罗道教发展。当然，按照历来遣使新罗的惯例，秘希一及其随从人员应该也是经过选拔确定，也就是说，鉴于传布道教经典的使命，包括皇甫奉頵在内的使团人员，应该都是信奉道教关联人士中出类拔萃者。

上文提及开元十六年（738）新罗孝成王继立之时，唐玄宗曾遣派左赞善大夫邢璹前往册封，在行将离开新罗之前，"以老子《道德经》等文书献于王"。而如上文所述的同一年，唐玄宗还派遣赞善大夫魏曜到新罗吊祭册封，并赐御注《孝经》一部。

依据志文，秘希一一行前往新罗的使命为传播道教灵符教义经典，作为随行的皇甫奉頵担当的角色值得探讨。志文言及皇甫奉頵是以"童诵"的身份前往新罗，但依据墓志记载，这一年皇甫奉頵为21岁年龄，是皇甫其人虽然21岁，但声音酷似孩童，并能很好的诵读诠释新发现的灵符道经，还是皇甫奉頵作为"童诵"的领队，带领数名或更多的童子前往新罗示范朗诵宣扬道教灵符经典？显然，从墓志文中似可看出前一种可能性大一些。但无论如何，秘希一一行到达新罗，"复于王庭，光锡羽珮"，利用"童诵"方式，很好地宣传了唐朝奉为至高无上的道教灵符道义经典，并达到了预期目的。

姑且不论"祥符发于尹真人故宅"事件的真伪，以及由此产生的一系列问题，其直接促使皇甫奉頵其人以道士身份到达遥远的朝鲜半岛新罗王都，让新罗王廷以及当地道教信仰者目睹中土道教传播的意象精髓。与此同时，皇甫奉頵返回新罗之后，前往新罗传布道教经典，也成为他的重要资历，并在唐朝朝野崇尚道教的氛围下，往来宫廷，声名鹊起。另外，虽然唐代宗崇尚佛教，但皇甫奉頵仍于

---

① 胡戟、荣新江主编《大唐西市博物馆馆藏墓志》（中册），北京大学出版社2012年版，第637页。

② [宋]司马光《资治通鉴》卷二一五，唐玄宗天宝元年正月。

③ [宋]王钦若等撰，周勋初等校订《册府元龟》卷五四《帝王部·尚黄老》，凤凰出版社2006年版。

代宗在位期间"其醮火坛金,飞章告箓,固以平成九气,降格三清,有助神功,允敷圣泽。前后赐衣五副、绫绢一百疋、金钱卅千,旌有道也"。

当然,皇甫奉諴志文提到秘希一一行到达新罗传布道教经典,只有"复于王庭,光锡羽珮"八个字,新罗王廷的具体反应如何并不明显,"童诵"道教经典对于新罗道教发展有何促进?这些在志文中均未见有详细的记载。但可以确定的是,这一时期唐与新罗关系发展良好,故而道教经典在新罗的传布应是有一定的成效的。

除此之外,8世纪70年代金庾信的后孙金岩聪敏好学,喜好方术,曾入唐宿卫,拜师学阴阳家法,"闻一隅,则反之以三隅,自述遁甲立成之法"①。大历年间返回新罗,为司天大博士,并历任地方长官。在任官之余,教授六阵兵法;当地出现蝗灾,金岩焚香祈祷,结果狂风骤雨大作,蝗虫被如数打死。金岩还曾出使日本。可以看出,金岩入唐并非单一学习修炼道教,而是将道教、阴阳家法融汇接受,形成自己独特的修炼方式和修炼心得,是所谓的"遁甲立成之法"等。金岩的事例,显示出除过坚定的佛教、道教信仰者之外,这一时期入唐新罗人士兼而有之,追求多种思想及学问之风尚,体现出唐与新罗文化交流的深入和普及。

## 三、金可记与崔致远的道教活动

有关入唐新罗宾贡进士,高丽金富轼《三国史记》,朝鲜安鼎福《东史纲目》,清人徐松《登科记考》等书均有记载。严耕望、高明士、杨希义②诸先生亦有专文谈及,韩国学者李基东③等多有探讨。迄今为止,到新罗亡国的公元935年,58位入唐新罗宾贡进士已为学界所周知。然而,在东亚佛教盛行的9世纪中后期,这些宾贡进士之中,却有两位与道教关系颇为密切者,这就是金可记与崔致远。

**1. 金可记奉道与金可记摩崖石刻**

有关新罗人金可记事迹,可能与金可记有过往来的诗人章孝标有《送金可记归新罗》诗传世,只是章孝标与金可记年龄相差有点大,他们是忘年交,还是有另外一个章孝标,因史料有限,难以作结论。文献记载见于五代南唐溧水县令沈汾所撰《续仙传》卷上《金可记》,北宋李昉编集《太平广记》卷53《神仙·金可记》,张君房《云笈七签》卷113下《金可记》,而后者多是抄录沈汾《续仙传》所得。

西安市长安区子午谷拐儿崖《金可记摩崖碑》,为西北大学李之勤教授1987

---

① 《三国史记》卷四三《金庾信传下》,下册,第381页。
② 严耕望《新罗留唐学生与僧徒》,收入《唐史研究丛稿》,香港中文大学新亚研究所,1969年;杨希义《唐代宾贡进士考》,收入《中国唐史学会论文集》,三秦出版社,1993年;高明士《宾贡科的起源与发展:兼述科举的起源与东亚士人共同出身之道》,史念海主编《唐史论丛》第6辑,陕西人民出版社,1995年。
③ [韩]李基东《新罗下代宾贡及第者的出现与唐罗文人的交驩》,收入同氏《新罗骨品制社会和花郎徒》,一潮阁,1984年。

年考察子午谷时再发现①,随后李健超教授等也有考察论文发表②。从对碑文传拓及解读深度看,周伟洲教授的研究③最为深入,值得推崇。韩国学者卞麟锡教授多次前往子午谷考察金可记摩崖碑,在中韩两地期刊上发表过多篇论文,这些论文后收入《唐长安의新罗史迹》一书④之中。除此之外,韩国学者车柱环⑤、申镇植⑥等人,日本学者土屋昌明教授⑦也有专门论著发表。

综合中韩学界现有研究,其讨论的主要问题有以下几点:首先,有关金可记其人事迹涉及问题。其一,金可记入唐的具体时间。韩国学者都洸淳依据朝鲜时代韩无畏撰《海东传道录》所言,认为金可记唐文宗太和年间(836—840)入唐,韩氏并未列出采用史料依据,在此姑且备为一说。而金可记到底什么时间入唐,依据有关金可记固有史料,以及了解到的新罗宾贡及第者入唐到及第时间,笔者推定其入唐时间约在唐文宗太和、开成年间(827—840)。其二,金可记宾贡及第时间。《子午谷摩崖碑金可记传》中言其宾贡时间为唐宣宗"大中初",周伟洲教授论文中定其"当在会昌及大中初",笔者认同这种界定。其三,金可记为什么对道教产生兴趣,并成为忠实的道教信奉者。具体来说,可能与道教发展到顶峰之一的唐武宗信奉道教、抑制佛教,以及唐朝皇帝大多服食丹药,希冀长生不老联系起来。作为远道而来的宾贡举子,或许金可记本来就对道教兴趣满满,恰逢唐武宗抑佛奉道,故在宾贡学习之余,全力以赴尊奉修炼。其四,金可记返回新罗后再次入唐的原因。从《续仙传》《送金可记归新罗》等史料看,金可记宾贡及第后确实曾返回过新罗,按照一般的解释,说其宾贡及第衣锦还乡省亲,但也有学者认为已宾贡及第、喜好道教的金可记,很想在新罗开辟道教传布的新渠道,创造新罗道教发展的新局面,但这一时期新罗朝野上下佛教占据的统治地位,根本没有道教发展的空间余地,金可记无法改变知难而退,故而再次入唐,到终南山子午谷修道。其五,金可记成仙的时间问题。其六,高丽释一然《三国遗事》中记载檀君涉及的道教因素,以及朝鲜时代韩可畏《海东传道录》,赵汝籍《青鹤集》等人针对金可记的附会记载的诠释问题。

其次,有关金可记摩崖碑涉及问题。关于摩崖碑,由于原石已被打碎难以复

---

① 李之勤《再论子午道的路线和改线问题》,西北大学西北历史研究室编《西北历史研究》1987年号,三秦出版社,1989年,第177页。

② 金宪镛、李健超《陕西新发现的高句丽人、新罗人遗迹》,《考古与文物》1999年第6期。

③ 周伟洲《长安子午谷金可记摩崖碑研究》,《中华文史论丛》2006年第1期。

④ [韩]卞麟锡《唐长安의新罗史迹》,(韩)亚细亚文化出版社,2000年。

⑤ [韩]车柱环《金可记의道教》,第一届国际唐代学术会议论文集编辑委员会《第一届国际唐代学术会议论文集》,台北学生书局,1989年;同氏《统一新罗时代의道家의道教思想》,韩国道教文化学会编《道教文化研究》第5辑,1991年。

⑥ [韩]申镇植《삼국시대의 중국唐·五代 道教전래에 관한 연구——留唐學人 金可記와崔致遠을중심으로》,韩国道教文化学会编《道教文化研究》第29辑,2008年。

⑦ [日]土屋昌明《唐のをめぐる高句丽新罗と入唐留学生の诸问题》,日本专修大学《专修大学东アジア世界史研究セソタ——年报》第4号,2010年。

合,其碎片收藏于西安市长安区博物馆,而保存最完整的拓片为陕西师范大学周伟洲教授收藏,故而周教授的研究更具权威性①。第一,摩崖碑制作的时间。卞麟锡教授依据亲自考察及史料爬梳,认为摩崖碑制作产生于唐末五代;周伟洲教授经过缜密分析,将摩崖碑制作界定在北宋初年,即宋真宗大中祥符五年(1008)闰十月之前,并认为摩崖碑的制作与北宋初特别是宋真宗时代推崇道教有关,笔者认同周教授的观点。第二,摩崖碑石什么时间,因何滚落到子午谷口。卞教授认为是明中期地震所致,周教授查阅地方志、探讨摩崖石刻整体结构,并采访周边年老村民,认为民国时期修筑西安到汉中公路时爆破所致较为可信。其三,摩崖碑文的构成。依据周教授保存捶拓的拓片,摩崖碑前半部转写杜甫《赞元逸人玄坛歌》②,而主题刻石为《金可记传》,其来自上述沈汾《续仙传》。至于"转写刘礼",以及咸丰三年河南布政司某某题写题记,周教授之前有关金可记摩崖碑论著要么模糊论及,要么只字未提。究其原因,应该是限于捶拓条件,没有获得完整拓片缘故。

**2. 崔致远的道教因缘及其相关著述**

崔致远被学界誉为韩国汉文学的鼻祖,他12岁入唐,18岁宾贡及第,28岁后返回新罗。从遗留下来的诗文著作看③,崔致远从思想和行动上很好的实践了儒佛道三教融合,堪称新罗入唐知识阶层的佼佼者。不过,和佛教、儒学著述相比,崔氏著作中有关道教的篇章并不多。对此,中国学者冯汉镛、樊光春、孙钢④等学者发表探讨崔致远与道教的论文,方晓伟的专著中也列有专章考察⑤,党银平的著作中也专门探讨崔致远涉及问题。韩国学者崔英成、张一奎⑥等人针对崔致远与道教问题也有论文或论著发表。

应该说,12岁的崔致远入唐前对道教的认识应属泛泛,或者说还比较模糊,因为他入唐的最大心愿是宾贡及第,而宾贡考试涉及的知识领域似与道教关联并

---

① 周伟洲教授于2000年3月,与西北大学文博学院周晓陆、贾麦明等人两次到达子午谷拐儿崖,制作摩崖碑完整拓片。该拓片下端有"转写刘礼"字样,周教授考察各种因素,断定摩崖碑主体诗文与此四字为同时镌刻。"也就是说,主体诗文是由一个叫刘礼之人转写后,再刻上去的。此外,刻石杜甫诗前之标题,与主体诗文刻石字体略小,书体稍异,是否为后人所增刻,存疑!"该拓片还有清咸丰三年河南布政司某某一行路过这里时所镌石刻铭文。参周伟洲《长安子午谷金可记摩崖碑研究》,《中华文史论丛》2006年第1期。

② 杜甫原诗题名为《玄都坛歌寄元逸人》。

③ [新罗]崔致远撰,党银平校注《桂苑笔耕集校注》,中华书局,2007年;[新罗]崔致远著,李时人、詹绪左编校《崔致远全集》,上海古籍出版社,2018年。

④ 冯汉镛《道教与崔致远》,《文史杂志》2002年第1期;孙钢《俨陈醮礼 敬荐斋诚:浅谈崔致远〈桂苑笔耕集〉中的道教斋词》,《中国道教》2011年第1期;樊光春《崔致远〈桂苑笔耕集〉中的道教情结》,《中国道教》2014年第3期。

⑤ 见方晓伟《崔致远思想及作品研究》,广陵书社,2007年

⑥ [韩]崔英成《崔致远的道教思想研究》,《道教文化研究》第8辑,1994年;[韩]张一奎《崔致远的道教思想及其意义》,《韩国思想与文化》第17辑,2002年。

不多。另外，少年崔致远对新罗的花郎道了解情况如何呢？从现有零星记载以及崔致远父亲铁了心想让其入唐宾贡看，这方面的东西应也不会太多。

崔致远于唐懿宗咸通九年（868）入唐，懿宗皇帝对道教的兴趣远远小于佛教。崔致远到达长安的第三年，唐懿宗就举办万人空巷的迎奉佛骨活动，身在长安的崔致远一定感受到这种浓浓的佛教氛围。但不可低估的是，史书记载及崔致远的著述中，与其有过交往的道教修炼、信奉者却大有人在。据冯汉镛先生研究，崔致远宾贡及第的座主裴瓒就是道流人物，《桂苑笔耕集》卷 7 中崔致远谈及裴瓒"尚书情疏宦路，性悦道风"，又有"某早仰仙标，遥钦懿范"字句。就是说，崔致远入唐后对道教产生兴趣和座主裴瓒关系密切；和崔致远同科及第的顾云也是一位道教爱好者，他在九华山习业当时，就与在那里修道的道流人士费冠卿、殷文圭、王秀文多有往来；还有裴铏其人，以及崔致远离开唐朝前夕仍多所牵挂依依不舍的女道士麻姑①。而对崔致远影响最大者当属他的顶头上司淮南节度使高骈②。《桂苑笔耕集》卷 15 保留崔致远撰写的 15 篇道教醮词，醮词大多是接受高骈的指令撰写的。当然，撰写这些醮词的对象是唐僖宗，说明在信奉道教问题上，高骈、唐僖宗两人可能有相同的爱好。虽则如此，挖空心思撰写这些醮词的崔致远，他是否也是坚定的道教修炼者，笔者存有疑问。如上所述，崔致远是这一时期入唐新罗人将儒佛道三者融汇贯通不多的知识人之一，在唐与新罗铺天盖地触手可及的佛教往来氛围之中，他对佛教的兴趣应该更大一些③。其对道教的了解，可能与他往来接触的人士，以及担当幕府参谋工作有关，他绝非像金可记那样虔诚修炼，最终理想就是奉道成仙，更对一般信奉者津津乐道虚妄的神仙妖术嗤之以鼻，他力图从理论上了解道教，寻求儒佛道间的融合关系。

当黄巢起兵之时，身为"诸道行营兵马都统"的高骈为保存实力，并未做切实可行的应对，导致黄巢军马如入无人之境，很快攻占洛阳与京师长安，唐僖宗仓皇逃亡成都。崔致远因生计原因，到高骈手下任职，并得到高骈的重用，重要的公文都委托崔致远起草，崔致远的生活也得到高骈多方照顾，故而崔致远对淮南幕府职场颇为满意④。只是随着黄巢之乱的持续，高骈与唐廷关系逐渐吃紧，最终失去唐廷的信用。高骈更加迷信道教，他周围因此聚集了一大批笃信道教人士，做出一些令人啼笑皆非的事情，崔致远颇受冷落。黄巢之乱也使得唐朝廷江河日下，崔致远想在高骈手下有所作为希望落空，加之思乡心切，这才有崔致远借故返回故乡新罗事情的出现⑤。

---

① 崔致远《留别女道士》云："每恨尘中厄宦途，数年深喜识麻姑。临行与为真心说，海水何时得尽枯。"从诗中可以看出，崔致远与这位女道士来往很多，似有生死离别的感觉。

② 冯汉镛《道教与崔致远》，《文史杂志》2002 年第 1 期。

③ 拜根兴、李艳涛《崔致远"四山铭塔碑"撰写旨趣论》，杜文玉主编《唐史论丛》第 15 辑，2012 年。

④ 方晓伟《崔致远思想及作品研究》，广陵书社，2007 年，第 120—124 页。

⑤ 党银平《新罗文人崔致远与淮南节度使高骈交往关系考》，《社会科学战线》2007 年第 6 期。

崔致远回到新罗之后,"衰季多疑忌,不能容,出为大山郡太守。……,自西事大唐,东归故国,皆遭乱世,屯邅塞连,动辄得咎,自伤不遇,无复仕进意,逍遥自放山林之下,江海之滨,营台榭植松竹,枕藉书史,啸咏风月,若庆州南山、刚州冰山、陕州清凉寺、智异山双溪寺、合浦县别墅,此皆游焉之所……"①。就是说,崔致远因仕途受阻,对实现自己的远大抱负已失去信心,故而浪迹天涯,超然脱俗,但似与其道教理念关系不大。崔致远《鹰郎碑序》只见于《三国史记》卷4《新罗本纪·真兴王》所引资料,不见于《桂苑笔耕集》,还收录于后世编辑的《孤云先生续集》之中,可以推证其撰写于崔致远返回新罗之后。另外,依据现存唐代碑铭及罗末丽初朝鲜半岛塔碑文构成范式,《三国史记》卷4引用的《鹰郎碑序》,其明显只是鹰郎碑的极少部分内容,其主体部分,也就是说鹰郎其人事迹关联文字今已散佚,故而对此佚文的解读诠释应多加留意,避免因过度解读造成不必要的误读。

朝鲜时代韩可畏《海东传道录》、赵汝籍《青鹤集》两书,记载崔承佑、金可记、僧慈惠三人于唐文宗开成年间(836—840)游学入唐,三人得到钟离将军的真传,得到道教宝书,并如法修炼,三年而成。后僧慈惠、崔承佑返回新罗,将道教"口诀授文昌侯及李青"。这里的文昌侯即为崔致远。可以看出,将上述四位入唐年代各异,互不牵涉也不可能见面,但却是唐与新罗往来的见证人连缀在一起,杜撰道教传入朝鲜半岛的真情实景,从今天的角度看,确实有点荒诞不经。但在朝鲜时代为什么会出现如此道教书籍?这种书籍在当时起到什么样的作用?这些都是我们需要探讨的问题。对此,上述黄勇的论文已专门提及,它反映了当时朝鲜半岛部分知识人在儒教、佛教一统前提下,希望通过树立道教,唤醒百姓本土独立的懵懂意识;赵汝籍论述中增加了《三国遗事》一书中出现的檀君,更是体现当时半岛知识阶层某些认识的本土意识。当然,在道教传入朝鲜半岛资料缺少,传播路径渠道不甚明朗的前提下,此两部书的出现,客观上也起到了导引和推动作用,促进了此后学界对道教与朝鲜半岛关系的进一步认识。

## 结　语

本文在中韩学界研究的基础上,首先辨析海内外学界有关朝鲜半岛道教输入说、自创说、吸收发展说涉及问题,认为虽然朝鲜时代韩无畏《海东传道录》,赵汝籍《青鹤集》所及道教人物活动与史事多有抵牾,一些说法亦颇为荒诞,但却是当时朝鲜知识人自主独立意识的集中反映。其次,在考察新罗三国统一元勋金庾信、七次往返唐罗间的新罗使者金仁问、新罗重阿飡金志诚笃信修炼道教,以及唐玄宗遣派道士秘希一使团传道新罗的同时,重点论述开元十七年唐玄宗遣派邢璹出使新罗涉及事宜,特别是对邢璹到达新罗两个月才献上老子《道德经》提出质疑,并提出自己的看法。而金庾信后孙金岩入唐兼修道教、阴阳家法,显示出这

---

① [高丽]金富轼《三国史记》卷四六《崔致远传》,韩国乙酉文化社,1997年;上册,第438—439页。

一时期唐与新罗交流的深入和普及。第三,关注入唐宾贡及第金可记、崔致远涉及道教问题,认为虔诚的修道者金可记宾贡及第后返回新罗,但可能当时新罗不具备传播道教修炼的条件,故而又返回唐朝,在终南山子午谷潜心修炼,最终羽化升仙;崔致远入唐对道教的兴趣,多来自周边人士的耳濡目染,《桂苑笔耕集》中保留的十五篇醮词,大多是奉淮南节度使高骈之命撰写的,而高骈对道教笃信修炼的热衷爆棚(最终死于自我设计的迷祟妖术网络之中),既对崔致远产生重要的影响,也是他离开淮南回国的重要原因之一。对儒佛道三教的融汇贯通的崔致远,其对道教的认识,应该说远远低于儒、佛两者,对此研究者应该有清楚的认识。总之,唐与新罗道教往来交流,是近 300 年唐与新罗文化交流的重要组成部分,也是东亚文化圈内古代文化普及传播的重要篇章,值得学界发掘更多的史料,做进一步的探讨。

# "丝绸之路"与唐人的疆域观念及文化胸怀

高建新①

经历了南北朝的分列，到了唐代，"丝绸之路"被再次贯通，而且更加繁盛。"丝绸之路"不仅改变了与唐人的疆域观念，也成就了唐人阔大的文化胸怀，使国家变得更加开放、富裕和强大，其深远影响一直持续到今天。

一

盛唐诗人高适说："汉家能用武，开拓穷异域"（《蓟门行五首》其二），中唐诗僧庞蕴说："大唐三百六十州，我暂放闲乘兴游"（《诗偈》其一〇三）。早在太宗时期，唐王朝的疆域"北殄突厥颉利，西平高昌，北逾阴山，西抵大漠。其地：东极海，西至焉耆，南尽林州南境，北接薛延陀界；东西九千五百一十一里，南北一万六千九百一十八里"（《新唐书·地理志一》），② 强大的国力、广阔的疆域、古老的文明，吸引了周围世界的关注。《新唐书·西域传下》：

> 西方之戎，古未尝通中国，至汉始载乌孙诸国。后以名字见者寖多。唐兴，以次脩贡，盖百余，皆冒万里而至，亦已勤矣！然中国有报书、册吊、程粮、传驿之费，东至高丽，南至真腊，西至波斯、吐蕃、坚昆，北至突厥、契丹、靺鞨，谓之"八蕃"，其外谓之"绝域"，视地远近而给费。③

这些多达百余的从前不与中国交通的地区和国家，不远万里，通过"丝绸之路"进入唐朝，朝贡者接踵而至、络绎不绝：龟兹国"贞观四年（630），又遣使献马，太宗赐以玺书，抚慰甚厚，由此岁贡不绝"；焉耆国"贞观六年（632），突骑支遣使贡方物，复请开大碛路以便行李，太宗许之"；康国"武德十年（627），屈术支遣使献名马。贞观九年（635），又遣使贡狮子，太宗嘉其远至，命秘书监虞世南为之赋，自此朝贡岁至。十一年（637），又献金桃、银桃，诏令植之于苑囿"；疏勒国"贞观九年，遣使献名马，自是朝贡不绝"；罽宾国"贞观十一年（637），遣使献名马，太宗嘉其诚款，赐以缯彩"；"贞观十七年（643），拂菻王波多力遣使献赤玻璃、绿金精等物，太宗降玺书答慰，赐以绫绮焉"；天竺国"贞观二十年，遣使贡方物"，"开元二年，西天竺复遣使贡方物。八年，南天竺国遣

---

① 作者简介：高建新，内蒙古大学文学与新闻传播学院教授。研究方向：魏晋南北朝隋唐五代文学、山水田园文学，陶渊明的教学与研究。

② [宋]欧阳修、宋祁：《新唐书》（四），北京：中华书局1975年版，第959—960页。

③ [宋]欧阳修、宋祁：《新唐书》（二十），北京：中华书局1975年版，第6264—6265页。

使献五色能言鹦鹉"(《旧唐书·西戎传》)。① 唐王朝也体谅这些远道而来的国家，会按路途远近提供一定的资助。

"大宛来献赤汗马，赞普亦奉翠茸裘"(元稹《西凉伎》)，"旧随汉使千堆宝，少答胡王万匹罗"(杜甫《喜闻盗贼蕃寇总退口号五首》其四)，随着各国不断的朝贡、晋见以及朝廷的丰厚回馈，唐王朝的声望与影响与日俱增，王国维先生有诗说："南海商船来大食，西京祆寺建波斯。远人尽有如归乐，知是唐家全盛时"(《咏史》十七)，② 描写了唐王朝的兴盛与开放，南海上的商船来自大食国，波斯人在西京长安建起了祆(xiān)寺；远方来的人都有宾至如归之乐，这才是唐朝的全盛时期啊！大食，即阿拉伯帝国。唐高宗永徽二年(651)，大食哈里发遣使来朝贡，《旧唐书·西戎传》载：大食国"长安(701—704)中，遣使献良马。景云二年(711)，又献方物。开元初(714)，遣使来朝，进马及宝钿带等方物。其使谒见，唯平立不拜，宪司欲纠之，中书令张说奏曰：'大食殊俗，慕义远来，不可置罪。'上特许之。"③大食商人多居于广州和扬州，广州设有蕃坊，以供其居住。祆寺，祆教祭祀火神的寺院，《西溪丛语》卷上："唐贞观五年(631)，有传法穆护何禄，将祆教诣阙闻奏。敕令长安崇化坊立祆寺，号大秦寺，又名波斯寺。至天宝四年(745)七月，敕：'波斯经教，传习而来，久行中国。爰初建寺，国以为名，将欲示人，必循其本。其两京波斯寺，宜改为大秦寺。天下诸州郡有者准此。"④

## 二

从唐诗的记述与描写中可以看出，"丝绸之路"的贯通与延伸让唐人由内转外，成就了唐人开放的胸怀，极大地促进了唐王朝的开放，增强了对中华文明的自信："当时无外守，方物四夷通。列土金河北，朝天玉塞东"(张惟俭《赋得西戎献白玉环》)。当时，唐王朝交通便利、四境大开，新奇的思想、新奇的艺术、新奇的物产通过"丝绸之路"蜂拥而入，造就了一个空前开放、强盛的唐王朝，宋人李廌(zhì)充满崇敬地写道："贞观文皇力驯制，诸蕃君长充王官。玉门不关障无候，驿道入参天可汗。蛮夷邸中诸国使，旃裘椎髻游长安。我恨不为典属国，望古遥集真可叹"(《谢公定所宝蕃客入朝图，贞观中阎立本所作，笔墨奇古……》)，⑤ 在李廌看来，平等、开放、包容、不设防的民族政策，是唐王朝强盛的重要原因，所谓"华夷志同，笙镛礼盛"(张说《唐封泰山乐章·豫和六首》其

---

① [后晋]刘昫等：《旧唐书》(十六)，北京：中华书局1975年版，第5303页、第5031页、第5310—5312页、第5305页、第5309页、第5314页、第5308—5309页。

② 陈永正：《王国维诗词笺注》，上海：上海古籍出版社2011年版，第17—18页。

③ [后晋]刘昫等：《旧唐书》(十六)，北京：中华书局1975年版，第5316页。

④ [宋]姚宽：《西溪丛语》，北京：中华书局1993年版，第42页。

⑤ 北京大学古籍文献研究所：《全宋诗》(二十)，北京：北京大学出版社1991年版，第13600页。

六),"华夷一轨人方泰,莫学论兵误至尊"(许浑《正元》),"锦字莫嫌归路远,华夷一统太平年"(刘兼《初至郡界》),"志同""一轨""一统",使"华夷"和谐,共铸大业。历代中原统治者修筑长城不已,却从未能阻止北方游牧民族的南下,唐太宗说:"千里长城,岂谓静边之计?""使万里之外,不有半烽;百郡之中,犹无一戍。永绝镇防之役,岂非黎元乐见"(《平薛延陀幸灵州诏》),① 所以李益《登长城》诗说:"汉家今上郡,秦塞古长城。有日云长惨,无风沙自惊。当今圣天子,不战四夷平"。由于国门大开、驿道通畅,各国使者竞相进入中原,穿着毡裘、梳着高髻的各民族的人们自由地游览长安城。美国学者斯塔夫里阿诺斯说:"唐朝首都长安是一座约100多万人口的大城市,宽阔的大道纵横交错,大道上时常挤满了波斯人、印度人、犹太人、亚美尼亚人和各种中亚人。他们是作为商人、使节和雇佣军来到中国的。对外国人来说,除蒙古人统治下的元朝这段短暂的时期外,唐朝统治下的中国比其他任何时期都更加开放。"② 开放国策的制定与实施者唐太宗由此赢得了周边各民族的敬重,被尊为"天可汗":"四夷君长诣阙请上为天可汗,上曰:'我为大唐天子,又下行可汗事乎?'群臣及四夷皆称万岁。是后以玺书赐西北君长,皆称天可汗"(《资治通鉴·唐纪九》)。③ 正是在这个意义上,法国学者勒内·格鲁塞认为:"唐太宗(627—649)是中国在中亚的威势的真正建立者","唐朝的真正建立者","一个受到震惊的亚洲从他身上看到了一个陌生的、史诗般的中国。决不向蛮族求和,也不以重金去收买他们撤兵,太宗扭转形势,战胜他们,使他们害怕中国"④,此亦王之涣"汉家天子今神武,不肯和亲归去来"(《凉州词二首》其二)、王维"苜蓿随天马,葡萄逐汉臣。当令外国惧,不敢觅和亲"(《送刘司直赴安西》)所言,"丝绸之路"的再次贯通使唐王朝变得更加强大,唐朝也因此成为实际意义上的"中亚的主人",⑤ 赢得了当时世界的敬重:"天降贤人佐圣时,自然声教满华夷。英明不独中朝仰,清重兼闻外国知"(许棠《讲德陈情上淮南李仆射八首》其一),"南面朝万国,东堂会百神"(陈子昂《奉和皇帝上礼抚事述怀应制》),"万国仰宗周,衣冠拜冕旒"(王维《奉和圣制暮春送朝集使归郡应制》),"九天阊阖开宫殿,万国衣冠拜冕旒"(王维《和贾舍人早朝大明宫之作》),"远来朝凤阙,归去恋元侯"(戴司颜《句》),"千官望长至,万国拜含元"(崔立之《南至隔仗望含元殿香炉》),"玉座临新岁,朝盈万国人"(厉玄《元日观朝》),"万国来朝岁,千年觐圣君"(章八元《元日望含元殿御扇开合》),"开元太平时,万国贺丰岁"(李肱《省试霓裳羽衣曲》),"千官扈从骊山北,万国来朝渭水东"(卢象《驾幸温泉》),千官肃立,万国来朝,唐王朝成为当时世界真

---

① [清]董诰等:《全唐文》(一),上海:上海古籍出版社1990年版,第35页。
② [美]斯塔夫里阿诺斯:《全球通史——从史前史到21世纪》(上),吴象婴、梁赤民等译,北京:北京大学出版社2005年版,第257页。
③ [宋]司马光:《资治通鉴》(十三),北京:中华书局2011年版,第6185页。
④⑤ [法]勒内·格鲁塞:《草原帝国》,蓝琪译,北京:商务印书馆1998年版,第127页、第130页、第140页。

正的中心,如英国学者杰弗里·巴勒克拉夫所言:"唐代中国是一个极度世界主义的社会",① "极度世界主义"就是包容民族间的差异性,一视同仁,没有异类,以平等开放的态度看待各个国家、地区;"极度世界主义"让世界从中国受益,也让中国从世界受益。

## 二

唐人的疆域观念离不开"丝绸之路"的导引和"丝绸之路"的游历。"丝绸之路"的拓宽与延伸不仅促进了中西文化交流,也改变了唐人的疆域观念,唐人不再把自己的目光局限于传统的中原王朝的疆域,他们看世界的眼光更为远大、辽阔。唐诗中提到的"丝绸之路"(包括"海上丝绸之路")上具体可考的地名与国名、族名就有凉州、阳关、玉门关、龟兹、疏勒、天山、葱岭、莎车、热海、楼兰、播仙、月支窟、月窟、条支、碎叶、勃律、坚昆、黠戛斯、大宛、高昌、康居、乌孙、月氏、月支、安石国、天竺、南天竺、西天竺、竺国、庵摩罗跛国、刹利、恒河、郁林、南海、交趾、贯胸、林邑、安南、扶南、师子国、诃陵国、骠国、新罗、高丽、高句丽、三韩、鸡林、扶桑、日本、东夷、回鹘、犬戎、丁零等等,李白等诗人写到了恒河:"问言诵咒几千遍,口道恒河沙复沙"(李白《僧伽歌》),"一灯长照恒河沙,双树犹落诸天花"(刘长卿《齐一和尚影堂》),写到了条支(今伊拉克一带):"洗兵条支海上波,放马天山雪中草"(李白《战城南》),"定知不彻南天竺,死在条支阴碛中"(刘言史《代胡僧留别》),"塞垣须静谧,师旅审安危。定远条支宠,如今胜古时"(贯休《古塞曲三首》其一);杜甫写到了勃律(今克什米尔西北巴尔提斯坦)、坚昆(在今叶尼塞河上游)、大食(古代阿拉伯帝国):"勃律天西采玉河,坚昆碧碗最来多"(《喜闻盗贼蕃寇总退口号五首》)、"吁嗟光禄英雄弭,大食宝刀聊可比"(《荆南兵马使太常卿赵公大食刀歌》),勃律、大食,唐诗中只有杜甫写到过,足见"诗圣"视野的辽阔及对"丝绸之路"的关注。中唐赵嘏有《送从翁中丞奉使黠戛斯六首》,赞扬了唐王朝对黠戛斯采取的友好政策,收到了仅凭战争、修筑长城收不到的成效:

其一
扬雄词赋举天闻,万里油幢照塞云。
仆射峰西几千骑,一时迎著汉将军。
其二
旌旗杳杳雁萧萧,春尽穷沙雪未消。
料得坚昆受宣后,始知公主已归朝。
其三
虽言穷北海云中,属国当时事不同。
九姓如今尽臣妾,归期那肯待秋风。

---

① [英]杰弗里·巴勒克拉夫:《泰晤士世界历史地图集》,北京:生活·读书·新知三联书店1985年,第126页。

其四

牢山望断绝尘氛，滟滟河西拂地云。
谁见鲁儒持汉节，玉关降尽可汗军。

其五

山川险易接胡尘，秦汉图来或未真。
自此尽知边塞事，河湟更欲托何人。

其六

秦皇无策建长城，刘氏仍穷北路兵。
若遇单于旧牙帐，却应伤叹汉公卿。

黠戛斯，古坚昆国，地处今俄罗斯境内的叶尼塞河上游。"初，伊吾之西，焉耆之北，有黠戛斯部落，即古之坚昆，唐初结骨也，后更号黠戛斯"（《资治通鉴·唐纪六十二》）。① 李德裕《黠戛斯朝贡图传序》："黠戛斯者，本坚昆国也。贞观二十一年（647），其酋长入朝，授以将军印，拜坚昆都督。逮于天宝季年，朝贡不绝"（《全唐文》卷七百七），② 唐武宗会昌（841—846）商州刺史吕述有《黠戛斯朝贡图传》一卷（《新唐书·艺文志二》）。③ 贞观二十二年（648），唐王朝在叶尼塞河流域置坚昆都护府，以黠戛斯结骨部首领为都督，领其部众，隶属安北都护府。唐宣宗时，"册黠戛斯王子为英武诚明可汗，命鸿胪卿李业入蕃册拜"（《旧唐书·宣宗本纪下》），④ 唐朝与黠戛斯保持了长期友好的关系。黠戛斯，元朝作吉利吉思，清朝作布鲁特，分布于西部天山前后。近代以来，其居地大部分为沙俄侵占，成为俄国的吉尔吉斯，留在中国境内的，译作柯尔克孜族。⑤

这些描写表明，唐人的疆域观念超越了传统的西域三十六国，真正视野辽阔，胸怀天下。西域三十六国主要分布在塔里木盆地周围地区及天山山谷地带，是西汉时期对西域内属诸国及游牧部落的总称，如若羌、楼兰、且末、精绝、于阗、莎车、尉犁、龟兹、姑墨、焉耆、疏勒等。⑥ 唐人的目光与行政建制已经越过葱岭，直抵中亚、西亚，北至叶尼塞河流域，如安西都护府、昆陵都护府、大宛都护府、姑墨都护府、月氏都护府、条支都护府、安北都护府、坚昆都护府等。⑦ 杜牧《郡斋独酌》诗说："甘英穷西海，四万到洛阳。东南我所见，北可计幽荒。中画一万国，角角棋布方。"甘英，班超经营西域时的佐官，班超曾派其出使大秦；西海，今波斯湾；幽荒，荒远之地，泛指九州之外。诗说，甘英西行，一直抵达波斯湾，此地距离洛阳有四万里之遥；从我能看到的东南方一直到看不到的

---

① ［宋］司马光：《资治通鉴》（十七），北京：中华书局2011年版，第8066页。
② ［清］董诰等编：《全唐文》（三），上海：上海古籍出版社，1990年版，第3218页。
③ ［宋］欧阳修、宋祁：《新唐书》（五），北京：中华书局1975年版，第1508页。
④ ［后晋］刘昫等：《旧唐书》（二），北京：中华书局1975年版，第618页。
⑤⑥ 周伟洲、丁景泰：《丝绸之路大辞典》，西安：陕西人民出版社2006年版，第359页、第125页。
⑦ 谭其骧：《简明中国历史地图集》，北京：中国地图出版社1991年版，第39—40页。

遥远北方,中间地域广阔,应该有数不清的国家像围棋盘上的棋子一样满布。杜牧借"班超遣掾甘英穷临西海而还"(《后汉书·西域传》)①的历史故事,表达了唐人的疆域理想。

## 三

从唐诗的记述与描写中可以看出,唐王朝的强大来自开放的胸襟以及对世界各民族文化的吸收融化,所谓"大业来四夷,仁风和万国"(张衮《梁郊祀乐章·庆休》)。通过"丝绸之路",中华文明获得更加广泛的传播:"使去传风教,人来习典谟。衣冠知奉礼,忠信识尊儒"(唐玄宗《赐新罗王》),"执玉来朝远,还珠入贡频"(张循之《送泉州李使君之任》),"绝域知文教,争趋上国风"(张惟俭《赋得西戎献白玉环》),"远国通王化,儒林得使臣"(耿湋《送归中丞使新罗》),"万里求文教,王春怆别离"(毛涣《送最澄上人还日本国》),唐王朝的高度文明及其超越其所处时代的开放和繁盛,吸引了四方众多的国家、地区前来朝觐、学习。李泽厚先生说:唐代"中外贸易交通发达,'丝绸之路'引进来的不只是'胡商'会集,而且也带来了异国的礼俗、服装、音乐、美术以及各种宗教。'胡酒''胡姬''胡帽''胡乐'……是盛极一时的长安风尚。这是空前的古今中外的大交流大融合。无所畏惧无所顾忌地引进和吸取,无所束缚无所留恋地创造和革新"。②伊朗学者好麦特在其学术报告《波斯文献中的丝路》中指出,"丝绸之路"在波斯语文献中被称为"中国之路""东方之路",③这就更见出"丝绸之路"的起点在东方的中国,同时强调了"丝绸之路"的主体是中国。唐王朝通过"丝绸之路"把中原文化输出去,又把西域文化源源不断地带进来,并由此给整个国家带来了富裕和生机。

唐人是把开放、加强、维护"丝绸之路"作为一项基本国策实行的。就是这条"丝绸之路",为唐文化、为中华文化的发展壮大发挥了无与伦比的巨大作用,有论者以"大动脉"形容,以彰显其异常重要和不可替代。因为是亲历,唐人的相关记述就显得格外珍贵,可以补充史书记载的不足,帮助我们"寻找失落的东西文化交流的轨迹"。④通过唐诗中有关"丝绸之路"及中西文化交流的丰富记述与多角度描写,我们可以了解多元文化是如何碰撞、交流、融合的,唐王朝是如何大开国门、以海纳百川的博大怀抱接纳当时整个世界的,如何将古代中国一步步推向了世界舞台。曾长时间深入考察过"丝绸之路"的瑞典探险家、地理学家斯文·赫定这样说:

可以毫不夸张地说,这条交通干线是穿越整个旧世界的最长的路。从文化—历史的观点看,这是连接地球上存在过的各民族和各大陆的最重要的纽带。

---

① [南朝]范晔:《后汉书》(十),北京:中华书局1965年版,第2910页。
② 李泽厚:《美的历程》,北京:文物出版社1981年版,第127页。
③ "阿尔山论坛暨第十七届草原文化百家论坛",内蒙古自治区人民政府主办,内蒙古草原文化保护发展基金会承办,内蒙古阿尔山:2016年8月4日—8月7日。
④ 余太山:《早期丝绸之路文献研究·绪说》,北京:商务印书馆2013年版,第1页。

这样一条世界上最长的公路交通动脉，当然不会仅仅是为了游乐而建筑的。它应该起到比这更伟大的作用。这条路不仅会有助于中华帝国内部的贸易往来，还能在东西方之间开辟一条新的交通线。它将连接的是太平洋和大西洋这两个大洋、亚洲和欧洲这两块大陆、黄种人和白种人这两大种族、中国文化和西方文化这两大文明。①

"丝绸之路"的开辟，是人类文明史上的伟大壮举。"丝绸之路"将古代中国与世界联系起来，使中国尤其是长安成为多种文明的交汇之地。"丝绸之路"是古代留给今天的一份值得继承的、优质宝贵的文化遗产。2014 年 6 月 22 日，在卡塔尔多哈举行的第 38 届世界遗产大会宣布：由中国与吉尔吉斯斯坦、哈萨克斯坦联合提交的"丝绸之路：长安—天山廊道的路网"文化遗产申请项目入选《世界遗产名录》，成为首例跨国合作、成功申遗的项目，申请项目的线路跨度近 5000 公里，三个国家共 33 个申遗点，包括中心城镇遗迹、商贸城市、聚落遗迹、交通遗迹、宗教遗迹和关联遗迹等五类代表性遗迹及沿途丰富的特色地理环境，吉尔吉斯斯坦境内 3 处、哈萨克斯坦境内 8 处，中国陕西、甘肃、新疆、河南 4 个省共有 22 个申遗点入选《世界遗产名录》，包括唐诗中写到的许多地方，如大雁塔、玉门关遗址、高昌故城、交河故城、北庭故城遗址等等；此外还有陕西汉中的张骞墓、安放着玄奘法师灵塔的西安兴教寺、隋唐洛阳城定鼎门遗址、玄奘西行经过的甘肃瓜州锁阳城遗址，汉代"丝绸之路"上保存最好、规模最大的烽燧——新疆库车的克孜尔尕哈烽燧，"丝绸之路"上重要的佛教遗迹之一、新疆拜城的克孜尔千佛洞等等。遗产名录中还有位于吉尔吉斯斯坦托克马克城的碎叶城，高宗仪凤四年（679）至玄宗开元七年（719），曾为唐"安西四镇"之一，是当时军事、政治、中西交通的要地。② 从地理空间上看，"丝绸之路"可分为东、中、西三段，东段由洛阳、长安到玉门关、阳关，中段从玉门关、阳关以西至葱岭，西段从葱岭往西经过中亚、西亚直到欧洲。"丝绸之路"的东段和中段都在中国境内，③ 这都充分说明了中国在"丝绸之路"中所占的重要地位。

## 四

"丝绸之路"见证了古代亚欧大陆人类文明与文化发展交流的基本脉络及其在特定历史阶段中显示的多元文化特征。中华文化恢宏大气、开放包容，最能体现在"丝绸之路"的开拓上；人类文明的发展必须建立在互惠、互通有无的基础上；无论是亚洲文明、非洲文明，还是欧洲文明，汇合、交融是完全可能的。只要愿意沟通，交通从来不是问题。"丝绸之路"是一条五彩路，其干线、支线纵横交织，一路向西，如网络一样笼罩了亚欧大陆，世界由此变得可感可知。2014 年 11

---

① ［瑞典］斯文·赫定：《丝绸之路》，江红、李佩娟译，乌鲁木齐：新疆人民出版社 2010 年版，第 225—226 页、第 230 页。
② 周伟洲、丁景泰：《丝绸之路大辞典》，西安：陕西人民出版社 2006 年版，第 113 页。
③ 曾大兴：《"丝绸之路"上的文学景观》，见《中国社会科学报》2017 年 4 月 18 日。

月6日—2015年1月4日北京中国国家博物馆举办的"丝绸之路文物展"（七省联展），展览说明这样写道：

  两千余年来，"丝绸之路"作为中西交通的大动脉，承载着中国与世界的交往、对话，彰显着古代中国开放的文化品格、不朽的文明成果。今天，"丝绸之路"一词早已超越其历史含义，成为一种精神和象征，为当今世界的和平与发展提供了价值典范。①

  唐诗中有关"丝绸之路"及中西文化交流的丰富记述与多角度描写，既有大国气象又有英雄情怀，大国气象激发了英雄情怀，而英雄情怀又增添了大国气象，二者相辅相成，激荡回旋，如宏伟的乐章响彻寰宇，至今犹有回响。我们从中可以强烈感受到："丝绸之路"是那种可以激发我们丰富想象力（关于远方的、异域的、未知世界的）与英雄情怀的古老遗存；"丝绸之路"为古代中国与亚、非、欧各国、各地区、各民族的联系提供了极大便利，将旧大陆的几大文明（黄河流域文明、印度河流域文明、两河流域文明、尼罗河流域文明）连在了一起，由此有力地促进了东西方文化交流和发展；《史记·大宛列传》"索引述赞"曰："大宛之迹，元因博望。始究河源，旋窥海上。条支西入，天马内向。葱岭无尘，盐池息浪。旷哉绝域，往往亭障"；②《汉书·张骞李广利传》曰："汉使穷河源，其山多玉石，采来，天子案古图书，名河所出山曰昆仑云"。③一个全新的世界在"丝绸之路"的开通与延伸中如史诗般呈现，而且愈来愈恢宏壮丽；"丝绸之路"是文明互鉴之路、文化融通之路，标识往昔，导引未来。没有"丝绸之路"，就没有我们今天如此丰富的物质生活与精神生活；没有"丝绸之路"，就没有我们今天如此开阔的眼光与胸襟；没有"丝绸之路"，就没有如此丰厚的文化遗产让我们继承。"丝绸之路"带给我们自豪与自信，历史上的中国原来如此开放和强大。

（原载《内蒙古大学学报》2021年1期）

---

① 笔者于2014年12月25日，前往北京国家博物馆参观"丝绸之路文物展"。
② ［汉］司马迁：《史记》（十），北京：中华书局1959年版，第3180页。
③ ［汉］班固：《汉书》（九），北京：中华书局1962年版，第2696页。

# 元代日僧雪村友梅的蜀道之旅研究

梁中效①

宋元时期，中日之间的文化交流进了一个新阶段，特别是禅宗在南宋达到鼎盛，而禅僧成为两国之间最为重要的文化使者。在元世祖忽必烈死后，随着日元间的战争结束和日本禅宗的兴盛，中日间的经济文化交流日渐繁荣，入元的禅僧超过前代，"出现了可以称之为热潮的现象"。[1]166雪村友梅就是在这样的背景下来到了中国，而且是元代唯一经由蜀道在长安、成都之间居留的日本僧人。因此，研究雪村友梅的蜀道之旅具有重要的历史和现实意义。

## 一、雪村友梅入元的文化背景

中日佛教的发展变化，成为宋元时期两国文化联系的主要纽带。雪村友梅入元就是两国佛教文化交流的一个见证。

中日文化交流在隋唐出现了一个热潮，日本全方位的移植先进的中国文化，"中日两国以遣唐史为主要形式，开展了人类历史上罕见的、空前规模的文化大交流。"[2]161日本在264年间，派出遣唐使达19次之多。日本知识阶层对中国文化"景慕之情怀，模仿之欲望，勃不可遏，故有遣唐使之举。"[3]99日本全方位引进中国文化，形成了盛极一时的"唐风文化"。到了中唐之后，日本逐渐消化吸收唐文化，到宋代形成了具有本国特色的、甚为繁荣的"国风文化"。[4]

在唐宋变革之际，政治文化方面是门阀贵族与贵族化的佛教衰落，庶族进士与平民化的禅宗崛起。禅宗在中日两国的快速发展，使得禅僧成为中日间文化交流的中坚力量。"在北宋时代的160余年间，入宋僧20余人；在南宋时代的150余年间，仅史料上明确记载的入宋僧就足有百人。这个数字可以与唐朝的鼎盛时期相匹敌。"[1]155所以从宋代开始中日两国间的文化交流就依赖禅僧了。"中国之禅宗，则经五代、北宋而益趋盛大，至南宋已达烂熟之期。其时所谓中国之佛教，殆只有禅宗。是故日宋交通渐盛，僧侣往来渐多，日本自亦受其影响。"[3]398此时日本的社会变迁与中国相似，平安贵族衰落，下层武士崛起，"淡泊自守"禅宗受到他们的青睐。禅宗"进入兴盛顶峰的南宋时代，禅才终于在日本受到瞩目。又正值平安朝贵族出现衰落，素朴的、注重行动的武士阶级作为新兴统治阶级兴起的转折时期。武士们在不立文字、提倡绝对认识、主张生死如一的禅宗中，找到

---

① 作者简介：梁中效（1961— ），陕西武功人。陕西理工大学人文学院教授。主要从事两汉三国历史文化、秦蜀古道历史文化与区域发展研究。

了其他宗派所不能给予的打动人心的精神共鸣。因而，禅宗作为受武家政权支持的代表性宗教，终于在镰仓时代（1185—1333）一举迎来了兴盛期。"[1]155

日本禅宗的兴盛与宋代理学、禅学传入日本有密切关系。元朝庆元府普陀山名僧一宁（1247—1317，法号一宁，字号一山，俗姓胡，浙江临海人）。元朝大德三年（1299），奉朝廷之命，持国书赴日本博多，又过京都，下关东，传扬禅学与宋学。以一山为代表的元朝赴日禅僧，他们"鼓吹禅风，对于日本精神界影响甚大，又对于儒学、文学、绘画，及其他各种方面，贡献于日本文化之进步者亦不少。"[3]505其中贡献最大的是"一山一宁"。"最先来日，对于日本文化各方面，有绝大影响者，为元之庆元府普陀山僧一山一宁。"[3]505一山一宁在元朝住普陀山，元成宗曾赐予他"妙慈弘济大师"之号，是著名高僧。"来日之后，在镰仓、京都张法筵，前后凡二十年。上下之尊信极笃，所住之处，缙绅士庶之随喜者，门庭如市，其及于日本精神界之影响极著。弘安以来，几乎断绝之中国留学，所以能再盛者，全由一宁刺激而成。入元僧龙山德见、雪村友梅、无著良缘、嵩山居中、东林友丘等，皆彼麾下所出之人材也。"[3]507日本后宇多天皇在一山一宁圆寂之后，不仅赐他"国师"号，而且亲制像赞："宋地万人杰，本朝一国师"。[3]507而雪村友梅就是这位日本"国师"众弟子中的佼佼者。

雪村友梅在一山一宁的培养和关怀下，产生了对中国强烈的好奇心和对乃师成长成才环境的向往。于是来到元朝，研习禅学。

元世祖忽必烈曾在1281年派遣14万大军、4400艘战船远征日本，因将帅不睦，又遭遇台风袭击而失败。忽必烈死后，继位的元成宗派普陀山禅僧一山为招谕使，到达日本。但两国之间的敌对关系，给中日间的经济文化交流投下了微妙的阴影，禅僧常被怀疑为间谍。镰仓幕府执权者北条贞时疑一山一宁为间谍，幽禁其于伊豆修善寺。解禁之后，一山担任建长寺、圆觉寺住持之职，《建长语》载："山僧（一山自称）三日过圆觉，两日来建长。"很受僧俗的敬重，雪村友梅此时投身一山门下为侍童。雪村友梅，名友梅，字雪村，自号幻空。生于日本正应三年（公元1250），是日本越州白鸟乡人（今日本长冈市新潟县）。雪村世姓源氏，父亲是党一宫，母亲是党腾氏。雪村自幼聪慧，天姿灵秀。《雪村大和尚行道记》提到，雪村"天禀秀拔，岐嶷生姿，乡塾喧传，非池中物也"。[5]609"经史子集，一目皆记。"[5]914"甫以童子，礼国师一山有契。"[5]909雪村此时大约十岁左右，是一山贴身的三侍童之一。一山据中国典籍"岁寒三友"之义，赐予三侍童为"友松、友竹、友梅"之号，从此"雪村友梅"之名伴其终身。"时三童入室，特取三友名之，其松、竹，不显于时。"[5]909一山在镰仓的建长寺和圆觉寺任住持时，把作偈颂的选拔考试作为检验是否可以挂锡的标准。偈颂，又名偈子，因为大多是诗的形式，又名偈诗。作偈颂要求具备中国文化与汉文作诗的能力，所以雪村友梅在一山身边耳濡目染，不仅受到中国文化与禅学的熏陶，而且汉文书写与作诗能力大为提高，深得一山的赏识，经常随侍左右。"而师也，随侍于相之福（日本建长寺）、禄（日本圆觉寺）两山，往来说法者，有年矣。"[5]909得到了一山大和尚的耳提面命和汉学、禅学的真传，在入元之前，就已经达到"舌本澜翻，换骨夺胎，人不知外国来客"的地步，[5]911可以与元朝的文人相媲美。"一宁在日本二十年，接见多数道俗，清谈酬应，对于日本之学问、文学、书法、绘画各方面，实有不少之刺激。"[3]509雪村友梅深得一山一宁真传，汉文诗词、书法、绘画等无不精通。此时元朝的禅宗已呈衰势，而日本禅学正走向繁荣。在道隆、一山等中国一流禅僧的带动下，"日本禅学，次第培养，决不劣于元也"。[3]561一山一宁等人的弟子入元，主要是钦敬中国文化与师傅的成才环境。"彼等极慕元人之风物，除研究禅学外，可经验中国之丛林生活，领略中国之风味。故当时入元者，无非一种漫游的豪兴耳。"[3]561而此时中日贸易更加繁荣，也促进了禅僧入元。"特别是进入14世纪以后，呈现出比唐朝和宋朝更为活跃的盛况。"[1]166频繁的商船往来促进了文化的交流。"由于日本的禅宗日益兴盛，入元游历江南禅刹的禅僧有超过前代的趋势，仅史籍上留名的就超过220人。而且其中大半都集中在14世纪前半叶的50—60年间，出现了可以称之为热潮的现象。"[1]166雪村友梅就是这一中日文化交流热潮的弄潮儿。

## 二、雪村友梅被"放逐"的蜀道之旅

雪村于元成宗大德十一年（1307）十八岁入元。"大舶着岸"，在庆元府（今浙江宁波）上岸，之后来到湖州道场山。雪村"二年京国观光"，以大都北京为行程起点，过河北正定县、滹沱河，经由赵县（柏林寺）、邯郸、河南沁阳到达登封（永宁寺）、游历嵩山（少林寺），到了古都洛阳。从大都到洛阳，这是元代中国文化的一个核心板块之一，雪村从1308年到1311年度过了一段快意的游方僧生活，视野开阔，学问长进，"一时宗匠，盛称其才。"[6]865他的《寄临济住持》："始吾来自扶桑东，二年京国观光罢。杖头兴发嵩山巅，路借滹阳历丛社。"记载了他以大都为中心的行脚生活。为了达到"当代名宿，莫弗参扣"的目的，雪村从洛阳出发到浙江湖州道场山回访一山一宁的法兄叔平隆，跟随其研修禅学，但很快被牵连到"庆元事件"中。雪村自庆元上岸后不久，在1308年发生了日本商人焚掠庆元的事件。"《元史》记载："武宗至大二年七月，枢密院臣言：'去年日本商船焚掠庆元，官军不能敌，'"在元日互不信任的特殊背景之下，雪村友梅被当作间谍，"一例刑籍，囚于雪川之狱。"[5]912其师叔平隆为救雪村死于狱中。雪村友梅在被处以死刑的刀口下，用汉语吟出了昔日从浙江东渡日本的无学祖元的《临剑颂》："乾坤无地卓孤筇，喜得人空法亦空。珍重大元三尺剑，电光影里斩春风。"让监斩官惊叹，得以赦免死刑，于1313年2月，被流放到京兆府（今陕西西安市），软禁于郊外的翠微寺。

京兆府至成都府的蜀道，是汉唐中华文明鼎盛时期的轴心地带，是万里丝绸之路的前进基地。长安是这一时期全世界的经济文化中心，是东西方文化荟萃的大舞台。因此，在日本的文化知识界都有一种浓郁的长安情结，日本学者川合康三甚至说："长安就是一颗历史的种子，早已种在了日本人的文化基因里。可以说，每个日本人都有一个长安梦。"[7]深受中国文化影响的雪村，很向往长安，被流放到京兆府，是不幸中的万幸。

元代的长安虽然早已失去了国都的地位，但仍是蒙古国灭亡金国与南宋、统一全国的前进基地；是忽必烈的"龙潜"之地和推行"汉法"的根据地，元朝统一之后，忽必烈将长安视为龙兴之地，将次子忙哥剌封为秦王，坐镇京兆；长安还是陕西行省的省会，在元朝的大一统进程中有着重要的地位和影响。雪村被软禁的翠微寺正是大唐太宗李世民时期的翠微宫，遗址即今西安市南郊约27公里长安区滦镇黄峪寺村。关于翠微宫的创建，《唐会要》记载：二十一年四月，将武德年间的太和宫改为翠微宫，"遣将作大匠阎立德，于顺阳王第取材瓦以建之。包山为苑，自裁木至于设幄，九日而毕功，因改为翠微宫。正门北开，谓之云霞门，视朝殿名翠微殿，寝名含风殿"。[8]551李世民的《秋日翠微宫》云："秋日凝翠岭，凉吹肃离宫。"太宗在翠微宫长逝，皇家改宫为寺。《新唐书·地理志一》云："（长安）南五十里太和谷有太和宫，武德八年置，贞观十年废，二十一年复置，曰翠微宫，笼山为苑，元和中以为翠微寺。"[9]108有可能在武则天时期就改为翠微寺，孟浩然有《题终南翠微寺空上人房》诗："翠微终南里，雨后宜返照。"[10]6儒佛道均喜爱"云林之静"。李白有《答长安崔少府叔封游终南翠微寺太宗皇帝金沙泉见寄》诗："初登翠微岭，复憩金沙泉。"[11]877寺中有"金沙泉"，是太宗李世民饮用过的泉水。中唐大诗人刘禹锡的《翠微寺有感》诗："吾王昔游幸，离宫云际开。朱旗迎夏早，凉轩避暑来。汤饼赐都尉，寒冰颁上才。龙髯不可望，玉座生尘埃。"[12]225诗人慨叹当年的"翠微宫"是太宗避暑和处理朝政的重地，此时已衰落。晚唐诗人马戴的《宿翠微寺》诗："处处松阴满，樵开一径通。鸟归云壑静，僧语石楼空。积翠含微月，遥泉韵细风。经行心不厌，忆在故山中。"[13]6433诗人喜爱这里的宁静，故宿之不厌。温庭筠的《题翠微寺二十二韵》（自注：太宗升遐之所）诗："遗庙青莲在，颓垣碧草芳。无因奏韶濩，流涕对幽篁。"[13]6735这里已是"遗庙"与"颓垣"，像大唐王朝一样衰败了。但宋元时期的"翠微寺"，虽然已衰落，仍然是长安名刹之一。北宋诗人张俞的《翠微寺》诗："翠微寺本翠微宫，楼阁亭台数十重。天子不来僧又死，樵夫时倒一株松。"[14]卷382此时的寺观已经荒凉冷清了，尽管如此，但证明翠微寺从盛唐到宋元，香火没有断绝，文脉没有中断。因此，雪村庆幸自己来到翠微寺。他的《偶作十首》其四诗云："函谷关西放逐僧，同行唯有一枝藤。终南翠色连嵩华，庆快平生此一登。"[15]虽然被"放逐"到长安翠微寺，但高兴来到这一文化胜地。翠微寺的僧人同情雪村友梅的遭遇，并没有限制他的自由，使他得以游览，并了解由宫变寺的过程。他的《九日游翠微》诗云："一迳盘回上翠微，千林红叶正纷飞。废宫秋草庭前菊，犹着寒花觅晚晖。"证明他是在秋天到了翠微寺，黄菊红叶，夕阳秋草，让他孤独无助。《偶作十首》其二诗云："函谷关西放逐僧，是何顽恶得人憎。髑髅刃下逃腥血，脚债曾烦驿吏征。"他驿卒监管到了京兆府。由于是放逐，生存环境差。"破茅风卷荒山顶，百鸟衔花更不曾。""长伸两脚深云里，自在乌沉兔又升。"在荒山野岭之上，过着流放的生活。他的《重九即事》："去燕来鸿宁郑重，良辰美景何留连。篱边采菊成今古，盎底逢香任圣贤。人隔蓬莱三万里，鹤归华表一千年。临风无恨登高趣，付与终南最上巅。"在终南山巅的翠微寺度过了孤独的重阳节。尽管山里的生活清苦如此，他还是比较眷恋翠微寺（后来他被赦免，1328年元文帝鉴于雪村的人品学问和曲折人生，赐其"宝觉真空禅师"的称号，他又返回翠微寺担任住持）。他两次到翠微寺，尽可能地游历了大雁塔下的慈恩寺、石瓮寺、鹿苑寺和蓝田、辋川、王维故居等大唐文化遗存。他的《石瓮寺》诗云："平生无梦曾行路，绣岭东边渭水南。一迳盘空云备崄，半崖松子落禅龛。"石瓮寺位于骊山东绣岭之上，创建于盛唐开元年间。《两京道里记》："石瓮谷有悬泉激石成臼，似瓮形，因以谷名寺。"故址即今石瓮寺所在地。他在正月十五上元日到蓝田县城，《元夕（二首，在蓝田）》："山城灯火岂通宵，罢赏归来景更饶。沙外吹水风未暖，半窗寒月斗横构。""上元春事少年心，孰忍龛灯独夜吟。一种风流难免俗，竹轩松吹替鸣琴。"20多岁的雪村，很喜欢蓝田山城元宵节的夜景。由蓝田县城前往30里外唐代的园林胜地辋川。"终南之秀钟蓝田，茁其英者为辋川"。王维在这里度过了宁静、闲适的晚年生活，为后世文人所推崇，更为雪村所敬仰。他的《辋川道中》诗云："杖屦欲何适，倏然意若存。山回悬栈道，溪转断桥村。松老苓收液，玉藏石带温。已知幽隐处，聊此扣柴门。"很有王维诗的禅意。王维故居已变为鹿苑寺，他留住寺中，思接千载，写下《宿鹿苑寺（王维旧第）》："索莫唐朝寺，昔人今已非。短绡千叠嶂，浮世几残晖。塔影摇岚侧，钟声咽吹微。客窗休自恨，华表会仙归。"雪村敬仰王维，他是唐宋禅学的偶像，他的诗把禅学的空灵写到了最高境界。蓝田辋川因王维而出名，《新唐书·王维列传》"母亡，辋川第为寺，终葬其西"。据记载王维墓位于辋川乡白家坪村。飞云山下还有一棵王维手植银杏树，如今这棵1200多岁的银杏树，成为王维的文化符号，被称之为"辋川之神"。鹿苑寺遗址，位于王维手植银杏树的北面。毁于20世纪六七十年代。游览了辋川、凭吊了王维之后，雪村还去了大慈恩寺，登上了大雁塔。他的《和曾彦权游雁塔韵》："秋水渭水飞黄天，相逢杖屦同翩然。我家吴兴幽绝处，松萝石磴常攀缘。迩来万里他山川，鹤怨渐已秋鸢肩。乘兴作诗发三叹，挥弦目送征鸿边。"雪村在秋天登上大雁塔，在称赞曾彦权的同时，更多的是万里外的乡愁。在长安期间，雪村结识了多位僧俗朋友。他很尊敬长安城的隐者松庵老人，在《松庵》诗中说："长安有叟名松庵，萧然环堵南城南。自言寓物会心处，遁世何必皆深岩。我正论君还绝倒，青云白石壮襟抱。爱君似松松似君，矍铄精神水雪老。紫髯霜干苔藓皮，摩围百尺参天姿。造化戏人钟一气，岁寒终始宜相期。君知否，媚其不材私售者，苟逃斤斧安足雅。成用莫惜栋梁材，免看蓬蘽支大厦。"在这首诗中，雪村在赞美松庵的同时，也流露出个人的价值取向，要成为栋梁材。他在长安送别了李以正、李元夫兄弟，其诗《赠李以正李元夫归乡》："难兄难弟勇高义，受我不疵同臭味。谪仙才调欠一官，诗酒风流转豪气。浪游万里天一陬，笑谈自可轻王侯。""君不见，碌碌弃林非可惜，会有龙梭起雷泽。他年未老江海滨，思与公等成三客。"雪村仍具有青年才俊"诗酒风流""可轻王侯"的豪气。

雪村在京兆府前后四年左右时间,第一次被流放到京兆翠微寺,人微言轻;第二次是以大德高僧身份,受命住持翠微寺,证明他也有浓郁的"长安情结"。元仁宗皇庆二年(1313)2月,雪村来到翠微寺,"宥在长安,又三年,而朝议远窜逐于西蜀"。到了延祐三年(1316),雪村遭谗言,再次被流放到四川成都。遭次打击,他并未沉沦,他大概在延祐三年的秋天离开长安,西行经雍城(今陕西凤翔县),后来由宝鸡入连云栈道前往汉中。

元朝在连云栈道凤翔府至褒城沿线设有站赤(驿站)10处,每站置驿马多者137匹,少者54匹。站赤间距离远者百里以上,近者五十里左右,平均六七十。雪村大约在2017年秋天,由京兆府西行到凤府。他的《秋夜怀友》诗:"我本东南人,常思东南客。奈此良夜何,萧萧城东陌。"在秋风萧瑟之际到了凤翔府,寄居在城东,写了《杂体十首》,都以"延祐三年"为题来表白自己:"世事纷于我,我何于彼纷。形骸枯槁尽,斩鼻贵风斤。瓶冷吴水月,锡轻秦山云。此生几两履,万古一朝曛。"表明自己在纷乱的世事下,无可奈何,形容枯槁。"佣书笔常尖,旧稿今半蠹。即怀倜傥才,何用勤细故。"自己虽怀才不遇,但光明磊落,不必谨小慎微。"学道无固必,斩轮有奇术。胸吞万卷书,未足夸神笔。"对自己的道德学问充满自信。"吾不欢人誉,亦不畏人毁。只缘与世疏,方寸淡如水。一身缧绁余,三载长安市。吟我聊适情,直语何容绮。"自己正道直行,不畏毁誉,在长安三年,心静如水。他的《赠张义夫》诗云:"一笈相逢忘逆旅,十篇聊寄展绸缪。雍城秋老分携日,知在东西第几州。"诗中的"逆旅"即驿站,"十篇"可能是以"延祐三年"为题的《杂体十首》,"雍城"即凤翔。由于陇右地震,雪村滞留在凤翔。《元史》记载:"延祐四年正月壬戌,冀宁地震。七月己丑,成纪县山崩。辛卯,冀宁地震。九月,岭北地震三日。"[16]137延祐五年(1318),和宁、德庆二防地震,秦安、成纪等县山崩。元祐七年(1320)正月,元仁宗死,三月英宗即位,政权动荡。这一切天灾人祸,影响了雪村前行。英宗至治元年(1321)秋天,雪村由宝鸡进入连云栈道,再一次踏上了被流放的途程。他的诗记录了他的心路历程:"函谷关西放逐僧,同行唯有一枝藤。""髑髅刃下逃腥血,脚债曾烦驿吏征。""瓶空远饷他方国,识海无风浪自腾。""千生黑业性犹在,百炼黄金色更增。"屡遭打击,屡挫弥坚,百炼黄金,金光四射。雪村在宝鸡遇到了西去甘肃的"杜御史",写有《和杜御史甘肃守省途中十八绝》诗,其中的第七首云:"一篙竹渭碧流湾,西指敦煌不尽山。落日游(邮)亭回首望,烟村茅屋两三间。"过了渭河边上的宝鸡,告别关中平原,进入秦岭山地,踏上连云栈道,在汉中褒城鸡头关出栈,告别秦岭,进入汉中盆地。此时已是晚秋初冬季节,他后来出川在重庆"閬岩",写有《閬岩总兵》三首,其中回忆了他在汉中褒城"鸡头关"的情形。"千兵易得将难求,万法从来一处收。苹蓼芦花秋色里,满天霜雪载渔舟。"这是一首赠予当地"总兵"的诗,时间是满天霜雪、芦花飞白的深秋初冬。"鸡头关上逢今日,正是村僧入蜀初。出蜀又当渝水别,它山相会更何如。"这里的"鸡头关"在古褒城之北，关口有大石状如鸡头，故名。"自此入连云栈，最为险峻。"是进出连云栈的门户。证明雪村在深秋初冬之时走出连云栈道，到达汉中盆地，然后经盆地西端的古阳平关进入金牛道，过剑门关到成都。四川山环水抱，形势险要，剑门天下险，夔门天下雄。入蜀经剑门，出蜀过夔门。因此，他说"鸡头关上逢今日，正是村僧入蜀初。"自重庆经三峡出蜀，"出蜀又当渝水别，它山相会更何如。"这里的"渝水"即嘉陵江，嘉陵江在重庆汇入长江，重庆古称"渝州"，是以水为名。宋元时期的蜀道沿线人烟稀少，森林密布，秦巴山间的汉中盆地是蜀道的中继站和歇脚点。雪村被再次流放，心情不畅，加之栈道险峻难行，跋涉辛苦，不幸病倒。他的《病枕织长句谢石桥发药》诗云："半年蜀道历艰险，寒热相攻痁正作。耳黑面黄肢体枯，头疼目眩频呻呼。何物小儿巧乘隙，欺我万里形骸孤。挤排不去甘日余，连颠傲死难枝梧。移床侧枕酒家墟，主人欢饮忘甘荼。天生我命有时苏，未必逝者如斯夫。君问囊中狼虎呕泻药，何似雪山肥腻香草纯醍醐。"其生病之时有可能在汉中度过，"酒家"主人救护了孤独无助、面黄体枯的雪村，使他大难不死，继续前行。这样，从初秋离开凤翔，经宝鸡踏上蜀道，过汉中到成都，大约用了近半年的时间，正所谓"半年蜀道历艰险"。大约在至治二年（1322）春天，雪村到达第二次流放地成都。

　　成都自秦汉以来就是西南的经济文化中心，宋元时期的成都是全国四大经济都市之一，是元代四川行省的省会。宋末元初诗人汪元量在《成都》诗中说："锦城满目是烟花，处处红楼卖酒家。坐看浮云横玉垒，行观流水盪金沙。巴童栈道骑高马，蜀卒城门射老鸦。"意大利著名旅行家马可·波罗也盛赞成都府的繁荣景象。[17]而雪村对成都并不陌生，四川是宋元禅宗的重镇，东渡日本、为镰仓禅宗创始人的兰溪道隆、兀庵普宁都是南宋四川人，也是雪村仰慕的高僧大德。"天府之国"成都，让雪村暂时安定了下来。他的《失题》："西南足元气，融结川与山。"成都是山川环抱的名城。他被安置在成都府东边的寺院里，到了"乙丑年春日"（即元朝泰定二年，1325年），刚好满三年，为此写有《乙丑春日偶作》："龟城东际寺，蟹井北边房。一宿我何恋，三年宾自忘。宴安虽可乐，艰阻备曾尝。万里鸥盟在，长江日有航。"这里的"龟城"即成都，秦取蜀后筑成都城，非方非圆，曲缩如一个乌龟，故称为龟城。在城东寺庙里一住三年，虽然成都宴安可乐，但他的流放生活仍然艰辛。他的《乙丑立春后一夕，锦城灯火因诵甘露灭"软红香雾喷东华"之句，别成一章寄石桥》："南邻歌鼓北邻弦，景物催人底更连。春到江城才一日，灯观林寺恰三年。有兴不吟吟有愧，石门文字石桥禅。"这两首诗中的"三年宾自忘""灯观林寺恰三年"，皆证明雪村于1322年到成都，到1325年恰好满三年。雪村虽然不是自由之身，但他感受到了成都的繁华胜景，领略了上元观灯的热闹，"南邻歌鼓北邻弦，景物催人底更连"。他感受到了青城之幽、峨眉之秀。其《癸亥春晚，朴庵游青城回，诵子美石刻丘字韵诗，予因追和姑宽不同游之恨云尔》："山人夸我碧山幽，曾倚琼栏十二楼。"其《失题》提到峨眉的大峨山："大峨势不群，渥洼出天闲。"送友朋游峨眉，《送开先腴知客游峨眉》："乾坤阔,日月干,蜀江急,峨山岌。"他还陪同寺中僧人登上了成都龙泉第一山"长松山",《上长松山》:"亭台缥缈欝嵯峨,咫尺丛霄气错摩。""闲吟白石封苍藓,绝爱青松蔓绿萝。"他遥望岷山,写下了《岷山歌》:"岷山岌岌天咫尺,岷水汤汤涛万里。险隘攒耸镆铘锋,烟尘隔断咸阳市。"他的《七月朔立秋》:"岷岭但看寒雪色,汶江犹未静波声。"对成都的自然风光与人文风情,他都有深切的感受。《再韵答石桥》:"锦里光风中自数,湘山绣色里谁眠。"他结交了石桥、朴庵等僧道高人。写下了《次韵石桥六偈》《三韵寄朴庵》等诗篇。也认识了施州周别驾、画家阎君等一些俗世朋友。《书简施州周别驾》:"忆在锦城时,相逢曾闻道。杖屦入东林,烹茶谈绝倒。"反映了他在锦城宁静安乐的日常生活。

雪村在成都大约也度过了四年"安乐"的时光,从1322年到1326年。他虽然没有多少自由,但他的道德学问受僧俗共同的敬重;他虽然是流放之身,但对人生充满自信,"万里鸥盟在,长江日有航";他相信自己能够走出苦难,重获自由。泰定三年(1326),朝廷大赦,雪村被赦免。1327年,雪村离开成都,经重庆由三峡出川。他深情地写下了《雪山吟——留别锦里诸友》:"上林赋客气飘飘,姑射仙人颜卓约。雪可寻,云可伴,谁云无语难相款。孔父倾盖温伯雪,吕安命驾嵇中散。"他将朋友比作司马相如、美貌的得道仙人,虽然与朋友交谈不多,但就像孔子与温伯雪子、吕安与嵇康那样是神交君子,是超凡脱俗的朋友。他在写给周盛夫教授的诗中有明确的表白。《周教授(盛夫)》:"余本不羁人,足迹穷禹甸。所至访奇古,会心辄所便。阅士如睹墙,眼中无贵贱。孙阳马空群,奔逸谁可羡。剑南已三霜,兴尽留何恋。顷自锦城东,鹢泛渝江淀。云滩水滔滔,凤岭云片片。"足迹遍及大半个中国的雪村,人生最艰难也是最难忘的时光是在蜀道线上度过的,这里的汉唐文明之光照亮了他前进的方向。

### 三、雪村友梅蜀道之旅的影响

蜀道是汉唐文明的轴心,是元朝统一全国的战略大通道;长安与成都是中华文明鼎盛期的双子星座,是元朝西部最为繁荣的经济文化双城。雪村友梅的蜀道之旅,虽然不是自由行,但对蜀道文明、元朝历史产生了深刻影响,对中日文化交流与东亚文明互鉴也起到了一定的促进作用。

第一,雪村友梅是蜀道史上第一位用汉语书写蜀道的外国佛教高僧与文化学者。目前可知元代至少有三位外国人的蜀道之旅并有文字记录,第一位是意大利著名旅行家马可·波罗,他大约在1276年到1278年间由大都经蜀道前往云南,在他的游记中描写了长安—蜀道—成都。[15]第二位就是雪村,他于1313年至1326年,在蜀道沿线生活了十余年,《雪村大和尚行道记》说:"十暑不获归"。[5]914他有汉文诗集《岷峨集》传世,[14]主要用诗歌记录了他被"放逐"西部的蜀道之旅。对元代蜀道两端的大都市长安与成都皆有较多的描写,其诗歌佳作可以与元代一流诗人相媲美。第三位是韩国古代著名诗人李齐贤"曾于延祐三年(1316)夏末,奉命代高丽忠宣王至成都、峨眉进香,因而有蜀道之行。"[18]他是韩国古代"三大诗人"之一，著作有《益斋乱稿》《栎翁稗说》《益斋长短句》等，其汉诗文修养水平要高于雪村友梅，对蜀道沿线自然与人文景观的记录也多于雪村，但他来中国的时间与到达蜀道沿线的时间皆晚于雪村。因此，雪村在马可·波罗之后、李齐贤之前到达蜀道开端城市长安，他是第一位用汉文书写蜀道的外国学者。

第二，雪村友梅是东亚文化圈中第一位考察蜀道汉唐文化遗存并切身感受汉唐文化精神的外国学者。蜀道沿线是汉唐"天府之国"的轴心地带，是汉唐文明由"丝绸之路"走向世界的战略基地。雪村从青少年时期开始受到一山一宁所传授的汉文化的熏陶，向往以长安为中心的汉唐文化，放逐京兆府得遂所愿；由蜀道到成都，又感受了司马相如、诸葛亮、杜甫等汉唐文化名人当年奋斗的热土。他在《侯轩》一诗中说："草不春不茁，蛰不雷不惊。凡物各有时，而人岂无情。淮阴困韩信，南阳卧孔明。一遇成佳士，三顾振佳声。"他坚信自己被"放逐"是人生的锤炼，就像韩信、诸葛亮那样在困窘之后才能有蜀道线的辉煌，即"人贵谁不贱，人辱谁不劳"。他仰慕汉唐间的杰出人物，在《和杜御史甘肃守省途中十八绝》中说："才名盖世鲍参军，行业绝伦庞德公。""一片忠心汉霍光，亏刀万里破天荒。"推崇西汉政治家霍光、三国初年智士庞德公、南朝文学家鲍照等人。在《春岩轴》诗中说："凤质龙章古亦少，虎头燕颔今犹多。"前者是嵇康，龙章凤姿，后者是班超，虎头燕颔。他在诗中还提到司马相如、李白、杜甫、苏东坡等文学家，这些中国大文豪在蜀道上的故事激励着雪村正道直行。

第三，雪村友梅是日本学者中第一位用汉语书写蜀道自然山水与人文风光的汉学大诗人。唐代的日本遣唐使与留学生主要集中在长安，而学问僧有到过成都的，如唐懿宗时期来成都的日僧宗睿，将以"西川印子"著称的成都印刷出版的《唐韵》《玉篇》两部书带回了日本，但唐宋时期来中国的日本人没有用汉语书写蜀道的著作，而雪村的《岷峨集》是日本学人书写蜀道的第一部著作。雪村用诗歌书写了长安大雁塔、骊山绣岭、终南山、翠微寺和渭河、雍城、石瓮寺等。"平生无梦曾行路，绣岭东边渭水南。""孕灵秦雍人须杰，演法覃怀德愈光。"还书写了秦巴山地的栈道，"山回悬栈道，溪转断桥村""云栈崖梯联复绝，沙罗花绽天香泄"。从宝鸡到汉中的连云栈道对他印象深刻，这条北栈道的南出口鸡头雄关更让他难忘，"鸡头关上逢今日，正是村僧入蜀初"。南栈道穿越巴山时的五丁大力士开道与诸葛亮故事，让他得以印证。他在《岷山歌》中写道："形胜自可暂游观，幽奇未许穷跻攀。桥梁架壑虹蜺背，城郭丽锦烟霞间。安忆蚕丛未开国，水岂不水山不山。汪洋磅礴但元气，天府雄深神物悭。五丁力开战争路，八阵图启兵机关。七窍谋报混沌氏，三分割据蜗触蛮。"他对以成都为中心的巴蜀山川风物更是印象深刻，常以"锦里""锦城"来指代成都，"锦里光风中自数，湘山绣色里谁眠""忆在锦城时，相逢曾闻道"。他还有《岷山歌》《送开先胰知客游峨眉》等诗，皆体现了他对蜀地的眷恋，因此他将个人的诗集命名为《岷峨集》。

第四，雪村友梅是将"访奇古"与"石桥禅"相结合、儒佛道相融合，精通汉学与禅学的日本高僧的代表。以长安与成都为端点的蜀道沿线，是儒学独尊与佛教兴盛的大舞台，也是魏晋以来三教融合的根据地。雪村以"访奇古"的强烈愿望，冲破被流放的种种限制，力争将蜀道沿儒佛道的三教文化遗存尽收眼底。"余本不羁人，足迹穷禹甸。所至访奇古，会心辄所便。"通过"访奇古"，将三教精髓冶于一炉，达到汉学与禅学的融合，"明日莫教东道主，江郊筑室去安禅"。最终由"访奇古"升华为"休讨古"，达到禅学的最高境界，"扫相破执"，返璞归真，"明心见性"，纯净自然。即雪村《拙斋》诗所说："爱君瓠落似无容，巧尽功夫一味慵。掩室闲眠休讨古，恐看断木到机春。"

总之，雪村友梅的蜀道之旅，虽然是被"放逐"的孤独而又艰苦的跋涉，"函谷关西放逐僧，同行唯有一枝藤"。但他在空间上改变了自中唐以后，尤其是宋元时期日禅来华主要集在东南一带的格局。在时间上打破了日僧在华停留最多二年左右的短暂研学，而是在蜀道线上度过了十余年，"十暑不获归"。在精神上克服被管制的束缚，努力追求"所至访奇古，会心辄所便"的蜀道文化遗产考察。最终将人生的危机变为转机，1313年被流放到京兆翠微寺，1329年又以大德高僧身份担任翠微寺住持，在蜀道线上实现了人生的华丽转身，难怪他将自己的诗集命名为《岷峨集》。雪村"出函关、度秦陇、登望松华、山川跋涉、苦吟骷髅刃下逃腥血，脚债曾烦驿吏徵，遂编置于成都岷峨之间也。"[19]913他回国之后，成为五山汉文学的巨匠。玉村竹二说："他的生涯波澜万丈，体现了镰仓时代人之雄大气宇。""雪村天姿俊敏，在异国语言与环境的试炼下，雕琢资质，创作出了珠玉般的佳作。"[20]1007他的汉文诗集《岷峨集》，是中日文化交流的见证，值得珍视。

（文中所引雪村友梅诗来自李盈悦《岷峨集》整理本。张显峰提供了雪村研究的资料。对二位青年学人致以谢忱！）

## 参考文献

[1]藤家礼之助著、章林译. 中日交流两千年[M]. 北京：北京联合出版公司，2019.

[2]王介南. 中外文化交流史[M]. 太原：书海出版社，2004.

[3]木宫泰彦著、陈捷译. 中日交通史[M]. 太原：山西人民出版社，2015.

[4]梁中效. 宋代文化对日本的影响[J]. 汉中师范学院学报，1996(2)37—43

[5]玉村竹二编. 五山文学新集·雪村大和尚行道记[M]. 东京：东京大学出版会，1967.

[6]玉村竹二编. 五山文学新集·岷峨集[M]. 东京：东京大学出版会，1967.

[7]趣历史. http://www.qulishi.com/news/201701/158114.html

[8]王溥. 唐会要[M]. 北京：中华书局，1990.

[9]欧阳修、宋祁. 新唐书[M]. 上海：上海古籍出版社、上海书店，1987.

[10]孟浩然. 孟浩然集[M]. 长沙：岳麓书社，1990.

[11]李白. 李太白全集[M]. 北京：中华书局，1995.

[12]刘禹锡. 刘禹锡集[M]. 上海：上海人民出版社，1975.

[13]彭定求. 全唐诗[M]. 北京：中华书局，1996.

[14]北京大学古文献研究所. 全宋诗[M]. 北京：北京大学出版社，1998.

[15]李盈悦.雪村友梅及其《岷峨集》研究[J].中国知网.https://kns.cnki.net/kns/brief/default_result.aspx

[16]脱脱.元史[M].上海：上海古籍出版社、上海书店,1987.

[17]梁中效.马可·波罗的蜀道之旅述论[J].成都大学学报,2014（05）29—34

[18]姚诗聪.李齐贤蜀道之行的文学意义[J].江西科技师范大学学报,1018（03）115—122

[19]上村观光.五山文学全集[M].东京：思文阁出版,1992.

[20]玉村竹二编.五山文学新集·第三卷[M].东京：东京大学出版会,1969.

# "百蛮冠带文轨同"：
# 蒙古西征时期中华文明的西向传播①

僧海霞②

13世纪初，蒙古人在成吉思汗的带领下，开始了向中亚和西亚地区的疆域拓展。格鲁塞认为蒙古人的征服活动"是将环绕禁苑的墙垣吹倒，并将树木连根拔起的风暴，却将鲜花的种子从一个花园传播到另一个花园"。③李鸣飞认为蒙古人对于文化传播的贡献几乎可以媲美于罗马人的征服战，其对世界的贡献，大概只有好望角的发现和美洲的发现才能与之比拟。④而此时追随成吉思汗西行的丘处机师徒，则充当了中华文明西向传播的使者，将中华文明远播至西域和中亚，耶律楚材视此时的中亚为"百蛮冠带文轨同"⑤之区，他们见证了中华文明的西向传播历程。

## 一、文明传播者的知识基础

1220年，丘处机和弟子数十人，应成吉思汗征召随刘仲禄前往八鲁湾，李志常将他们沿途见闻汇集于《长春真人西游记》⑥，成为13世纪初中华文明西向传播的重要见证。丘处机（1148—1227），字通密，号长春真人，山东栖霞人。1166年，他在宁海昆嵛山出家，后追随王重阳加入全真教，先后在山东、陕西等地修道，1217年成为全真教教主。孙锡评价丘氏"博物洽闻，于书无所不读"⑦。丘处机引儒、佛入道，使全真教取得了政治上的认同。弱冠之年的山东入道，而立之年的关中修道，在陇山创立的龙门派，使丘处机声名鹊起。数十年的游历使他对中华文明殚见洽闻，而多年对道德的精研深悟使他具有极强的思考和表达能力。李志常（1193—1256），字浩然，号真常子，丘处机弟子，追随丘氏西行，是全真道发展史上的重要人物。李志常幼年由伯父李蒙抚养，李蒙看他"聪慧颖悟并在

---

① 基金项目：本文系2019年度国家社科基金西部项目"元明清时期丝绸之路中国段城市景观变迁研究"（19XZS032）的阶段性研究成果。
② 作者简介：僧海霞（1976—　），女，河南卢氏人，历史学博士，西北大学历史文化学院教授。研究方向为历史地理和敦煌医药文献。
③ ［法］雷纳·格鲁塞：《蒙古帝国史》，龚钺译，北京：商务印书馆，1989年，第278页。
④ 李鸣飞：《横跨欧亚：中世纪旅行者眼中的世界》，兰州大学出版社，2014年，第51页。
⑤ ［元］耶律楚材：《用前韵送王君玉西征二首》，《历代西域诗抄》，乌鲁木齐：新疆人民出版社，1982年，第58页。
⑥ ［元］李志常：《长春真人西游记》，党宝海译注，石家庄：河北人民出版社，2001年。
⑦ ［元］李志常：《长春真人西游记·序》，党宝海译注，第1页。

同龄人中'崭然出头角',于是便很注重对他进行文学熏陶,以图将他培养成出色的儒家文人,使他将来在仕途上或文学上有所成就"。①李志常自幼即接受了文化教育,拥有儒士的通识。由此看,丘氏师徒的学识和素养,为他们将中华文明带入西域和中亚提供了知识基础;而他们对道、儒、佛等理论的言谈精思,使他们具备对中华文化进行归纳和演绎的能力。总之,丘氏师徒的文化素养和游历体验使他们具备将中华文明向外传播的能力。

## 二、中原道教的西向传播

丘氏身为道教徒,西行主要为传播道教而来,"道德欲兴千里外,风尘不惮九夷行"。②尽管年事已高,而西行又艰辛异常,但丘氏依然坚持西行。丘处机西行最主要的任务是向成吉思汗君臣宣扬道教思想。在八鲁湾行在,成吉思汗问丘处机:"远来有何长生之药以资朕乎?"丘处机回答"有卫生之道而无长生之药"。③虽然成吉思汗多次问询长生之术,丘处机坚持没有长生之术,只有养生的方法。丘处机受到成吉思汗接见时,他说"道人从来见帝,无跪拜礼,入帐折身叉手而已"。④这种礼仪的坚持,使得蒙古统治者对道教礼仪有了认知。丘处机关于道教的宣扬,破除了民间关于道教有长生不老之术的传言,使道教思想以其更真实的形态向外传播。

在西行中,道教传播的表现有两点表现,一是教徒人数的增加。二是道教思想的深入。他们行至斡辰大王帐下时,大王问以长生之术,丘处机回答说须斋戒而后可闻,并约定望日授受。后因天气缘故无法执行,斡辰大王意识到自己不应在成吉思汗之前闻听道法,遂停止求取长生之术。这使得道教仪式如斋戒等在此传播,并使儒家的等级思想即大汗与大王的等级差异得以强化。在镇海城(阿鲁欢),"有汉民工匠络绎来迎,悉皆欢呼归礼,以彩幡、华盖、香花前导"。他们对丘处机说:"昔日稔闻师道德高风,恨不一见,不意此地有缘也。"⑤人皆望风追随,使道教在蒙古高原至中亚交通沿线的城市和聚落汉人中广泛传播。丘处机在邪米思干城住冬,"汉人往往来归依"。⑥二月二日,司天台判李公请丘处机游郭西,"憩则籍草,人皆乐之,谈玄论道,时复引觞"。⑦至阿里马城东园,二太子之大匠张公恳请曰:"弟子所居营三坛四百余人。晨参暮礼,未尝懈怠。且预接数日。伏愿仙慈渡河,俾坛众得以请教。"⑧此时丘处机正处在回程中,已无暇北行,便拒绝。但从张公所言可知,其所在道教信徒有四百余人,这数量在中亚地区实属规模较大。丘处机师徒西行宣讲道教,给处于战争中的人们以精神上的慰藉,使道教徒数量大增,在汉人聚居的城市里,每每有数百信徒,他们设醮营坛,扩大了道教的信仰空间。

至阿不罕山时,因当地人强烈要求,丘处机留弟子宋道安辈九人在此地宣扬

---

① 郭武《全真大师李志常传略》,《中国道教》,1998年第1期。
②③④⑤⑥⑦⑧[元]李志常:《长春真人西游记》,党宝海译注,第75页、第70页、第82页、第38—39页、第62页、第65页、第90页。

道教。他们选地建道观,当地民众积极参与,"人不召而至。壮者效其力,匠者效其技,富者施其财。圣堂、方丈、东厨、西庑、左右云房,不一月落成。榜曰'栖霞观'"。① 之后他们"立长春、玉华二会",延续不辍。当丘处机师徒返回时,弟子宋道安等九人同长春、玉华会众远迎,住入栖霞观。依着丘氏的名望,归依者日众。丘处机师徒在此建道观,"叠设醮筵,旦望作会,人多以杀生为戒"。② 这意味着在阿尔泰山一带,道观的建造和道教仪轨的推广,使道教更深入人心,影响着当地民众的日常行为,加深了道教传播的深度。

### 三、儒家治国理念的西传实践

丘处机师徒虽为道教徒,但他们自幼接受儒家教育,儒家思想观念的影响根深蒂固。在西行途中,他们的治国和御民言论,表现出典型的儒家特征。在会见时,成吉思汗问丘处机震雷的原因,丘处机回答:"山野闻国人夏不浴于河、不浣衣、不造毡。野有菌则禁其采,畏天威也。此非奉天之道也""今闻国俗多不孝父母,帝乘威德可戒其众。"③丘处机所谓的"奉天之道",是对天人合一理念的阐释。他向成吉思汗传授的治国之道,即借助西征之威劝谕当地民众改变"不孝父母"之俗。成吉思汗欣然接受,敕令左右记以回纥字,并应丘处机之请遍谕国人。成吉思汗还将太子、诸王、大臣召集在一起,将丘处机多次劝诫之理转达给他们。丘处机得以在中亚将儒家的奉天之道和治国之策传授给蒙古上层,并在中亚的治理中实施,意义重大。

在生活习俗方面,丘处机也告诫成吉思汗要尊重自然规律。成吉思汗外出打猎发生意外时,丘处机劝谏说:"天道好生,今圣寿已高,宜少出猎。堕马,天戒也。"成吉思汗回说:"我蒙古人骑射少所习,未能遽已。虽然,神仙之言在衷焉。"④也就是说成吉思汗虽然认为骑马射猎是蒙古人的习俗,但他自己还是认真反省,认为丘处机所言有理,并自此两月不出猎。这意味着他们生活习俗也在儒家思想的影响下逐渐发生变动。

### 四、中原物产技术的西向流传

物产交流是文明传播的标识。在中西文化交流中,物产的互通有无在汉唐时期表现得更为典型,出现了一批经陆路向西传播的具有标志性的物产,如汉代的丝绸,唐代的陶瓷等。及至13世纪初,我们依然可以见到这条路上物品传播的情景。丘处机行至鱼儿泺驿路时,蒙古人向丘处机献黍米,丘氏以斗枣酬之。蒙古人喜曰:"未尝见此物。"⑤因舞谢而去。近代考古资料表明,枣的栽培始于7000年以前。其最早的栽培中心,为晋陕黄河峡谷地区。《诗经·豳风》中有"八月剥枣,十月获稻",豳是周王朝开国的地方,在今陕西彬县。而在千余年的物产交流中,枣依然没有在塞北地区出现,而通过丘氏携带的枣,使得蒙古民众可以见

---

①②③④⑤ [元]李志常:《长春真人西游记》,党宝海译注,第39页、第92页、第85—86页、第86页、第32页。

到独特的中原物产。在阿里马城,当地农人也开渠灌田,"土人唯以瓶取水戴而归,及见中原汲器,喜曰:'桃花石诸事皆巧。'"①"桃花石"是当时西方人对汉人的通称,在他们看来,汉人的制作技术精巧,值得借鉴。

丘处机在行程中遇到一次日食。这次日食现象发生于1220年的五月一日,此时丘氏一行行至陆局河,见到日食正值午刻。西南行至金山时,当地人言:"巳时食,至七分。"至邪米思干城时,丘处机遇到算历者,其人曰:"此中辰时食,至六分止。"对于三地发生日食的差异,丘处机对此予以解释:"案孔颖达《春秋疏》'月体映日则日食。'以今料之,盖当其下,则见其食;既在旁者,则千里渐殊耳。正如以扇翳灯,扇影所及,无复光明。其旁渐远,则灯光渐多矣。"②他不仅解释了日食形成的原理,还对各地观察到的日食的时间差异给出解释。他认为形成日食的原因是月球遮住了太阳,在能见到太阳的地方就可以看到日食;而处于太阳垂直下方,就可以看到相同的日食形状,千里之外且在斜下方者,看到的日食形状就发生了变化,即月食的大小会有区域的差异。

## 结　语

在历史时期中华文明的域外传播中,传播者和传播路径有明显的时空差异。13世纪初经由草原丝绸之路传播至塞北、西域和中亚的中华文明,主要随蒙古人西征而向西推进。丘处机师徒的西行,使我们得以窥豹一斑。道教作为中国的本土宗教,道教徒的中华文明域外传播具有典型意义。中原道教徒在青少年时期接受传统儒家教育,具备儒家治国平天下的志向和理念;成年入道后,对宗教教义和仪轨的深思精研,具有了较强的归纳和演绎能力。他们作为文明传播的载体,具有极强的传播能力。通过道教教义、儒家理念和物质技术的传播,他们将中华文明的种子沿草原丝路播撒,形成新的文化景观带,使"百蛮冠带文轨同",成为中华文明域外传播的经典。

---

①② [元]李志常:《长春真人西游记》,党宝海译注,第51页、第62页。

# 浅谈隋唐时期洛阳与西域的经济文化交流

吴 迪 赵菲菲①

隋唐建都长安,又以洛阳为东都。这一时期位于黄河中下游的关中、关东地区,社会经济得到高度发展,尽管中间也出现过一些波动,但其政治、经济、文化的地位始终难以动摇。以长安、洛阳为中心的这两个地区为全国的经济重心,农业、手工业发达,商业繁荣;文化方面也属于首善之区,学术思想、文学、艺术、科技、教育多在全国处于领先地位。隋唐两代在整个亚洲影响很大,其经济文化也以辐射状向四方传播。借助于"丝绸之路"的畅通为条件,洛阳地区与西域的经济文化交流相当频繁。

## 一、洛阳与西域联系的加强

隋朝在隋文帝时已渐强大,继以隋炀帝广事铺张,好大喜功,中原政权与西域的政治关系逐渐密切起来。"炀帝时,乃遣侍御史韦节、司隶从事杜行满使于西藩诸国。……帝复令闻喜公裴矩于武威、张掖间往来而引致之。其有君长者四十四国,矩因其使者入朝,啖以厚利,令其转相讽谕。大业中,相率而来朝者四十余国,帝国置西戎校尉以应接之。"②自隋朝灭吐谷浑、置西戎校尉,又筑尹吾城,捍卫中西交通线——丝绸之路,西域与内地的联系紧密。"西域诸番,往来相继。"但在隋唐更替之际,内地战乱纷争,无力远顾,丝绸之路一度阻断。

唐朝初年,东突厥强大。太宗时,平定高昌、焉耆、龟兹,战胜东突厥,再败吐谷浑,重开河西走廊。当时西域为西突厥控制,高宗时又出兵击败西突厥。在这一系列军事胜利之后,唐朝廷先后在西北地区设置安西都护府和北庭都护府。安西都护府统安西四镇,加强了对西域地区的管理,也沟通了中国通往中亚的交流渠道。唐朝后期在灵武与回纥之间设置驿站,商旅往来更加便利。

唐朝除采用军事、政治手段经营西域地区外,还采取和亲政策,如以文成公主出嫁吐蕃松赞干布,宁国公主出嫁回纥可汗,联络了唐朝廷和西域一些地方首领的感情,密切了中原与西域的关系。

唐代不少中原汉人到西域定居。楚水流域的素叶(即碎叶)城西几百里处"有

---

① 作者简介:吴迪(1969— ),河南镇平人。洛阳古代艺术博物馆副研究员。赵菲菲(1984— ),女,河南洛阳人。二里头夏都博物馆馆员。
② 《北史》卷九十七《西域传》,《隋书》卷八十三略同,唯"西藩"作"西蕃",来朝者为"三十余国"。

小城三百，本华人，为突厥所掠，群保此，尚华语"。诗人李白就出生于此，后又到洛阳生活了很长一段时间，并留下许多优美诗篇。西域商胡、僧侣在长安、洛阳等地定居者更是无计其数。

隋唐时期，以洛阳为中心的中原地区有着发达的农业和手工业，不仅盛产粮食，而且盛产丝绸、陶瓷等物品，南方的茶叶等也通过隋唐大运河流入中原地区。西域"贵汉财物"。中原地区的丝织品、陶瓷等物产，为西域诸国所需求。隋唐时期的帝王将相、达官贵人等为了满足自己的奢侈生活及需求，也需要西域的物产和珍宝。这些为内地与西域的交往打下了基础。通过丝绸之路以互通有无，是中原和西域地区经济往来的动力。

隋唐王朝实行对外开放的政策，统治者同西域诸国的交往有时着重于从政治考虑，但他们对异国风情，对于西域的文化，也有较多的兴趣和爱好，西域诸国也仰慕丰厚博大的唐文化。伴随着使节、商旅的往来，西域和内地的文化交流愈加频繁，洛阳对西域的影响也逐渐增强。

## 二、经济交流

隋唐时期实现了国家的统一，大王朝国力强盛，与西域诸国的联系加强。从贡使通商发展到商旅往来，中原与西域的经济交往日益频繁。

隋炀帝时期，不仅派使者出使西域一些国家，而且采取措施，招引各国使者。隋炀帝曾遣使西域，遣侍御史事韦节、司隶从事杜行满使于西藩诸国。使者"至罽宾得玛瑙杯，王舍城得佛经，史国得十舞女、狮子皮、火鼠毛而还"。①

炀帝派裴矩在武威、张掖间引致西域诸国使者。大业年间，有三四十国来朝。炀帝在洛阳建国门外，特设接待四方蛮夷属国酋长、贡使的四方馆，分为东夷、南蛮、西戎、北狄四馆，置有使者，掌其方国及互市之事，"每一个使者衙署，又置典护录事主纲纪，叙职掌其贵贱立功合叙品秩者，叙仪掌其礼仪等级，大小次序，监府掌其贡献财货，监置掌安置其驼马车船，互市监、副掌互市，参军事掌出入贸易"。②

隋炀帝和裴矩曾在洛阳举行盛大的活动，接待四方朝贡使者。史称"帝至东都，（裴）矩以蛮夷朝贡者多，讽帝令都下大戏。征四方奇技异艺，陈于端门街，衣锦绮、珥金翠者，以十数万。又勒百官及民士女列坐棚阁而纵观焉，皆被服鲜丽，终月乃罢。又令三市店肆皆设帷帐，盛列酒食，遣掌蕃率蛮夷与民贸易，所至之处，悉令邀延就坐，醉饱而散。蛮夷嗟叹，谓中国为神仙"。③ 这件事固然表现了隋炀帝的好大喜功和浮夸炫耀之风，但也证明了洛阳所存丝织物之丰富。至隋灭亡时，洛阳府库的丝织品仍然山积。

贡使通商，唐代远盛于隋代。少数民族首领或外国使者通过"朝贡"方式，带

---

① 《北史》卷九十七《西域传》。
② 《隋书》卷二十八《百官志下》。
③ 《隋书》卷六十七《裴矩传》。

来若干珍宝财货,朝廷即回赠以缯彩等财物。武则天时,在洛阳筹建天枢,蕃夷酋长和胡商曾主动上书出资赞助。武则天由于他们"慕义"而来,且人数众多,从洛阳、永昌二县分划境地置来庭县,对他们进行管理和安置。① 玄宗时,前来朝贡的少数族酋长使臣更多,可谓史不绝书。

隋唐两朝对蕃夷的朝贡贸易是给予相当优渥的待遇的,回赐之物也多超出进贡物品的价值。这项鼓励朝贡贸易的措施,刺激了一些蕃夷商贾,他们借朝贡为名,或追随贡使来到长安或洛阳。当然这种物资交流也是双向的。隋唐王朝也曾经常派遣官员出使四方诸国。如唐初,洛阳人王玄策曾奉命出使天竺(今印度)。使者及其随从也常携带内地特产与蕃胡诸国进行交易。但更多的,则是西域、波斯、大食等西方国家的商人前来唐两京进行官私贸易。

除了"朝贡"和"回赐"这种变相贸易外,还有以胡商为主的纯粹商品贩运交易。隋唐时裴矩"知帝方勒远略,诸商贾至者,矩诱令言其国俗山川险易,撰《西域图记》三卷,入朝奏之。其序曰:'谅由富商大贾,周游经涉,故诸国之事罔不遍知。'"②可见有不少胡族商贾穿梭往来于西域诸国间。玄奘赴天竺求取佛经,来往于丝路,即同商侣共行。这些胡贾也经丝绸之路来到内地的洛阳,从事商品贸易。不少胡商在洛阳定居,死后葬在这里。洛阳出土的隋唐墓志,记载了这种情况。胡商将西域等地的珍宝贩运到洛阳地区,又从洛阳将内地所产丝绸、陶瓷等物品运回西域乃至中亚、西亚、欧洲等地。由于丝绸之路上商贾往来频繁,唐朝就在安西四镇及轮台征收商税,以供军用。张籍《凉州词》曰:"无数铃声遥过碛,应驮白练到安西。"在洛阳市关林、邙山等地的唐墓中出土了数以百计的背驮丝卷、绸布的三彩骆驼和胡俑。这些,正是商贾贩运频繁的真实写照。

丝绸之路的物产流向,由东向西,主要是丝绸、衣服、瓷器、金银器、茶叶等内地特产。唐三彩在乌兹别克的撒马尔罕、伊拉克首都巴格达、约旦、叙利亚,非洲的苏丹、埃及等几十个国家和地区均有发现③,几乎遍及欧、亚、非三洲。由西向东,除食用植物,如黄瓜、大蒜、胡荽、苜蓿、石榴、葡萄、胡桃、西瓜外,还有高昌的棉花、白氎布,焉耆、龟兹的马匹,玉阗的玉,特别是奇珍异宝,即满足封建统治者需要的高级奢侈品。《诸蕃志》卷下称"真珠出大食国之海岛上,又出西难、监篦二国。……番商多置夹襦内及伞柄中,规免抽解。"④可见胡商为免缴商税,走私珠宝的情况。武周时,西国献青泥珠,武则天"以施西明寺僧",后被一胡人以十万贯买去⑤。1955 年、1960 年先后在洛阳老城隋唐宫城内出土波

---

① 《元和郡县图志》卷五《河南道》。
② 《隋书》卷六十七《裴矩传》。
③ 《元以前我国瓷器销行亚洲的考察》,《文物》1986 年 6 期。
④ 张星烺《中西交通史料汇编》第二册第 170 页,中华书局 1977 年 2 月第 1 版。
⑤ 《太平广记》卷四〇二《广异记》。

斯萨珊王朝的银币①,龙门东山安菩夫妇墓也出土有东罗马帝国福克斯时期的金币②。由此可见当时中原与西域诸国的商品交换和经济关系。

洛阳出土胡人俑及驮丝三彩骆驼俑

波斯萨珊王朝的银币　　　　东罗马帝国福克斯时期的金币

## 三、文化交流

伴随着洛阳与西域各国的使臣交往和商业贸易,中原和西域地区的文化交流也日益增多。在中原政权与西域的交往中,文化关系十分密切。大凡音乐、舞蹈、绘画、雕塑、佛教、工艺品、奇技(幻术魔术等)、风俗习惯、物产品类等,均在交流的范围之内。西方的宗教通过西域陆续传入中原地区,其艺术也不断东渐,逐渐与中原传统艺术融合为一,中原地区的生产技术、学术思想等也传入西域,

---

① 赵国壁:《洛阳发现的波斯萨珊王朝银币》,《文物》1960年8、9期合刊;霍宏伟、北斋:《洛阳出土波斯萨珊朝库思老二世银币考略——兼谈中国境内发现的库思老二世银币》,《中国钱币》2005年第4期。

② 洛阳市文物工作队:《洛阳龙门唐安菩夫妇墓》,《中原文物》1982年第10期。

促进了当地的生产发展，丰富了当地的文化生活。

佛教早在东汉时期已开始进入中原，经魏晋南北朝时期的继续传播，已在中原地区立足。隋唐时期，天竺及西域高僧更多的来到中原。如玄照大师至洛阳，"既与洛阳诸德相见，略论佛法纲化，敬爱寺律导律师观诸师等请译《萨婆多部律摄》"。① 唐朝也派僧人到天竺等地学习佛教，高僧玄奘就是其著名代表。西域僧侣的东下弘法，中原僧侣的西去求法，使中原佛教呈现鼎盛之势，佛学得以向深层发展。

隋唐时期初传入中原地区的，是祆教、摩尼教、景教。隋朝祆教始在洛阳流行，入唐后有更大的发展。《朝野佥载》曰："唐河南府立德坊及南市西坊，皆有胡祆神庙。每岁商胡祈福，烹猪杀羊，琵琶鼓笛，酣歌醉舞。酬神之后，募一胡为祆主。"② 可见，洛阳出现祆教，与商胡的信仰有关。祆教是伴着商胡的东来而传入中原的。洛阳城"修善坊，……唐有波斯胡寺"。③ 波斯胡寺，后改名大秦寺，即景教寺院。摩尼教也从回纥传入。元和年间"回纥请于河南府、太原府，置摩尼寺"，得朝廷允许。

西域等地的雕塑绘画艺术东传。东都洛阳敬爱寺"佛殿内菩提树下弥勒菩萨塑像，麟德二年自内出，王玄策取到西域所图菩萨像为样，巧儿张寿、宋朝塑，王玄策指挥，李安贴金"。④ 可见王玄策出使期间，留心天竺艺术，摹写西土艺术样本，作为在洛阳塑造佛像的依据。这是西土绘画雕塑艺术东传内地的实例。洛阳一带生产的唐三彩凤首杯、龙首杯、鸭形杯、高颈瓶，都是仿西域金银器烧制而成的。吐鲁番唐高宗至德宗贞元年间的墓葬中，保存很多色泽绚丽的刺绣织锦、丝履及绮、绢、毛织品，其上纹样多宝相花，与洛阳出土的三唐彩器皿上的花纹极为相似。

唐三彩鸭形杯　　　　　　　　　细颈玻璃香水瓶

在吐鲁番隋至唐初的墓葬中，墓室顶和里壁悬挂大幅绢地人首蛇身"伏羲女

---

① 《大唐西域求法高僧传》卷上，《玄照传》。
② 《太平广记》卷二八五《河南祆主》。
③ 宋敏求《河南志》卷一。
④ 《历代名画记》卷三。

娲象"习俗较为流行①,这正是内地汉墓壁画和画像石在西域地区的翻版。

就音乐、舞蹈百戏而言,中原地区受西域影响更大。西域音乐,如西凉、龟兹、疏勒、康国乐,陆续传入内地。不仅西域各种乐器都已传入中原。有些乐器已在宫廷演奏,龟兹乐等西域音乐登上大雅之堂。当时西域康国的"泼寒胡戏"传到内地,唐中宗曾"御洛城南楼,观泼寒胡戏"。洛阳的祆教酬神,"琵琶鼓笛,酣歌醉舞",不仅带来了西方神学思想,还把西方的音乐艺术带入中原。

唐文成公主出嫁吐蕃松赞干布,赠送的随嫁物品有经书、佛像、食品、绸缎、医书、器械、芜菁种子、珍宝及日常用具,还带去中原的工匠和技术,如酿酒、养蚕、制碾硙和制陶等。高昌、龟兹的葡萄酒制法,传入内地。高宗时弄赞注意吸收中原先进文化,派遣贵族子弟到洛阳留学,仿建唐宫室,着中国服饰。肃宗时宁国公主出嫁回纥可汗,赐予缯彩、衣服、金银器皿,回纥也以"马五百匹、貂裘、白氎布"等物相赠。高昌人学习汉人典籍文化,写汉人诗歌。

隋唐时期,统治者实行对外开放政策,洛阳与西域地区的经济文化交流得到加强。它促进了内地和西域地区经济的发展,文化的进步。既满足了两地人民的物质生活需求,也丰富了内地和西域地区的文化内涵,密切了汉族与西域诸少数民族的关系,加强了西域与内地的联系。不仅对隋唐时期中国历史的发展起到了一定的促进作用,也扩大了隋唐王朝对中亚、西亚乃至西欧、北非的影响。

---

① 《吐鲁番县阿斯塔那——哈拉和卓古墓群清理简报》,《文物》1972年1期和1973年10月,及《吐鲁番新发现的古代丝绸》,《考古》1972年2期。

# 万里茶道的枢纽：
# 明清时期张家口商业贸易的兴衰初探[①]

## 孙 文 张宪功[②]

目前，国内外对于明清时期张家口商业贸易的状况、张库大道、长城边口贸易多有研究。相关著作有张家口市政协文史资料委员会主编《张家口文史》(1—6辑)[③]；韩祥瑞、王秉诚著《张家口古代史话》[④]；张家口市地方志编纂委员会主编《张家口市志》(上、下)[⑤]；邓九刚著《复活的茶叶之路》[⑥]；张家口日报社主编《重走张库大道》[⑦]；米镇波著《清代中俄恰克图边境贸易》[⑧]；刘振瑛等主编《张家口历史文化丛书》[⑨]；丰若非著《清代榷关与北路贸易：以杀虎口、张家口和归化城为中心》[⑩]；还有美国学者艾梅霞著《茶叶之路》[⑪]；相关论文有韩光辉《论清代长城沿线外侧城镇的兴起》[⑫]、祁美琴《论清代长城边口贸易的时代特征》[⑬]对长城

---

[①] 本文为教育部人文社会科学研究西部项目"明清时期蒙汉贸易与社会控制研究"(项目编号：15XJC770005)阶段性研究成果；内蒙古自治区青年科技英才支撑计划(B类)(项目编号：NJYT‐20‐B13)阶段性研究成果。

[②] 作者简介：孙文(1997— )，女，河北石家庄人，宁波大学中国史硕士在读。研究方向：专门史。张宪功(1985— )，河北辛集人，历史学博士，内蒙古民族大学法学与历史学院副教授。研究方向：历史商业地理。

[③] 张家口市政协文史资料委员会编：《张家口文史》(1—6辑)，2008年。

[④] 韩祥瑞、王秉诚：《张家口古代史话》，呼和浩特：内蒙古人民出版社1998年版。

[⑤] 张家口市地方志编纂委员会编：《张家口市志》(上、下)，北京：中国对外翻译出版公司1998年版。

[⑥] 邓九刚：《复活的茶叶之路》，兰州：甘肃文化出版社2013年版。

[⑦] 张家口日报社编：《重走张库大道》，北京：中国经济出版社2012年版。

[⑧] 米镇波：《清代中俄恰克图边境贸易》，天津：南开大学出版社2003年版。

[⑨] 刘振瑛等主编：《张家口历史文化丛书》，北京：党建读物出版社2006年版。

[⑩] 丰若非：《清代榷关与北路贸易：以杀虎口、张家口和归化城为中心》，北京：中国社会科学出版社2014年版。

[⑪] [美]艾梅霞：《茶叶之路》，范蓓蕾、郭玮等译，北京：中信出版社，2007年版。

[⑫] 韩光辉，《论清代长城沿线外侧城镇的兴起》，《北京大学学报》(哲学社会科学版)，2001年第3期。

[⑬] 祁美琴，《论清代长城边口贸易的时代特征》，《清史研究》(社会经济)，2007年8月第三期。

沿线城镇的兴起和贸易进行探讨。王苗苗的硕士学位论文《明蒙互市贸易述论》①和郝玉凤的硕士学位论文《中俄恰克图贸易述论》②分别对明代张家口的中蒙互市和清代中俄贸易对张家口的影响均有详细论述,对明蒙互市和中俄贸易的种类数量及具体物品都做了具体的说明和研究。特别是李晨晖的硕士学位论文《明清时期张家口商业地理研究》③吸收前人的研究方法,从商业历史地理的角度,以明清为时限,探究张家口商业贸易的发展状况,论述过程完整,全面地介绍了张家口地区在明清时期的商业贸易发展状况。这些研究成果见解独到、分析透彻、很有深度,为本文的研究提供了基础。

本文以明清时期张家口商业贸易的发展状况为研究对象,通过明清时期张家口商业贸易逐步发展,可以深入了解明清时期国家的边疆政策、贸易的种类及主要物品、民族的交流与融合等问题,并且通过对明清时期张家口市商业贸易发展的经验和规律总结,为当今张家口市的发展提出思考意见。

## 一、张家口商贸活动发展的基础

### (一) 张家口商贸活动发展的自然基础

张家口商业贸易的发展离不开得天独厚的地理条件。张家口位于河北省西北部,地处蒙古高原和华北平原的过渡地带,是连接京津、沟通晋蒙的交通枢纽,介于东经113°50′~116°30′,北纬39°30′~42°10′之间。北与蒙古高原相接,而张家口素来称"北京的北大门",与北京距离极近,又离天津不远,是蒙古高原、华北平原以及黄土高原等多个地理单元的交汇地带。④ 南宋末年,丘处机途经张家口曾叹曰:"登高南望,俯视太行诸山,晴岚可爱。北顾但寒沙衰草,中原之风,自此隔绝矣。"⑤由此可见张家口地区长城内外地理环境差异之大。

张库大道作为茶叶贸易的三大古商道之一,主要的贸易方式是"以物换物",就是用茶叶换皮草,而张家口就是张库大道的重要节点城市,既是茶叶外运的集聚点,又是草原皮货内销的中转站,故张家口声闻于长城内外,素来有"塞外皮都"的美誉。张家口皮草贸易的兴盛,不仅是独特的地理位置,既满足了京城达官贵人对皮草的需求,又毗邻皮草的优质产地蒙古高原,还得益于张家口地区的气候条件。张家口地区属于温带大陆性季风气候。其气候特点是:一年四季分明,冬季寒冷而漫长;春季干燥多风沙;夏季炎热短促降水集中;秋季晴朗冷暖适中。昼夜温差大,年平均温度为8度。⑥ 这样的气候条件适宜皮草的储存。而且寒冷

---

① 王苗苗,《明蒙互市贸易述论》,中央民族大学硕士学位论文,2011年。
② 郝玉凤,《中俄恰克图贸易述论》,东北师范大学硕士学位论文,2007年。
③ 李晨晖,《明清时期张家口商业地理研究》,西北师范大学硕士学位论文,2011年。
④ 中国人民政治协商会议张家口委员会编,《张家口文史资料》1—3辑,内部出版,1985年。
⑤ [元]李志常撰,《长春真人西游记》上卷,石家庄:河北人民出版社,2001年。
⑥ 中国人民政治协商会议张家口委员会编,《张家口文史资料》1—3辑,内部出版,1985年。

的冬天，也对皮毛有一定的需求和加工皮子的技术。张家口地区的大清河水系为皮毛商鞣皮子，加工皮子提供了方便。如此优越的地理位置和自然条件，促进了张家口成为中蒙俄贸易的重要商埠。①

（二）张家口商贸活动发展的社会基础

张家口虽然北接蒙古草原，南通中原，东望京津，西连晋、陕、甘。但是从张家口出发经浑善达克沙漠到库伦的道路十分艰险，黄沙漫天，路途遥远。俗话说走库伦的商队，十个人去八个人回都是少数，当时从库伦出发进京贸易的道路主要有三条："第一条是从库伦出发，穿越浑善达克沙漠，经东西苏尼特旗、集宁到达大同、太原；第二条是从库伦出发，经阿巴嘎旗、穿越浑善达克沙漠，再过多伦诺尔、沽源、独石口到达北京；第三条是从库伦出发，穿越浑善达克沙漠，经张北到达张家口进京；相比前两条道路，第三条经张北到达张家口进京的道路路况最好，距离最近，所以当时车队、驼队多走此路进京贸易，张家口是必经之地，便成为当时贸易的中转站和商品集聚地。"②

## 二、军事要塞——张家口的兴起及军需贸易的发展

张家口军事要塞的地位来源于明代九边的设立。明朝建立以后，经多次大战，将元朝残余势力赶至漠北，元朝的残余势力有时强盛有时衰弱，但一直侵扰明朝的边境，企图卷土重来。因此明朝建朝以来，为了加强北部边防，明廷构建了绵长的北部防线，至明代中期形成了以宣府、大同、辽东等九个军事重镇为核心的北部边防体系，俗称"九边"。据《读史方舆纪要》记载："又设九边，以卫中夏：辽东、蓟州、宣府、大同、榆林、宁夏、甘肃、太原、固原，东起辽海，西尽嘉峪，南至琼、崖，北抵云、朔，东西一万余里，南北一万里。"③

其中，宣府处于"京畿门户，北国锁钥"，战略地位十分重要。宣府"属卫十五，所二十六，关、城、堡五十有三"。④据记载："司南屏京师，后控沙漠，左挹居庸之险，右拥云中之固"，⑤ 特别是明朝建都北京之后，宣府镇更是保卫京都，防御蒙古族南下的咽喉之地。明程道生在《九边图考》中称："宣府山川纠纷，地险而狭，分屯建将倍于他镇，是以气势完固号称易守，然去京师不四百里，锁钥所寄，要害可知。"⑥宣化府于永乐七年设置总兵官，始称宣府镇。到了宣德五年，明廷加强京师的防卫，开设万全都司，万全都指挥使司建立时辖宣府前、左、右卫，万全左、右卫，怀安卫、保安卫、蔚州卫、永宁卫、怀来卫、开平卫共11卫，另兴和守御千户所、美峪千户所、广昌千户所、四海冶千户所、长安岭千户

---

① 中国人民政治协商会议张家口委员会编，《张家口文史资料》1—3辑，内部出版，1985年。
② 刘振英主编，《张家口兴盛的古商道》，北京：党建读物出版社，2006年。
③④ ［清］顾祖禹编，《读史方舆纪要》卷九《历代州域形势九》，北京：中华书局，2005。
⑤ ［清］顾祖禹撰，《读史方舆纪要》卷一八《北直九》，北京：中华书局，2005。
⑥ ［明］魏焕撰，《九边图考·宣府》第33页，民国八年石印本。

所、云州千户所、龙门千户所 7 个千户所。①

张家口兴起于张家口堡，张家口堡分为上下两堡，现在的张家口市区属于当时的下堡。由于该地地处清水河河谷地带，地势平坦，为蒙古诸部南下的交通要道，加之宣府地处京师上道，因此，当明蒙关系日趋紧张之时，宣府普遍修筑边墙与堡燧。张家口便是在这种情况下，于宣德四年（1429），万全指挥张文在清水河西筑张家口堡。张家口堡初设之时，属宣府镇西路万全都指挥使司万全右卫所辖。据记载："张家口堡卫东三十五里，东南至镇城四十四里。宣德四年筑，嘉靖十二年、万历二年增筑，堡周四里。"而张家口则得名于嘉靖八年，守备张珍在北城墙开一小门，曰"小北门"，因门小如口，又由张珍开筑，所以称"张家口"。②

由于张家口重要的军事地位，该地驻扎了大量的士兵，形成了庞大的军需市场。这是张家口商贸活动兴起的基础。后来随着明蒙贸易的广泛开展，进一步为张家口的贸易发展提供了契机。

## 三、隆庆和议——张家口兴起的契机及蒙汉贸易的开展

（一）庚戌之变、隆庆和议——张家口兴起的契机

明朝建立之初，朱元璋一直致力于讨伐北元，一直将元朝势力赶到长城以北，所以整个洪武年间明蒙关系紧张，主要表现为明朝不断征战，设置九边加强北部边防。张家口处在长城沿线，作为胡汉的分界线，蒙古南下侵扰的必经之地，时常受到蒙古的侵扰，是明王朝守卫北京，加强边防的军事重镇。由于明朝的打击，蒙古北上，逐渐分为瓦剌、鞑靼、兀良哈三部。自古以来就有长城内外少数民族与中原互市的习俗，并且不断发展繁荣，元朝蒙古政权入主中原，"茶马互市"一度停滞。明朝前期一直以加强北部边防为重中之重，明朝中前期明蒙之间的贸易主要是朝贡的方式进行。朝贡就是蒙古族派遣使臣和马队，将贡品护送到北京，然后得到明皇帝的回赐，回赐的价值往往高于贡品的价值，由于瓦剌不按规定进行朝贡，明有时不愿意接纳这种朝贡的方式，不将明蒙之间的通贡纳入贸易体系，蒙古因此在明王朝拒绝通贡时，以此为借口多次侵略明朝边境。尤其在正统十四年（1449）土木堡之变后，明王朝加强守备，原设在大同的马市也因此下令关闭，据记载："大同马市始正统三年，巡抚卢睿请令军民平价市驼马，达官指挥李原等通译语，禁市兵器、铜铁。帝从之。十四年，都御史沈固请支山西行都司库银市马。时也先贡马互市，中官王振裁其马价，也先大举入寇，遂致土木之变。"③仅存的民间私市不能满足蒙古对物资的需求，于是明蒙关系愈加紧张。

---

① 李晨晖，《明清时期张家口商业地理研究》，西北师范大学硕士学位论文，2011 年。
② ［民国］陆联达修，任守恭纂，民国《万全县志》，张家口统一商行印刷部，民国 23 年（1934）铅印本。
③ ［清］张廷玉等撰，《明史》卷八十一《食货志五》，北京：中华书局，1974 年。

蒙古族作为马背上的民族，经济结构单一，游牧经济逐水草而居，物资奇缺。明朝时的蒙古族经济上不能自给自足，对中原王朝的依赖性较强，缺少谷类和茶类，手工业不发达，受环境的影响具有脆弱性，尤其是元朝灭亡后，蒙古被赶到漠北，受地理的阻隔，经济交流受阻。15 到 17 世纪是我国历史上气候最为寒冷的小冰期，由于蒙古游牧经济的脆弱性和不稳定性，自身抵御自然灾害的能力较弱，再加上明朝战争的不断破坏，遇上风雪、冰雹、干旱这样的自然灾害，整个游牧民族不堪一击。牲畜大量死亡，食物匮乏，粮荒饥荒，瘟疫盛行。为解决迫在眉睫的生计问题，俺答汗从嘉靖十三年（1534）起，就向明王朝请求互市，明朝迟迟没有回应，于是"俺答无岁不入"①，南下深入明境，最终大举南下，围困北京城，在周边地区劫掠月余，史称"庚戌之变"。

庚戌之变直接导致了明廷同意在宣府张家口堡、大同镇羌堡重开马市，张家口堡开始成为互市之所，暂时出现和平局面。庚戌之变暴露了明朝统治者的腐朽无能和军队战斗力的弊端，促使明朝整治武备加强边防。俺答汗互市的愿望也得以实现，明蒙之间开始遮遮掩掩的进行贸易，这不仅满足蒙古的需要，也有利于明朝的发展。游牧民族和中原王朝的经济交流不可避免，不能阻挡，是大势所趋，经济纽带不能斩断。

好景不长，嘉靖三十年（1551），明朝再一次拒绝俺答汗用牛马交换粮食的互市要求，下令关闭马市，据记载："明年罢大同马市，宣府犹未绝，抄掠不已，乃并绝之。"②蒙古无法得到满足一般牧民生活的物资，再一次用战争的方式掠夺粮食，明蒙关系再次紧张。这种紧张状态一直持续到隆庆和议。

隆庆年间，明蒙关系缓和，明朝经张居正改革，国力有所恢复，北方边防加强，蒙古不敢轻易进犯。此时蒙古向明廷投诚，据记载：隆庆四年（1570），俺答孙把汉那吉来降，于是封贡互市之议起。而宣、大互市复开，边境稍静。"然抚赏甚厚，朝廷为省客饷、减哨银以充之。频年加赏，而要求滋甚，司事者复从中干没，边费反过当矣。"③经明廷反复商讨后终于同意蒙古的请求，化干戈为玉帛，封俺答汗为顺义王，在大同左卫的威远堡、宣府的万全右卫、张家口等边外陆续开放了多处马市，定期交易。蒙古族以牲畜、皮张等货物换取内地商贩的铁锅、布匹和绸缎等物。隆庆和议使明蒙关系由此进入了一个崭新的阶段，宣府张家口有明朝的边防重地，成为明蒙贸易的互市之所，开始向商业城市转型。

（二）明代蒙汉贸易的开展

明代张家口地区的商贸活动可以以隆庆和议为界限大致分为两个阶段，第一个阶段是作为军事重镇的张家口地区是重要的军事消费场所，第二个阶段是隆庆和议以后，张家口地区作为互市之所进行对蒙贸易活动，开始转型为商业城市。

九边作为长城沿线的防御体系，各个边镇驻扎着数以万计的兵马，据《明会

---

① ［清］谷应泰撰，《明史纪事本末》卷六十，台北：台湾商务印书馆股份有限公司，2008 年。
②③ ［清］张廷玉等撰，《明史》卷八十一《食货志五》，北京：中华书局，1974 年。

典》统计,明永乐年间,九边共驻扎着 80 多万的军队,宣府作为重要的防御腹地,驻扎官军约 15 万,马匹约 5 万之多。如此多的官军和马匹需要大量的粮饷及其他生活用品来维持,故需要全国各地的物资远道而来进行交易,所以在长城沿线就形成了巨大的军事消费区。为解决边境的粮食物资问题,明朝初年主要采取屯田的方式,其中包含军屯、民屯和商屯。著名的"开中法"就由商屯发展而来,据记载:"有明盐法,莫善于开中。洪武三年(1370),山西行省言:'大同粮储,自陵县运至太和岭,路远费烦。请令商人于大同仓入米一石,太原仓入米一石三斗,给淮盐一小引。商人鬻毕,即以原给引目赴所在官司缴之。如此则转运费省而边储充。'帝从之。召商输粮而与之盐,谓之开中。其后各行省边境,多召商中盐以为军储。盐法边计,相辅而行。"①孟森以为:"明代盐既开中,又兴商屯,既给军又垦荒,孔子所谓'因民之所利而利之,惠而不费。'真谋国之至计也。开中法对军屯有所破坏,随着商人活动的不断扩大,宣府的贸易活动不断增多,城镇的商业功能也不断扩大。

据前文论述,宣德四年(1429)万全右卫指挥张文在清水河岸修建张家口堡,即下堡。此时的张家口堡已经存在私人的商贸活动。隆庆五年(1571),张家口堡作为互市之所,开设马市与蒙古互市,被视为张家口互市之始。蒙民用牲畜、皮毛以及药材换取汉民的丝绸、粮食和生活用品。万历四十一年(1613),在明蒙互市的和平时期,建来远堡,专门服务于明蒙贸易,成为京西最大的互市之所。明万历年间,一幅《马市图》很好的描绘了来远堡当年的繁华景象。

当时明蒙之间的贸易形式主要有官市、民市等几种。所谓官市就是岁开一次的大市。但是岁开一次的官市无法满足蒙民对生活用品和物资的需求,于是就有了按月开放的小市,也就是民市。民市开放时间频繁,限制较少,有利于满足贫困牧民的生活需求,促进了贫困牧民同汉民的交流。随着蒙古人民生活需求不断增长,官方逐渐放宽对民市的限制,民间贸易逐渐发展起来,张家口地区的商业贸易活动逐渐扩大,商品交换种类不断丰富。

张家口堡互市之初颇为荒凉,主要是这里官多民少,富商大贾不屑于来此小地方贸易,小商小贩只为糊口,虽然蒙民的需求增长,张家口堡军事消费的经济形式一时难以转变,直到梅国桢认为应该免去张家口市场的税收吸引全国各地的商贩来此贸易。随着对互市的限制不断放松,商品种类不断丰富,张家口的优越条件得以显现。万历初年,大批山西商贾聚集张家口,定居开店,从事对蒙贸易,张家口由于商业贸易的快速发展,迅速繁荣起来,成为商业重镇。

## 四、纳税勘合——清代张家口商贸的繁荣发展

明代通过与蒙古的长期交涉,终于达成明蒙之间茶马互市的繁荣局面,张家口地区也因对蒙贸易的繁荣而逐渐发展成为商业城市。前文论述到晋商的聚集推

---

① [清]张廷玉等撰,《明史》卷八十《食货志》,北京:中华书局,1974 年。

动了张家口地区的商贸繁荣,提到晋商就不得不提"八大皇商","八大皇商"是指长年往返关内关外的山西商人范永斗、王登库、靳良玉、王大宇、梁嘉宾、田生兰、翟堂、黄云发。①"八大家"操纵张家口的贸易活动,并以商为名,暗中为清军输送军需物资和情报。他们在清军最困难的时候给清军提供粮食、兵器、火炮。明军有需要的物资被他们勾结官吏输送给满清,明军的兵力、布防图等情报也被出卖给清军。"八大皇商"虽然利用商业手腕榨取利益,出卖国家,但是由此也能看出张家口商贸活动在明末清初依然不衰。

清代依然因袭了明代茶马互市的传统,《清史稿·食货志》称:"明时茶法有三:曰官茶,储边易马;曰商茶,给引征课;曰贡茶,则上用也。清因之。"②清代前期为了抵御郑成功和西方侵略者,在东南沿海实行海禁政策,但在中国北部呈开放态势,康熙年间,《尼布楚条约》的签订,使中俄之间保持了和平的局面。雍正五年(1727),《恰克图条约》允许俄国在恰克图互市,这使俄国对华贸易版图进一步扩大。《清史稿·地理志》记载:"厅自雍正十年与俄恰克图约为孔道。"③边境、商队贸易活跃,张家口地区商贸活动扩大,从之前的明蒙贸易,逐渐扩大为到对俄贸易。这一发展不仅推动了张家口地区一跃成为"北方金融中心",还影响到后来近代史上中俄外交的发展。

张家口对俄贸易的兴起主要原因之一是张家口到俄国的陆路商路畅通便捷。当时俄国商队来京贸易的道路有两条:一是从尼布楚经齐齐哈尔过山海关进入京城;二是从伊尔库兹克经过库伦,过戈壁经过张家口抵达京城。而自齐齐哈尔过山海关抵达北京需要150日,从库伦经张家口抵达北京70日就够,经张家口入北京是当时俄国商队入京最快速的道路。经俄国人与清政府协商,遂把经库伦、张家口进京贸易的道路定为官道。从此,俄国商队入京张家口便是其必经之地,张家口就成为当时国内外的重要贸易口岸之一。

张家口对俄贸易发展繁荣的原因之二便是政府政策使然。张家口是当时中俄陆路贸易的重要纳税地。《清史稿·食货志》中记载:"乾隆元年(1736),准张家口、居庸关收取车驮货物过税饭钱,以资赡养。同治八年,又定俄商约;一、边界百里内及往蒙古各盟贸易者,纳税;一、俄商运货至天津,纳进口税减三分之一,其酌留张家口之货纳正税,如再运赴通州、天津,不再征,并将张家口多纳之一分补还。"④清代中俄贸易只在各国边口征税,不抽税,张家口正是当时中俄贸易的纳税点并且张家口还具有发放部票的职能,赴蒙赴俄的商人想要贸易必须在张家口领取部票再凭部票领取执照。所以张家口成为进入中原贸易的必经之地,全国各地的商人接踵而来。

清代张家口地区的中俄贸易主要物品大致与明代的茶马贸易类似并且有所发

---

① [清]左承业编,乾隆《万全县志》,清乾隆十年(1745年)刻本。
② [民国]赵尔巽撰,《清史稿》卷一百二十四《食货志五》,北京:中华书局,1977年。
③ [民国]赵尔巽撰,《清史稿》卷五十四《地理志》。
④ [民国]赵尔巽撰,《清史稿》卷一百二十五《食货志六》。

展。随着张家口地区贸易的发展，货币的流通量大大增加，张家口金融业发展起来。张家口金融业的主要经营者是晋商，从早期的账局到票号再到后来的洋行，商贾云集的张家口作为当时外国银行和中国票号汇集最多的商贸城市，发挥了核心的金融枢纽作用，曾有塞外"华尔街"的美誉。中俄贸易发展繁荣，张家口的皮毛业也随之兴盛。张家口不仅作为商品集聚地，还要进行商品的加工。因为从俄国、蒙古运来的牲畜皮毛只是原材料，不方便运输和销售，所以就要在张家口对这些皮毛进行加工。前文论述到张家口的气候适宜皮毛的储存，张家口也有独特的皮毛加工技术，张家口皮毛业的发展繁荣，使张家口成为著名的"塞外皮都"。总之，中俄贸易的物品远远超过明蒙的茶马互市，张家口地区的商业贸易在清代发展到了一个新的高度。

### 五、小结

张家口在明代由长城沿线重要的军事防御边镇转向明蒙互市之所，张家口的商业贸易自此发展起来。到了清代，张家口更是从明蒙的"茶马互市"扩大到对中俄贸易，商业贸易的扩大和张库大道的兴盛，使张家口成为著名的"塞外皮都"，张家口商业城市的功能逐渐完善。张家口商业贸易发展的影响最直观的就是促进了张家口地区的经济发展。

首先，张家口地区商业贸易的发展让广大民众直接受益。对于旅蒙的商人来说，无论是明代的明蒙贸易还是清代的中俄贸易，他们通过走库伦用茶叶换皮毛的贸易中大大获利，然后在张家口定居开店，循环往复。尤其是张家口商业经营的主体山西商人。无论是明末清初的"八大皇商"还是后来在张家口开设票号做生意的山西商人，张家口这个贸易中心促成了著名的商业团体"晋商"的形成。对于蒙民和俄商来说，在明代，张家口互市场所的开设，满足了蒙民的生活需求，他们通过各种形式的互市，获取了茶叶、谷类等生活物资，解决了他们的生活难题，促进了草原畜牧业的发展，形成了良好的经济循环。茶叶是自古少数民族与中原贸易的重要物资，张家口贸易的兴盛，需要大量的茶叶，带动了闽、浙茶叶种植业的兴盛。晋商团体的壮大和草原畜牧业的兴盛也为张家口商业贸易的发展繁荣创造了机会。

其次，张家口地区商业贸易的发展也促进了手工业的发展。张家口曾有"塞外皮都"的美誉，这是因为张家口是皮毛的集聚地，从蒙古贩来的皮毛都要经过张家口，前文论述到张家口的自然环境和气候适宜皮毛的储存，而从蒙古运来的皮毛又是半成品，不经过加工不方便运输和专卖，由此催生了张家口皮毛制造业的兴起。皮子运到张家口必须经过泡水鞣制，当年鞣皮子的地方就是今张家口水母宫，旧称大水泉。因为张库大道的兴盛，皮毛加工制造业的繁荣，皮革商们便在乾隆年间集资建起水母宫，水母宫是张家口皮都形成和兴旺的见证。

再次，张家口商业贸易的发展还促进了金融业和交通运输业的发展。前文论述到在清代张家口地区商业贸易扩大的新表现是金融业的发展。最早期的是山西商人开设的账局。这些账局的职能与银行相似，是名副其实的金融机构。主要因为张库大道路途遥远，为了解决资金问题，山西商人开设了账局。后来发展到票号，再到民国时期的洋行。随着张库大道的兴盛，张家口的票号洋行数不胜数，张家口作为内陆边境城市，商贾云集，票号众多，全是得益于商业贸易的发展。同时，张库大道的繁荣也离不开张家口商业贸易发展的影响。晋商是旅蒙商人的主体，他们从南方运来茶叶，再通过张库大道运送到库伦，从库伦再运回皮毛，从中大大获利，晋商的活动促进了张库大道的繁荣。众所周知，走库伦路途遥远艰险，一年只能走一次，且十去八回，只能靠骆驼和马车，穿越草原和浑善达克沙漠。所以，民国七年，张库公路建成，张库商道达到鼎盛。张库大道的兴盛，还加强了张家口和北京、天津的联系，因为运输茶叶，沟通了南北之间的经济交流，进一步促进了交通运输网的完善。

最后，张家口商业贸易的发展也推动了张家口地区文化领域的发展。张家口商业贸易的发展使张家口形成了独具特色的多元文化。来张家口贸易的人来自四面八方，有晋商、蒙古人、俄国人等。多元的文化在这里碰撞交融。尤其是山西文化的输入，晋商来张家口贸易，开设票号并且定居，张家口很多民居都带有山西建筑文化的影子，包括晋商发财后为了消遣娱乐而引进的山西梆子。张家口的清真寺、东正教堂都是多民族文化交融汇聚的见证。随着张家口商业的发展，需要人才的支持，教育行业也有所发展，光绪四年(1878)，富商乡绅为了培养人才发展教育，在堡子里内创建了抡才书院，康有为都曾在抡才书院讲学。张库大道的艰险磨砺了张家口人坚毅的品质，商业贸易使张家口人一直秉持着诚信的原则，不同的民族、不同的地域的人在张家口通过商业贸易融合渗透，形成了独特多元的"张家口文化"。

## 结　语

随着《北京续增条约》《陆路通商章程：续增税则》等条约的签订，俄国取得了更为全面的贸易特权，但中国对俄贸易保持长时间的出超局面。张家口作为亚欧贸易网络的纽带，随着商贸活动的繁荣发展，逐渐成为地区性的经济中心。张家口的商贸发展在清代发展到顶峰。但是，张家口的商贸发展具有严重的依附性，国际形势的嬗变使张家口失去了作为中心交通、资源、市场等优势。在步入近代以来，随着沙俄谋划蒙古独立，张库商道逐渐衰落，张家口商业贸易遭到重创。军阀混战，察哈尔主席经常轮换，张家口成为各军阀掠取军需的宝地，张家口地区混战动荡，商家遭到洗劫，张家口地区商业损失惨重。"九一八"事变以后，张家口又受到日本帝国主义的侵略，张家口地区经济日趋萧条，终究是"未完成的商业革命"。中华人民共和国成立以后，张家口的商贸活动虽然有所发展，但再也不是北方重要的商贸中心了。

张家口从历史深处走来，有着深厚的历史文化和丰富的自然资源。张家口毗邻京津，连接内蒙古，是我国重要的交通枢纽。张家口地质资源丰富，有高山、河流、草甸、湿地、丹霞地貌和冰川遗址等，有丰富的矿物资源。张家口工业门类齐全，有坚实的工业基础。张家口旅游资源丰富，四季分明，冬天寒冷夏季凉爽的气候带来众多自然景观，还有几千年历史文化的遗存。虽然在1949年以后的长时期内张家口的经济发展一度停滞，但近年来，习近平主席提出的"京津冀"协同发展，为张家口这座河北城市的未来画出了蓝图，京津冀经济圈的建设发展为张家口的发展带来了新的机遇与挑战，特别是2022年冬奥会的举办，更是使张家口闻名世界的前所未有的机遇。现如今京张高铁的开通有力地推动了京津冀协同发展，为2022年北京冬奥会提供交通运营服务保障，从"人"到"大"，继京张铁路之后，又一次向世界展示了中国的力量。给予一座城市希望的是未来还是历史，相信时间会给出最终的答案。也不应该被忽视和遗忘，张家口，一个正在被唤醒的城市，未来可期。

# 丝绸之路文化线路遗产管理体制探索

段春娥①

## 一、文化线路遗产下的丝绸之路

文化线路作为一种遗产类型出现在国际文化遗产保护领域，表达了国际社会对于文化发展在人类社会成长过程中作用的关注。1964年欧洲理事会在《欧洲文化公约》倡议下首次提出文化线路思想开始，经过40多年的发展，2008年国际古迹遗址理事大会通过《关于文化线路的国际古迹遗址理事会宪章》（简称《文化线路宪章》），文化线路遗产正式以国际准则的形式确定下来。该宪章认为文化线路应具备三个基本特征："①它必须源于或反映人类的互动活动，主体可以是人民、国家，也可是地区或大陆间，在一个重要历史时段中有多向的、持续的、互惠的物产、观念、知识和价值观的交流；②在一定时空范围内对涉及的文化具有跨文化的影响，并通过物质和非物质文化遗产得以反映；③存在于一个与历史脉络和文化遗存共同组成的动态系统当中"②。简言之，文化线路便是指：在特定时空范围内反映人类互动对文化发展产生重要影响的、动态的，包括物质和非物质遗产的文化遗产系统。其中"跨文化""交流""动态"这三个关键因素必须存在，并通过物质和非物质文化遗产得以表现③。

"丝绸之路"便是典型的文化线路遗产，它是我国西汉时张骞出使西域开辟的以长安为起点，经河西走廊、新疆，横跨中亚与西欧，于公元前2世纪至公元16世纪期间以丝绸贸易为载体的，开展长距离贸易与文化交流活动的交通大动脉，长约5000km，宽约3000km，是东西方文明与文化交流融合之路、合作之路和繁荣之路④。通过丝绸之路，沿线文明、文化、宗教相互碰撞、交流、融合，共同推动着东西方经贸交流、文化融合和文明发展，呈现出典型的"文化线路"特点，并通过丰富多彩的物质与非物质文化遗产得以反映，给后世留下了众多的古宫殿群、佛塔古寺、文化石窟、古城、古驿站、古关隘、烽燧遗址等文化遗迹，它们与城市、绿洲、草原、戈壁、沙漠、雪山和水岸等壮丽的自然景观相互交融⑤，

---

① 作者简介：段春娥（1986— ），女，湖北荆州人，西北大学文化遗产学院在读博士生。
② ICOMOS. Charter on cultural routes. Quebec：ICOMOS 16th General，2008.
③ 吕周：《文化遗产视野下的丝绸之路》，《遗产与保护研究》2016年第1期。
④ 《丝绸之路：起始段和天山廊道》申报世界遗产文本中文版。
⑤ 饶涛：《丝路遗产的文旅融合之路》，《中国文物报》第6版，2020年10月23日。

呈现出共性与个性、多样性和典型性的特点，彼此内在关联、交相辉映。

2104年6月，中哈吉三国联合申报的"丝绸之路：长安——天山廊道的路网"项目成功入选世界文化遗产。申遗文本中列出了中心城镇、商贸聚类、交通及防御、宗教、关联遗迹5类代表性遗迹，共33处，其中哈萨克斯坦、吉尔吉斯斯坦境内分别有8处和3处，中国境内有22处。中国段主要分布在河南、陕西、甘肃、新疆四省，其中河南段4处，分别为汉魏洛阳城遗址、隋唐洛阳城定鼎门遗址、新安汉函谷关遗址、崤函古道石壕段遗址；陕西段7处，包括汉长安城未央宫遗址、唐长安城大明宫遗址、大雁塔、小雁塔、兴教寺塔、张骞墓、彬县大佛寺石窟；甘肃段5处，分别为玉门关遗址、悬泉置遗址、麦积山石窟、炳灵寺石窟、锁阳城遗址；新疆段6处：高昌故城、交河故城、克孜尔尕哈烽燧、克孜尔石窟、苏巴什佛寺遗址、北庭故城遗址。

在经济全球化与文化多样化的今天，虽然文明交往的方式和内容已发生了质的变化，但是不同文明间的对话仍是全球化进程中的必然趋势。丝绸之路仍然在为当今世界和平、发展、合作提供可贵的精神资源[1]，对丝路文化遗产的保护传承与发展既是遗产保护的必然要求，也承载着丝路沿线国家再度发展、繁荣兴盛的梦想。只有对丝绸之路文化遗产进行有效的管理，才能保护好，传承好，发展好，也才有可能续写人类文明交流史上的传奇，助力沿线地区发展，因此丝绸之路文化线路遗产管理体制的探索便成为本文的主题。

## 二、丝绸之路文化线路遗产管理体制现状与问题

体制是指国家机关、企事业单位在机构设置、领导隶属关系和管理权限划分等方面的体系、制度、方法、形式等的总称。[2] 管理体制便是指管理系统的结构和组成方式，其核心是设置管理机构，并对管理机构的职权进行划分，同时保证各机构的相互协调。一般而言，管理体制按照内涵和外延的不同，划分为三个层次，其中第一层次是关于整个社会形态方面的规定性，如资本主义体制、社会主义体制等；第二层次指的是在一定社会形态下的具体社会管理体制，如经济体制、政治体制、文化体制等；第三层次是指一定社会管理体制下的具体行业、单位的工作程序和行为规范，本文所讲的"管理体制"，是指第三层次的范畴[3]。丝绸之路在申报世界文化遗产时，相关遗产点便已着手制定相应的保护管理法规，设立相应的保护管理机构，实施文物保护、环境整治、展示监测等遗产管理工作。如今距离丝绸之路成功申遗已达6年之久，其管理体制呈现什么样的面貌呢？下文便以其管理机构和法律规范为例，作具体介绍。

---

[1] 韩业庭：《丝路文化遗产，如何更好保护利用》，光明日报，2017年4月21日。
[2] 夏征农：《辞海》，上海：上海辞书出版社，2009年版第2238页。
[3] 曲明哲：《改革开放推动社会主义制度创新》，《党政干部学刊》2008年第10期，第5页。

(一)丝绸之路文化线路遗产管理体制现状

**1. 管理机构现状**

我国《文物保护法》明确规定省、自治区、直辖市人民政府和市、县级人民政府根据各级文化遗产的情况分别设置专门机构或者专人负责管理,由他们负责文化遗产日常管理和保护工作。目前丝绸之路文化线路遗产中国段4个省22个遗址点相继建立了相关的管理机构,列表如下。

表1 丝绸之路文化线路遗产(中国段)遗产管理机构一览表

| 地区 | 遗产点 | 地区 | 管理机构 | 主管部门 |
| --- | --- | --- | --- | --- |
| 河南 | 汉魏洛阳城遗址 | 洛阳 | 白马寺汉魏故城文保所 | 洛阳文物局 |
| | 洛阳城定鼎门遗址 | 洛阳 | 洛阳市隋唐城遗址管理处 | 洛阳文物局 |
| | 新安汉函谷关遗址 | 新安 | 新安县文物管理局 | 洛阳文物局 |
| | 崤函古道石壕段遗址 | 三门峡 | 崤函古道石壕段遗址文管所 | 三门峡文物局 |
| 陕西 | 汉长安城未央宫遗址 | 西安 | 汉长安城遗址保管所 | 西安文物局 |
| | | | 汉长安城遗址特区管委会 | 未央区政府 |
| | 唐长安城大明宫遗址 | 西安 | 大明宫遗址保管所 | 汉长安城特区管委会 |
| | 大雁塔 | 西安 | 大雁塔文物保管所 | 西安宗教局 |
| | 兴教寺塔 | 西安 | 兴教寺管理委员会 | 西安宗教局 |
| | 小雁塔 | 西安 | 西安博物院 | 西安文物局 |
| | 彬县大佛寺石窟 | 彬县 | 彬县大佛寺博物馆 | 陕西省文物局 |
| | 张骞墓 | 城固 | 张骞墓文物管理所 | 张骞墓纪念馆 |
| 甘肃 | 锁阳城遗址 | 酒泉 | 锁阳城文管所 | 酒泉文物管理局 |
| | 悬泉置遗址 | 敦煌 | 悬泉置文管所 | 敦煌文物管理局 |
| | 玉门关遗址 | 敦煌 | 玉门关文管所 | 敦煌文物管理局 |
| | 炳灵寺 | 永靖 | 炳灵寺石窟保护研究所 | 敦煌研究院 |
| | 麦积山石窟 | 天水 | 麦积山石窟文管所 | 敦煌研究院 |
| 新疆 | 高昌故城 | 吐鲁番 | 高昌故城文管所 | 吐鲁番文物管理局 |
| | 交河故城 | 吐鲁番 | 交河故城文管所 | 吐鲁番文物管理局 |
| | 北庭故城遗址 | 吉木萨尔 | 北庭古城文管所 | 吉木萨尔文物管理局 |
| | 克孜尔尕哈烽燧 | 库车 | 克孜尔尕哈烽燧保管所 | 库车县文物管理局 |
| | 克孜尔石窟 | 克孜尔 | 克孜尔石窟保护管理所 | 库车县文物管理局 |
| | 苏巴什佛寺遗址 | 库车 | 苏巴什佛寺保护管理所 | 库车县文物管理局 |

**2. 法律规范现状**

《保护世界文化和自然遗产公约》规定文化和自然遗产应受到本国和国际的双重保护。因此对世界文化遗产的管理,国际国内都有相关联的法律规章制度作为支撑。首先国际层面而言,从《威尼斯宪章》《华盛顿宪章》到《文化线路宪章》《奈良宣言》《西安宣言》等等,这些宪章为文化遗产的保护提供了一系列专业指引,有一定的约束力。在国内,我国在《宪法》《文物保护法》《文物保护法实施条例》《世界文化遗产管理办法》等指导下,由各地政府根据遗产保护实际情况而制定保护条例或者相应政策对其进行法律上的约束。就丝绸之路文化遗产中国段而言,除了一系列通用的国际公约、宪章、准则和国内相应的法律法规外,截至到目前,22个遗址点已陆续实施了相应的保护条例、管理规划、管理办法或管理通告,具体列表如下。

表2 "丝绸之路:长安—天山廊道路网"遗产颁布法律法规概况一览表

| 省份 | 遗址名 | 时间 | 法律法规 |
| --- | --- | --- | --- |
| 河南 | 汉魏洛阳城遗址 | 2006 | 《洛阳市汉魏古城保护条例》 |
| | | 2013 | 《汉魏洛阳城遗址管理规划》 |
| | 隋唐洛阳城定鼎门遗址 | 2008 | 《洛阳市隋唐洛阳城遗址保护条例》 |
| | | 2013 | 《隋唐洛阳城定鼎门遗址管理规划》 |
| | 新安汉函谷关遗址 | 2013 | 《新安县汉函谷关保护通告》 |
| | 崤函古道石壕段遗址 | | 《河南省古代大型遗址保护管理规定》 |
| | | 2007 | 《石壕段遗址保护管理规划》 |
| 陕西 | 汉长安城未央宫遗址 | 2013 | 《汉长安城保护管理条例》 |
| | | | 《西安汉长安城未央宫遗址保护管理办法》 |
| | 唐长安城大明宫遗址 | 2013 | 《唐大明宫遗址保护管理条例》 |
| | | | 《西安市大明宫遗址保护管理办法》 |
| | 大雁塔 | 2013 | 《西安市大雁塔保护管理办法》 |
| | 兴教寺塔 | 2013 | 《西安市兴教寺塔保护管理办法》 |
| | 小雁塔 | 2013 | 《西安市小雁塔保护管理办法》 |
| | 彬县大佛寺石窟 | 2008 | 《彬县大佛寺石窟文化遗产保护管理办法》 |
| | | | 《大佛寺石窟文物保护与利用规划》 |
| | 张骞墓 | 2009 | 《张骞墓保护管理办法》 |
| 甘肃 | 锁阳城遗址 | 2013 | 《锁阳城遗址保护管理办法》 |
| | | | 《锁阳城遗址管理规划》 |
| | 悬泉置遗址 | 2013 | 《悬泉置遗址保护管理办法》 |
| | | | 《悬泉置遗址管理规划》 |
| | 玉门关遗址 | 2013 | 《玉门关遗址保护管理办法》 |
| | | | 《玉门关遗址管理规划》 |
| | 炳灵寺 | 2008 | 《炳灵寺石窟保护管理办法》 |
| | | 2013 | 《炳灵寺石窟管理规划》 |
| | 麦积山石窟 | 2008 | 《麦积山石窟保护管理办法》 |
| | | 2010 | 《麦积山石窟保护规划》 |
| | | 2013 | 《麦积山石窟管理规划》 |

续表

| 省份 | 遗址名 | 时间 | 法律法规 |
|---|---|---|---|
| 新疆 | 高昌故城 | 2013 | 《高昌故城管理办法》 |
| | | 2013 | 《高昌故城管理规划》 |
| | 交河故城 | 2013 | 《交河故城管理规划》 |
| | | | 《交河故城管理办法》 |
| | 北庭故城遗址 | 2013 | 《新疆吉木萨尔北庭故城遗址保护条例》 |
| | 克孜尔尕哈烽燧 | | |
| | 克孜尔石窟 | | |
| | 苏巴什佛寺遗址 | | |

## (二)丝绸之路文化线路遗产管理体制存在的问题

### 1. 条块分割，各自为政，急需建立统一协调机制

在我国，国有遗产地采用条块结合、以块为主的管理体制。其中"条"是指按照相关法律法规和规范性文件，由相对应的职能部门对遗产点进行管理，如文物、住建、国土资源、农业等等，"块"则指遗产点普遍采取属地管理。遗产点管理机构在遗产规划、保护资金使用和遗产监督等方面主要服从条状管理，但是在和遗产点相关社会经济事务管理上又从属于地方政府接受块状管理，丝绸之路文化遗产目前也是采取这种条状管理体制，但出现了一些问题。

首先，多条管理造成了遗产管理效率的低下。以丝绸之路中的汉长安城遗址为例，正是因为看到了条状管理出现的弊端，为了保护汉长安城遗址，也为了避免多部门管理而造成的行政效率低下，政府成立了汉长安城遗址特区管委会。事实上，汉长安城遗址目前由汉长安城特区管委会和汉长安城遗址文管所共同管理，特区管委会属未央区政府，主要负责汉长安城遗址区社会事务的管理，如相应的土地、居民、建设、搬迁安置管理；文管所属西安市文物局，主要负责汉长安城内遗址的管理，如遗址保护、展示、安全、监测等，它们分属于两个不同的机构，各自内部有独立的管理系统，导致管理权限被分割。在实际的运行过程中，针对具体事务的管理，并不是特别顺畅，导致了管理效率的低下，有时还会对汉长安城遗址内有些遗迹造成毁灭性的打击，采取了特区政府的遗址管理还有如此多的弊端，更不用说那些一般遗产管理机构的丝路遗址点[1]。

其次，有些丝路遗址点管理范围大，但管理权限小、机构人员少、专业能力不强。仍以汉长安城遗址为例，目前两个管理机构负责特区所有事务的管理，但它们并不拥有与管理范围相对应的管理权限，在一些具体事务上，并没有决策权。当遗址内出现破坏遗址的违法现象时，文管所只能制止和劝阻，并无实际的执法

---

[1] 裴梦斐：《汉长安城国家大遗址保护特区管理体制研究》，西北大学2017年硕士学位论文。

权,而且还要按照违法现象的程度来判定是否有必要上报西安文物局,然后再由文物执法大队执法管理,这样既造成了工作效率的低下,也给不法分子破坏遗迹留下了违法时间。

再次,丝路遗址点保护利用水平差异大,发展不平衡突出。例如有些遗址点位于荒野区和边塞区,由于受条块政策、遗产机构管理能力、遗产点所在地经济文化发展水平、保护力量不均等方面的影响,这些单体的遗址点难以享受到应有的管理,既使得社会公众难以领略到它们作为丝绸之路遗址的价值魅力,也无法为沿线区域经济文化社会发展带来应有的推动力。如何解决这种地区间的不均衡,敦煌研究院"一院六地"的保护管理模式,不失为一种好的方案。敦煌研究院在壁画、土遗址、数字化技术、开放利用与国际交流合作等方面,一直走在全国乃至全世界前列,而麦积山、炳灵寺和北石窟寺等3个石窟管理单位各方面的工作都较为薄弱,不仅专业技术人员缺乏,而且文物保护研究能力较弱,与世界文化遗产地的要求仍有较大差距[1],因此2017年,甘肃省文物局将麦积山石窟、炳灵寺石窟、北石窟寺交由敦煌研究院管理,其先进的管理体制和模式,不仅可以带动落后石窟保护水平的提升和发展,更为重要的是它们开始走出单一的管理体制,形成跨部门的、跨区域的遗产保护管理体系。尽管甘肃"一院六地"在管理体制上迈出了重要的一步,但丝绸之路沿线目前绝大多数遗址点较分散,各区域间联系、沟通与交流并不是很多,急需设立统一的管理机构,建立强有力的统一协调机制,对丝绸之路线性文化遗产进行统一管理。

**2. 缺乏统一管理的、相对应的法律法规体系**

首先,从上文丝绸之路法律规范现状来看,目前已有的法律法规主要还是针对遗产点单体进行保护、管理和利用,面向整体线路的法律保障体系尚未形成。其次,丝绸之路沿线不仅有众多的文化遗迹,而且有绝美的形态各异的自然景观,对文化遗产的保护,不仅仅是遗迹本体的保护,还有其遗产背景环境和关联环境的保护,而且在我国把生态文明建设和可持续发展放在战略性地位的今天,遗产周边环境的保护被放在了重中之重的地位,然而目前丝绸之路文化遗产还没有像大运河遗产那样,有专门的、成体系的生态环境保护修复专项规划。其次,在文化和旅游融合不断发展的今天,文化是旅游的灵魂,旅游是文化的载体。丝绸之路文化遗产丰富而深刻的文化价值会极大地促进沿线地区旅游的发展,而旅游的发展又会促使丝路遗产的进一步活化,然而二者要如何融合,才能达到彼此效益的最大化,这也是遗产保护和旅游发展要特别注意的问题,应该有而且必须有相应的专门指导性文件,然后目前尚未出台针对丝绸之路文旅融合发展的专项规划;最后,丝绸之路文化线路遗产的监管机制也急需加强。

---

[1] 许永祥:《线性文化遗产保护管理模式的探索与实践——以敦煌研究院"一院六地"模式为例》,兰大历史院公众号,2020年8月8日。

## 三、丝绸之路文化线路遗产管理体制建议

丝绸之路是典型的文化线路遗产，它在一个宏观而整体的线性空间尺度下，强调各遗产点之间的关联性，并将这些有关联的遗产要素重新组合，赋予它们更大的价值，因此丝绸之路文化线路遗产的管理，既要有不同国别之间的分段管理，更要有线、面视野层面的统一管理，这是新时代新形势下文化遗产保护理念不断发展的要求使然，也是更大发挥丝绸之路遗产价值和功能的必然要求。

（一）分段管理与统一管理相结合

**1. 建立国际协调机构，分国别进行分段管理**

丝绸之路是跨国别的文化线路遗产，但各国发展不均衡，在遗产管理上存在国界差别，因此需要一个强有力的领导者统筹丝路的保护管理与发展。我国作为丝绸之路线路最长、文化遗产点最多的国家，有责任也有义务承担这一历史使命，因此我国要积极地推动跨国协同，构建丝绸之路保护与利用的国际标准，可以将"丝绸之路文化遗产保护秘书处"这样跨国别的协调机构设置在我国，吸收国际先进理念与经验，既从顶层设计上协调、组织、实施丝绸之路全线遗产保护管理工作，又要将可以利用的遗产管理经验与丝绸之路相结合，从而制定适应不同国别的管理与保护利用守则，推动丝绸之路全线的保护利用。

**2. 在国界内，在统一管理的基础上再分段管理**

针对我国在世界文化遗产管理中目前出现的问题，我国已有学者提出分级论的观点，社科院研究员徐嵩岭认为我国世界文化遗产管理水平与其价值不对等，应实行分级管理，即高级别的世界文化遗产应该由中央垂直管理，低级别的遗产继续实施属地管理[①]，事实上已经有国家相关部委提出了世界文化遗产应该向上集权的建议。丝绸之路文化遗产在国际国内都具有举足轻重的地位，有必要实施中央政府垂直管理下的统一管理，因此要建立国家层面的统一管理机构，并与遗产地管理机构协调推进丝路遗产管理工作。

在管理体制上，首先要在国务院设置权威级别的、职能综合的丝绸之路遗产管理委员会，它是丝绸之路权威的管理机构和监督中心，委员会由常设理事会和执行委员会组成，常设理事会主要职能是制定遗产保护与利用制度、协调遗产管理中的重大问题、筹集经费等决策性问题，主要成员来自国务院下属的文物、公安、土地、建设、交通、水利等部委。执行委员会隶属于理事会，由相关部委派员、专家学者、群众代表、遗产地管理机构负责人和专业人员组成，负责执行理事会的相关决策，并收集与丝绸之路文化遗产相关的资料和数据，为理事会提供专业咨询，并给予他们相应的执法权，以综合协调各方利益，进而提升管理效能。在目前国家行政格局不变的情况下，设立丝绸之路管理委员会，可以最大限度地

---

① 刘新静：《世界遗产教程》，上海：上海交通大学出版社，2010年，第301页。

减少因条块分割、各自为政而带来的效率低下和遗产破坏问题。其次,在丝绸之路遗产点中,因一般的遗产地管理机构能力有限,特别是边远地区或边塞地区的管理机构更是如此,这种情况下,可以借鉴甘肃文物局保护石窟寺遗产点的做法,依托敦煌研究院"一院六地"的管理模式,实施跨区域的整体保护,共享先进遗产点的管理智慧,提升落后地区的管理能力,以强带弱,确保文化遗产点的安全,真正将文物工作"保护为主、抢救第一、合理利用、加强管理"16字方针落到实处。对于体量特别大的丝路遗产点,因一般的专业管理机构无力解决遗产保护与区域发展之间错综复杂的矛盾,可以借鉴汉长安城遗址特区管理委员会的管理模式,但要成立具有完全行政能力的特区政府,在丝绸之路遗产管理委员会的指导下负责本遗产地区域的遗产保护管理工作。

在管理制度上,要改革绩效考核标准,将丝路文化遗产管理结果的好坏作为遗产管理委员会或者遗址特区管委会、遗产管理机构绩效的关键考核点之一,使其树立正确的目标导向,实现真正的激励作用;也要完善人事管理制度,加强其改革力度,根据丝绸之路遗产保护队伍的实际情况,加快推进考古、文保、规划、国土、交建、水利等专业岗位的设置,推进职称资格改革,积极探索,以需求为导向,完善用人机制,拓宽人才成长渠道①。同时,丝绸之路涉及跨国界的管理,而我国又是丝绸之路文化遗产保护的大国,无论是从本国的实际情况而言,还是从大国责任担当来说,都要加强具有国际视野人才队伍的培养和引进,促进丝路跨国别层面的保护和交流,从根本上解决人员不足、人员不专问题。

### (二)制定系统的保护管理法,并有法必依、执法必严

首先,丝绸之路中国段22个遗产点现有的保护条例、保护管理办法、管理规划、保护通告在保护丝路文化遗产方面起到了一定的作用,但这些规定并不是一成不变的,要根据遗产管理和地区实际情况做出相应的修改,并公布于众,及时实施。更为重要和关键的是,要在这些已有的管理规定的基础上,制定丝绸之路统一管理的综合性法律法规。在《中华人民共和国文物保护法》的指导下,制定《丝绸之路保护条例》,在条例的指导下,丝绸之路沿线各省市地区因地制宜制定符合本区域内丝绸之路管理实际的法律法规,让丝绸之路每一段都有法可依;也要根据近年来文化线路遗产,如大运河、长城、长征在管理方面的经验,结合我国现有政策性文件,如《中华人民共和国国民经济和社会发展规划纲要》《文化发展改革规划纲要》《关于加强文物保护利用改革的若干意见》和行业准则、规范性文件,在国土空间规划多规合一的背景下,制定《丝绸之路文化遗产保护利用专项规划》,将丝绸之路文化遗产保护利用工作的整体性、协调性、长期性上升到国家战略高度,解决长期以来丝路文化遗产保护管理中关联性弱、部门协调不足和无序开发等问题。地方政府应以此规划为遵循,制定或者修改已有的本地区规

---

① 赵丛苍、张朝、赵戈:《浅论丝路文化遗产价值与传承》,西安市教育局、西安文理学院编《2019年"一带一路"西安历史文化国际学术研讨会论文集》,2019年11月。

划，开展文化遗产保护管理和利用工作。同时，也要将《丝绸之路生态环境保护修复专项规划》《丝绸之路文化和旅游融合发展专项规划》的制定提上议事日程，为文化遗产的利用和传承提供规范性指导文件。

其次，在法律法规体系不断完善的基础上，必须做到有法必依、执法必严。对破坏丝绸之路文化遗产的各种违法行为，无论是个人，还是企业法人，都必须加大打击惩戒力度，追究个人、法人和相关部门的法律责任，对特别重大的违法行为可以上升到刑法的惩处，加大违法成本，使其不敢违法，用法律的权威来促进丝绸之路的保护。同时要明确落实丝绸之路的管理责任，使其每一段都有明确的保护责任人，权责利一致。

(三)构建丝绸之路文化遗产社会保护体系

丝绸之路的保护管理，单靠政府部门的力量是远远不够的，相关部门要继续采取各种途径，建立和完善丝绸之路保护志愿者信息服务平台，及时发布丝绸之路的管理信息，鼓励和引导社会公众、团体志愿者、企事业单位通过社区共建、协议保护、授权管理和领办生态保护项目的方式参与丝绸之路保护、建设和管理。有影响力的志愿者，可以依托网络平台，组建志愿者团队，搭建活动参与平台，形成保护丝绸之路的民间力量。例如可以通过微信、快手、抖音等直播平台，分享丝绸之路保护和志愿者活动信息，还可以建立丝绸之路文献资料库、丝绸之路地理信息系统，分享丝路故事，传播丝路文化，推动丝绸之路文化遗产民间保护氛围的形成。

要做好丝绸之路文化遗产的创造性转化和创新性发展，使丝绸之路保护融入时代潮流，与现实生活相融相通。丝绸之路如同一条时空隧道，将大漠风光、雪域冰川、高原牧场、山谷栈道等至美自然景观与古堡遗迹、石窟墓穴、寺庙楼塔、殿堂民居等人文历史遗迹相串联，我们可以将丝绸之路文化遗产的传播与著名汽车品牌相结合，策划汽车横跨欧亚大陆的"全球路演"，既在全球范围内提高了汽车品牌的影响力，又向世界推广了丝路文化。又例如可以举办丝路定向越野赛事，将相关丝路遗迹点相串联，形成丝路遗产热。

# 简论耶律楚材《西游录》及其反映的佛道矛盾

李春尧①

## 一、《西游录》的成书及流传

耶律楚材与丘处机相识于撒马尔罕（邪米思干），时间可能为公元1221年冬，具体无考。起初，二人关系融洽，"联句和诗，焚香煮茗，春游邃圃，夜话寒斋"②。据李志常撰《长春真人西游记》，1222年秋九月，成吉思汗曾三次召见丘处机问道。耶律楚材是否参与其中，史无所载。根据现有史料，仅能确认两点：第一，耶律楚材并未参与第一次讲道；第二，耶律楚材对丘处机讲道的内容非常了解。

1223年三月，丘处机辞别成吉思汗东归，其时耶律楚材奉命前往塔剌斯城公干，并未与丘处机告别。此后，丘处机于1224年春天回到燕京，1227年去世，二人再也未曾会面。从1221年冬算起，直到1223年三月，丘、耶二人的相处时间至多为一年半。在这一年半的时间中，二人的关系可能有过亲疏变化，但并未发生过面对面的冲突。

根据耶律楚材在《西游录》中的说法，丘处机东归后开始扩张全真教的势力，耶律楚材对此已有不满，但没有机会当面指责："间阔以来，为兹不轨数事，常欲面折其非，职守所拘，不获一见。"③而当耶律楚材回到中原之时（1227年年底），丘处机却已经不在人世了，所以耶律楚材也只能"毁之于死后"④。

据《西游录·序》的说法，耶律楚材写作此书的动机是："里人问异域事，虑烦应对，遂著《西游录》以见予志"。⑤ 不过，从篇幅来看，上部描述西域之事，篇幅很短；下部攻击全真教，篇幅较长。所以，"应对异域事"肯定不是本书的主要

---

① 作者简介：李春尧（1981— ），江苏省扬州市人，中国人民大学哲学博士，暨南大学历史学博士后。现为广州城建职业学院"凤凰学者"、暨南大学中印比较研究所兼职研究员、广东省老子文化学会理事。

②③④［元］耶律楚材：《西游录》卷下，向达校注，北京：中华书局，1981，第14页、第16页。

⑤［元］耶律楚材：《西游录》序，向达校注，北京：中华书局，1981。

目的。向达先生指出:"其实此书主要是为攻击长春而作。"①

根据《西游录》序言,写作时间是"己丑",即为公元1229年。全书末又记写作时间为"戊子清明日",即公元1228年的清明。据此推测,该书的正文应完成于公元1228年,而序文则写于公元1229年。

《西游录》由"燕京中书侍郎宅刊行",也就是说,是耶律楚材私人印行的。可能是因为这个原因,所以流通数量不多。另外,陈垣先生的研究认为,耶律楚材之子耶律铸对道教颇有好感,而《西游录》对道教言辞激烈,所以,在耶律楚材去世之后,这部书就没有继续印行。

元代文人盛如梓(生卒年不详)说这部书"人所罕见",不过他节录了关于西域地理的一部分内容,纳入其《庶斋老学丛谈》之中。元朝僧人详迈(生卒年不详)则在其所撰的《辩伪录》之中,提到了《西游录》下部的内容。虽然如此,但《西游录》的完整本并没有在中原地区得以流传。

直到1926年,日本人神田信畅在日本"宫内省图书寮"发现了一部足本《西游录》。根据向达先生的介绍,神田发现的这个藏本为"十九世纪初德川幕府儒官古贺侗庵(煜)所献写本"(古贺本),"古贺本"又出自"一八二四年写本","一八二四年写本"则出自"普门院旧藏元刊原本"。②

神田信畅发现了这个足本,次年(1927)依此排印出版;同时(1927),王国维先生又手抄了一本。在神田信畅将他的发现排印之后,罗振玉先生据此重印,将其引进了国内。这就是我们现在看到的版本的由来。

据向达先生的统计,《西游录》连序言在内,共计5177字。《序》287字。该书的上部主要记述了西域地理,下部则是对丘处机及全真教的攻击。下部的篇幅是上部的两倍。"全书重心,于此可见。"③

## 二、《西游录》内容解析

《西游录》除序言外,分为上、下两卷。上卷所述,完全是西域地理,而下卷所论,则完全是对丘处机及全真教的攻击。下卷共有十五组问答,以"客问""居士答"的方式,表达耶律楚材对丘处机的看法(仅最后一组有问而无答)。其中,"居士"即是"湛然居士"耶律楚材本人,"客"自称"知仆者莫如君,知子者莫如我"④,但其身份不明,理应为耶律楚材出于论辩需要,虚拟出来的一个人物。金易明先生认为,这种写作手法有两个渊源:一是汉赋中的"答客问",一是印度论典中的驳论文。"显然耶律楚材受此影响很大。"⑤

《西游录》卷下首先追忆了丘处机西行的因缘。耶律楚材自述,由于"国朝开创之际,庶政方殷而又用兵西域,未暇修文崇善。三圣人教皆有益于世者。尝读

---

① ② ③ ④ [元]耶律楚材:《西游录》,向达校注,北京:中华书局,1981,"前言"第1页、"前言"第2—3页、"前言"第3页、第13页。

⑤ 金易明:"入世之道与出世情怀的交融——一代名相耶律楚材的佛教信仰情怀窥豹",黄夏年,《辽金元佛教研究(上)》,郑州:大象出版社,2012。

《道》《德》二篇，深有起予之叹，欲致吾君高踏羲皇之迹"①，所以，他对丘处机西行是持赞同态度的，并且积极参与此事，促成了丘处机西行。耶律楚材的初始动机，是想"使为儒、佛之先容"②，即借丘处机西行来推行他的"三教合一"主张。

因为原本二人在思想上、利益上都没有太大分歧，所以丘处机刚刚到西域之时，耶律楚材对他礼遇有加。丘处机感慨说："久闻湛然遵崇释教。夫释、道二教素相攻嫉，政恐湛然不相契合，岂意厚待如此，真通方之士也。"耶律楚材答复说："三圣人教行于中国，岁远日深矣。其教门施设，尊卑之分，汉、唐以来，固有定论，岂待庸人俗士强为其高下乎！"③由此看来，两人在刚刚结交之时，关系融洽。不过，从耶律楚材的陈述中，也可以窥见他求同存异的态度。在耶律楚材心中，佛道二教的"尊卑之分"是"固有定论"的，只不过，"待以礼貌"，他不愿在此问题上展开争论罢了。

交往日久之后，耶律楚材的态度逐步由"求同存异"转变为"面是心非"。这一转变，很大程度上是因为二人思想上的不同。丘处机认为"禅家恶梦境，岂知福力薄劣，好梦不能致"，而全真教则以"出神入梦为毕竟事"。对此耶律楚材自然难以认同。耶律楚材又回忆说，丘处机向他请教黄鲁直（黄庭坚）的一句偈语："通身是眼，不见自己；欲识自己，频掣驴耳。"此首诗偈，可能是对"黄龙三关"之"驴脚"的化用。丘处机对这个公案一无所知，所以不明就里。在耶律楚材看来，丘处机对禅宗连最起码的了解都没有，"未窥祖道之藩篱，况其堂奥乎？"以如此知识基础，对禅宗品头论足，说禅宗"福力薄劣"，耶律楚材自然"自此面待而心轻之"。④

在《西游录》卷下的第八组问答中，耶律楚材总结了他"不许丘公十事"：⑤

交游既深，穷其底蕴，予不许丘公之事，凡有十焉。（1）初进见，诏询其甲子，伪云不知。安有明哲之士不知甲子乎？此其一也。（2）对上以徽宗梦游神霄之事，此其二也。（3）自谓出神入梦，为彼宗之极理，此其三也。（4）又云圣贤提真性遂游异域，自爱梦境，此其四也。（5）不识鲁直赞意，此其五也。（6）西穷昧谷，梵僧或修善之士皆免赋役。丘公之奏，独请蹓道人差役，言不及僧。上虽许免役，仍令诏出之后，不得再度。渠辄违诏，广度徒众。此其六也。（7）又进表乞符印，自出师号，私给观额，古昔未有之事，辄欲施行。此其七也。（8）又道徒以驰驿故，告给牌符。王道人者驱从数十人，悬牌驰骋于诸州，欲通管僧尼。丘公又欲追摄海山玄老，妄加毁坼。此其八也。（9）又天城毁夫子庙为道观，及毁坼佛像，夺种田圃，改寺院为庵观者甚多，以景州毁像夺寺事致书于从乐居士，润过饰非，天地所不容。此其九也。（10）又顺世之际，据厕而终，其徒饰辞，以为祈福。此其十也。

其中，第一点是关于丘处机年龄作伪的事。此事固有其前因。耶律楚材在

---

①②③④⑤ ［元］耶律楚材：《西游录》卷下，向达校注，北京：中华书局，1981，第13页、第14页、第15页、第15—16页。以下引文中的数字编号为笔者所加。

《西游录》中也曾提及，成吉思汗之所以诏见丘处机，就是因为刘温（仲禄）"谓丘公行年三百，有保养长生之秘术，乃奏举之"。由于有此前缘，所以丘处机在成吉思汗询问其年龄之时，才假装不知道。如此做法，最大的原因还是为了顾全刘仲禄的面子："丘公志在得君行道；刘仲禄既举荐他，说他三百岁了；刘自当关照长春。既承问及甲子，则长春亦只有含糊其词而已。他怎能明指刘仲禄的不对呢！"①不过，隐瞒自己的年龄，也是宗教人士的常见做法，其目的是为了彰显自己的"神异"，以博取信众的崇敬。这一手法在禅宗历史上，也不鲜见。比如，唐代武则天召见老安禅师，当询问年龄时，老安便回答说生死虚妄，所以无须计算年岁。② 神秀也从来不透露自己的年纪，所以他在706年去世之时，世寿不详。③本宗祖师隐匿年龄，耶律楚材绝口不提；而丘处机使用了同样的手法，却被耶律楚材质疑非"明哲之士"。在这个问题上，耶律楚材显然带有自己的宗教情绪。

第二，丘处机对成吉思汗提及"徽宗梦游神霄"，此事详载于《玄风庆会录》："昔宋上皇，本天人也。有神仙林灵素者，挈之神游上天，入所居宫，题其额曰神霄，不饥不渴，不寒不暑，逍遥无事，快乐自在，欲久居之，无复往人间之意。林灵素劝之曰：陛下天命人世，有天子功限未毕，岂得居此？遂下人间。自后，女真国兴，太祖皇帝之将娄失，虏上皇北归，久而老终于上京。由是知，上天之乐，何啻万倍人间。又知因缘未终，岂能遽然而归也？余昔年出家，同道四人，彼三子先已升华，如蝉蜕然委此凡骨而去，能化身千百，无不可者。余辛苦万端，未能去世，亦因缘之故也。"④丘处机提及宋徽宗与林灵素，其意在证明：天子都是神仙下凡，等到完成了"天子功限"，就会重返天上。这一观点基于道教的信仰，作为佛教徒的耶律楚材自然不会相信。而丘处机将成吉思汗与宋徽宗相提并论，此举更加不伦不类。在儒生的眼中，宋徽宗和林灵素是一对昏君佞臣，正是由于他们的胡作非为，北宋才招致亡国之祸。耶律楚材当初选择投靠成吉思汗的原因，就在于他将其视为明君圣主。岂能容忍丘处机将其比为宋徽宗呢？

第三，丘处机以"出神入梦"为修炼之极致。这一点在禅宗学人看来，无疑是荒唐可笑的事。更为重要的是，依照道家哲学，"出神入梦"与人生的理想境界相去甚远。《庄子·大宗师》有所谓"古之真人，其寝不梦"，而全真教的追求恰是反其道而行，与先秦道家根本相悖。耶律楚材素来以"三教合一"为人生信念，自然将这种背离老庄思想的观念视作"老氏之邪"⑤，严加驳斥。

第四，"圣贤提真性遨游异域"，这一点同样关于"出神入梦"。据说，丘处机曾经对耶律楚材吹嘘其法兄马钰"屡蒙圣贤提将真性遨游异域"，禅宗不能达此境

---

① 姚从吾：《东北史论丛（下）》，台北：正中书局，1959，第266页。
②③ 参见杨曾文：《唐五代禅宗史》，北京：中国社会科学出版社，1995，第81页、第95页。
④ ［金］丘处机：《丘处机集》，赵卫东辑校，济南：齐鲁书社，2005，第139—140页。
⑤ ［元］耶律楚材：《西游录》序，向达校注，北京：中华书局，1981。

界，正因"福力薄劣"。① 全真教和禅宗都关心"心性"问题，但对"性"的理解，二者是完全不同的。在全真教看来，如果"真性"可以离开肉体"遨游"，这意味着修行取得了很高的成就；但在禅宗看来，这种所谓的境界也只是有待破除的执念，一点也不值得推崇。在这个问题上，两派的观点是根本对立的。

第五，所谓"不识鲁直赞意"，耶律楚材在前文中细述过前因后果："尝假宋《播芳文粹》于予。一日谓仆曰，有一二语，欲与湛然商榷。夫古人之文章愈深，则人愈难知耳。《播芳》中黄鲁直所著《观音赞》有云，通身是眼，不见自己；欲识自己，频擎驴耳。此何等语邪？予默而不答。予私谓人曰，山语脱白衲，僧已知落处。渠未窥祖道之藩篱，况其堂奥乎？予自此面待而心轻之。"② 据金易明先生考证，耶律楚材的记忆有误，黄庭坚的诗偈并非出自《观音赞》，而是他的另一首作品《沙弥文信大悲颂》，全文如下："通身是眼，不见自己。欲见自己，频擎驴耳。通身是手，不解著鞭。白牛懒惰，空打车辕。通身是佛，顶戴弥陀。头上安头，笑杀涪皤。"③ 涪皤是黄庭坚的号，鲁直是他的字。全诗的大意，是提示学人反观自性。就文字层面而言，并无艰涩之处，但如果读者对禅宗公案比较陌生，则会觉得言辞莫名其妙。一个普通道士不解禅宗公案也不奇怪，丘处机标榜"三教合一"却不懂禅宗诗偈，在耶律楚材看来，自然难称通达之士。丘、耶二人在此问题上的差距，也显示出了所谓"士庶之别"。④ 耶律楚材出身于契丹皇族，是汉化程度很深的知识分子，从小就接受了良好的文化教育；丘处机被其信徒吹嘘为名门望族之后，但其实从小就是孤儿，没有受过任何教育，甚至连学名也没有，只是唤作"丘哥"，直到师从王嚞之后，才有机会读书识字。所以，二人的文化素养实在有天渊之别，耶律楚材轻视丘处机的粗陋，并鄙视全真教装神弄鬼、故弄玄虚的行为，这也是他个人的知识背景所决定的。日本学者吉冈义丰认为，由于中国社会存在的"士庶之别"，所以佛教和道教分别演化为"官的宗教""民的宗教"，甚而言之，"中国历史中佛教出现于前台时，大多可说是正常的时代。反之，若出现在大舞台上的是道教，佛教反而躲入后台时，大多可谓之为不正常的时代。因为，道教虽也具备公的一面，但将其比诸佛教之公时，其内容之贫乏及立足点之薄弱，在均难与佛教分庭抗礼，故使道教难登大雅之堂。"⑤ 对于整个中国历史而言，是说或可商榷。不过具体到"丘耶交恶"事件，正发生在一个所谓的"不正常的时代"：道教走上前台，佛教退居幕后。对此，耶律楚材大抵如同吉冈义丰所言，认定道教"内容贫乏""立足点薄弱""难登大雅之堂"。这样的一套学说，或可以满足成吉思汗"卫生"的需要，但论及治平天下，显然谬之万里矣。

---

①② ［元］耶律楚材：《西游录》卷下，向达校注，北京：中华书局，1981，第15页。

③ 金易明："入世之道与出世情怀的交融——一代名相耶律楚材的佛教信仰情怀窥豹"，黄夏年，《辽金元佛教研究（上）》，郑州：大象出版社，2012。

④⑤ 参见［日本］吉冈义丰：《中国民间宗教概说》，余万居译，中和：华宇出版社，佛历二五二九年（1985），第10页、第14页。

第六，耶律楚材指出，丘处机获得成吉思汗特许，回到燕京之后，向政府传旨免除了道士的差役，却不提及僧人。另外，成吉思汗在下诏之时附有条件：不能再剃度道士。但丘处机竟然对此置之不理。这个问题也有复杂的前缘，据耶律楚材说："昔徙河中之豪民子弟四百余人屯田于塔剌斯城，奉朝命委予权统之。予既还行在，闻之于舆人云，丘公将行，朝辞毕，遣人奏告云，但修善出家人乞免差役。时典诰命者他适，令道人自填，诏旨遂止书道士免役之语。当时咸谓既云修善出家人，僧道举在是矣。后数年方知止书道人，不及僧也。由是众皆议丘之不公也。"①意即，丘处机向成吉思汗辞行之时，成吉思汗许诺免除"修善出家人"的差役，由于当时书写圣旨的人不在，耶律楚材也外出公干，所以成吉思汗令丘处机自己书写，不料丘处机故意曲解了成吉思汗的意思，将"修善出家人"偷换为"道人"，这样一来，僧人便失去了享受免役政策的资格。耶律楚材对丘处机这一手段相当不满：假如真的有某种误会的话，那么丘处机"胡不封还诏旨"？面对这一指责，丘处机的确是难辞其咎的。从丘处机西行的结果来看，正是因为"道士免役"这一特权，全真教才得以迅速发展，但这一特权的获得并非光明正大。这个问题上的政策偏向，导致佛道二教的发展出现了严重不平衡，后世佛道冲突愈演愈烈，此事堪为肇始之因。

第七，丘处机向成吉思汗请求赐给"符印"，自己给道士加封，自己批准道观的建设。耶律楚材认为，丘处机请求这种"古昔未有"之事，未免野心太大。在这个问题上，耶律楚材可能更多的是从自己的治国理念出发：如果宗教组织获得了过大的权力，或者说政府对宗教组织失去了控制，那么必将导致劳动力的流失，长此以往，会严重影响国家财政。所以，历朝历代的政府都对宗教势力加以限制。耶律楚材本人虽然是佛教徒，但他作为政府官员，却从未给予过佛教政策倾斜。《中书令耶律公神道碑》记载："丁酉，汰三教僧、道，试经通者，给牒受戒，许居寺、观，儒人中选者，则复其家。公初言僧、道中避役者多，合行选试；至是，始行之。"②对于佛教的发展，耶律楚材尚且主张严加管控，道教就更不必说了。所以，对于丘处机"乞符印，自出师号，私给观额"的行径，耶律楚材不管是基于儒家立场，还是基于佛教立场，都有充分的理由严加斥责。

第八条涉及道教徒对佛教徒的欺压。据耶律楚材的说法，道教徒由于使用驿站，申请到了政府的"牌符"，王道人在得到牌符之后，却滥用其权力，悬挂牌符来往各地，想要"通管僧尼"。此事即使不是丘处机的授意，但作为教团领袖，如此纵容徒众，丘处机至少要担负一个御众无德的罪名。丘处机本人也作势要掌管天下宗教。《辩伪录》称："丘公自往蓟州，特开圣旨，抑欲追摄甘泉本无玄

---

① ［元］耶律楚材：《西游录》卷下，向达校注，北京：中华书局，1981，第16—17页。
② ［元］宋子贞：《中书令耶律公神道碑》，［元］耶律楚材：《湛然居士文集》附录，谢方点校，北京：中华书局，1986，第330页。

和尚。"①

第九条指责是关于庙产的纠纷。耶律楚材指出,全真教徒不但破坏佛寺,霸占佛寺的田产,而且拆毁儒家的夫子庙,将其改为道观,"毁像夺田,改寺为观,改宣圣庙为道庵,有摈斥二教之志"。②耶律楚材特意提到了一个案例:景州(今河北省衡水市景县)有一座寺庙被全真教霸占,丘处机为此写信表明了自己的态度:"近有景州佛寺,村民施与道士居止,今已建立道像,旧僧构会有司欲为改正。今后再有似此事,请为约束。"③虽然丘处机做出了这样的姿态,但事实上,全真教对其教众的侵占行为并未采取有效的约束手段,所以耶律楚材认为丘处机的表态是"润过饰非",扬言要将丘处机的书信内容"会将勒石,永垂后世,庶使明眼人鉴其是非"。对于全真教徒的行为,耶律楚材直斥:"大丈夫窃人之宇舍,毁人之祖宗以为己能,何异鼠窃狗盗邪?"④

第十条是对丘处机之死的嘲讽。据《长春真人西游记》,丘处机的死因应该是痢疾一类的疾病,耶律楚材以为其"据厕而终",死于厕所之中,这也是情理中事。不过在厕所中去世,毕竟有损形象,所以全真教徒对于丘处机之死遮遮掩掩,含糊其词:"师既示疾于宝玄,一日数如偃中,门弟子止之,师曰:吾不欲劳人,汝等犹有分别在,且偃寝奚异哉?……遂登葆光堂归真焉。异香满室"。⑤如果丘处机真的是因为痢疾而死于厕中,那么基本没有可能"异香满室",这种说法只能解释为一种宗教夸耀。对于这种文饰,耶律楚材可能觉得毫无必要。从历史记载来看,释迦牟尼的逝世也是由于痢疾一类的疾病,但佛教经典并未讳莫如深,或者刻意美化,两相比较,全真教的宣传似乎显得过于矫揉造作。将丘处机之死也列为一宗罪,这显得耶律楚材有点心胸狭隘。但又或许,这只是为了凑满十全之数,相比于《辩伪录》中对丘处机之死的记载,耶律楚材的嘲讽反而显得客气了很多。《辩伪录》称:"毒痢发作,卧于厕中,经停七日,弟子移之而不肯动。疲困羸极,乃诈之曰:且偃之与寝何异哉?又经二日,竟据厕而卒。而门弟子外诳人云:师父求福。编丘公录者(李浩然集来)即日登葆光而化异香满室。此皆人人具知,尚变其说,余不公者例皆如此。故当时之人为之语曰:一把形骸瘦骨头,长春一旦变为秋。和滩代屎亡圊厕,一道流来两道流。"⑥讽刺挖苦之意,溢于言表。后世的佛教徒刻意渲染此事,其意也在说明,丘处机的死因人尽皆知,全真教徒在这个问题上还要伪饰,至于那些涉及自己教派利益的事情,他们的言辞还有何可信度呢?

在《西游录》的最后,耶律楚材借"客"之口,做了自我批评:"弗能辨奸于未

---

① 《辩伪录》卷三,《大正新修大藏经》第52册,CBETA电子佛典2014.04,第766页下。
②③④[元]耶律楚材:《西游录》卷下,向达校注,北京:中华书局,1981,第16页、第17页、第18页。
⑤[金]丘处机:《丘处机集》,赵卫东辑校,济南:齐鲁书社,2005,第233页。
⑥《辩伪录》卷三,《大正新修大藏经》第52册,CBETA电子佛典2014.04,第766页下—第767页上。

兆，消祸于未萌者，君之过也。""恬然自适，袖手而待小康，亦何异思济江淮而弃舟楫，将救饥寒而捐縠帛者乎！"①对于丘处机的西行，耶律楚材的初衷是"以为国朝开创之际，庶政方殷而又用兵西域，未暇修文崇善。尝读《道》《德》二篇，深有起予之叹，欲致吾君高踏羲皇之迹，此所以赞成之意也。亦将使为儒、佛之先容耳。"②这一设想不可谓不周到，可是，宗教组织的发展毕竟有其自身的规律，一旦获得了一个壮大的机缘，就很可能陷入自我异化的困境，最终导致一个无法控制的局面。"游手之人，归者如市，不分臧否，一概收之"③，耶律楚材所描述的这一现象，正是全真教蜕变的表现。而全真教蜕变之后的结果，也不幸被耶律楚材言中："脱有豪迈者，不惜身命护持佛法，或固争之于有司，或坚请之乎于朝廷，稽古考例，其罪无所逃矣。"④

### 三、《西游录》所反映的佛道矛盾及其激化

作为反映佛、道冲突的重要文献，《西游录》的重点在下卷，其核心则是"不许丘公十事"。"十事"既反映了耶律楚材与丘处机的个人恩怨，也反映了佛教与道教(全真教)之间的复杂矛盾。宏观来看，"十事"可以分为以下三类。

第一类包括第六、第七、第八、第九这四条。主要内容是：指责丘处机曲解成吉思汗本意，利用"道人免役"的特权，广收徒众；并仗其权势，欺压佛教教众，霸占佛教庙产与夫子庙。简言之，即侵犯佛教的物质利益。这是佛道之间最"形而下"的冲突，但同时也是最根本的冲突。站在中立的立场上，我们不得不认为，丘处机及其门徒的行为是带有很大私心的。虽然客观说，在当时科举废止的背景下，全真教的发展的确为中原士子提供了一条出路，使他们得以受庇于教门，但这并非是丘处机发展全真教的根本动机。由于丘处机的努力方向是借助特权，最大限度地"立观度人"，所以不可避免地导致了"游手之人，归者如市"⑤的后果。教团在日益壮大，但教徒的整体素质却日益低下，这必将导致佛道之间的摩擦越来越频繁，且愈演愈烈。对于丘处机个人来说，教团的壮大固然是他的功绩，但是"他的伟大也就只限于全真内部，因为他的全部努力只是使区区的一个潜修真性的同志团体成为一个风从云合、天下翕然的教会"。⑥

第二类包括第二、第三、第四这三条，主要反映的是丘、耶二人的思想分歧，即对所谓"出神入梦"问题的看法。进而言之，二人的思想分歧，又包含宗教思想分歧、政治思想分歧两个层面的内容。首先，看宗教思想层面。在丘处机看来，"出神入梦"是全真教所追求的修行境界；但在耶律楚材看来，这不过是江湖术士装神弄鬼的伎俩。这是二人宗教信仰不同导致的分歧。第二，看政治思想层面。丘处机是宗教人士，而耶律楚材是居士兼官员。丘处机以宋徽宗为例，劝诱成吉思汗信受全真教的思想，耶律楚材自然对这种"以教干政"的行为大为不满，林灵

---

①②③④⑤[元]耶律楚材：《西游录》卷下，向达校注，北京：中华书局，1981，第19—20页、第13—14页、第19页。

⑥赵益：《丘处机》，南京：江苏人民出版社，1999，第198页。

素借道教而乱朝政，前车之鉴不远，安可引此为例，惑乱君心？这是二人身份、理想不同导致的分歧。总之，在丘、耶二人诸多矛盾中，思想分歧占了很大的比重。

第三类包括第一、第五、第十这三条，基本可以归结于二人的私人恩怨。如果没有思想分歧，没有佛道二教的物质利益冲突，这些私人恩怨可以忽略不计，耶律楚材也不会将其列为丘处机的"罪状"。其中，第一条涉及丘处机在年龄问题上的作伪，第五条反映了丘处机文化素养的欠缺，第十条则是丘处机门徒的行为，总的来看，都不是原则性问题。对于丘处机的故弄玄虚、见识浅陋，耶律楚材当然有理由发泄不满，但相对于二人在其他问题上的冲突，这些都是无足轻重的小矛盾。

综上，"不许丘公十事"反映出丘处机、耶律楚材在三个方面存在矛盾：佛教二教的物质利益冲突，丘、耶二人的思想分歧，丘、耶二人的私人恩怨。宗教利益发生了冲突，这是丘、耶二人的首要矛盾；彼此思想存在分歧，这是次要矛盾；至于二人之间的私人恩怨，几无深究的必要。

《西游录》刊行于1229年。由于是私人印行，所以影响有限。"虽然开日后蒙元佛道之争的先河，但在当时所起的作用却微乎其微。"①从西域回到中原之后，耶律楚材跟随蒙古大军，征战黄河南北。在太原南阳镇，他发现有佛寺被改为了"紫薇观"，遂题诗于紫薇观壁上，以示不平之意。诗曰："三教根源本自同，愚人迷执强西东。南阳笑倒知音士，反改莲宫作道宫。"②若干年后，继丘处机而出任全真教掌教的尹志平作诗和曰："三教虽同人不同，既言西是必非东。目前便是分明处，了一真通不二宫。"③这两首诗作，文采平平，更没有深入的学理探讨，只能视之为一种情感宣泄和意气之争。

当耶律楚材(1190—1244)、尹志平(1169—1251)在世时，佛、道之间的冲突更多地表现为这种互相嘲讽的笔墨官司。当尹志平去世，李志常继位为掌教之后，佛道之间的冲突陡然加剧。

李志常时期佛、道冲突的加剧，其根本原因自然是佛教长久受压迫之后的绝地反击。但其导火索却是"老子化胡说"。早在1251年前后，在李志常的授意或是默许下，全真教徒令狐璋、史志经等编撰了《老子八十一化图》，宣传老子变化的神通与化胡的功绩。书成之后，史志经等全真教徒在蒙古的达官显贵中间广为散发。全真教的这一举动被佛教方面察觉后，雪庭福裕决定借此机会向道教展开反击，因此就有了1255年的佛道辩论。

对于辩论的裁决者元宪宗蒙哥来说，他所关心的可能的确是所谓"老子化胡"的真伪。正如西方史料所记载，面对境内的各种宗教，蒙哥汗有自己的困惑：

---

① 刘晓：《耶律楚材评传》，南京：南京大学出版社，2001，第282页。
② [元]耶律楚材：《湛然居士文集》卷六《过太原南阳镇题紫薇观壁三首》，谢方点校，北京：中华书局，1986，第137页。据王国维先生考证，此诗作的写作时间为公元1231年。
③ 转引自刘晓：《耶律楚材评传》，南京：南京大学出版社，2001，第277—278页。

"你们各自说自己的教义是最好的,你们的文书——就是书籍也是最真的。"所以蒙哥很有兴趣听听佛道二教的论辩:"都会集一处,举行一个辩论会,写下各自的教条"。① 对于论辩者雪庭福裕和李志常来说,关于"老子化胡"的真伪位居其次,最重要的目的是借此机会打击对方,并博得蒙古大汗的好感。

这一次辩论的结果是道教失利。道教方面没有留下任何记载,据佛教《辩伪录》的记载:对于《老子八十一化图》等"伪书"的荒谬内容,李志常无法给出合理的解释;对于道教霸占佛教庙产的行为,李志常也供认不讳。据佛教单方面的记载,蒙哥做出的裁决是,道教归还霸占的庙产,烧毁《老子八十一化图》等"伪书"。辩论次日,雪庭福裕上书蒙哥,重申了己方的观点。雪庭福裕论述"没有彻底否定老子西行的传说,更没有一心一意地判别两教高下,他只是坚决否定了道教关于老子时代的说法,目的在于恢复两教在原则上持续有日的平等关系,而《八十一化图》的错误正在于它破坏了这种平衡的局面"。② 我们尚没有证据确认蒙哥的宗教信仰,而在宗教管理的问题上,他抱持一种自由主义的态度,所以,最终蒙哥下了一道含糊其词的圣旨,责令道教修复毁坏佛像,同理,如果佛教毁坏三清,也要负担相应责任;至于"伪经",则由西藏僧人那摩负责调查。第一次佛道辩论(1255)就此结束。

从辩论的经过以及雪庭福裕陈述来看,雪庭福裕态度与耶律楚材基本保持一致:佛教方面无意彻底"消灭"全真教,只是想打击它的发展势头,收回被霸占的庙产,恢复儒、释、道三足鼎立的状态。最大的一点不同是:雪庭福裕要在"老子化胡"问题上表达佛教的立场;而在耶律楚材的时代,这一问题尚未凸显。从耶律楚材本人的思想来看,他对"老子化胡说"并未表达过反感,相反地,他还在敦促丘处机西行的诏书中借用了这一典故。究其原因,"老子化胡说"本身不一定是对佛教的贬低,"老子变成释迦和老子教化释迦,也许都是为使中国社会接受佛教才提出的权益之说,或者说,最初是佛教方面提出来的"。③ 在耶律楚材"三教合一"的理论体系中,老子是否曾化胡,并不是一个值得特别关注的问题。但是,如果道教以此为打击佛教的武器,"老子化胡"的意义则要被重新估价,这个议题,则是雪庭福裕所要承担的历史使命了。

---

① 《鲁布鲁克东行纪》,何高济译,北京:中华书局,1985,第297页。
② 赵益:《丘处机》,南京:江苏人民出版社,1999,第242页。
③ [日本]镰田茂雄:《简明中国佛教史》,上海:上海译文出版社,1986,第39页。

# 唐代长安佛教文化对高昌佛教的影响[①]

王小雄[②]

吐鲁番古称高昌，位于新疆维吾尔自治区的中东部，是古代多民族生活的地方。近年来随着考古发掘，出土了大量唐宋以来的墓葬和石窟壁画。为我们研究唐代社会提供了珍贵的文本与图像资料。本文以现存的石窟壁画为基础，来分析长安佛教艺术与高昌的关系。

## 一、长安佛教思想在高昌的传播

佛教传入高昌的具体年代，史籍没有明确的记载。20世纪初日本大谷探险队在吐峪沟石窟遗址中发掘的一批文物中，有一件《诸佛要集经》抄本残页，根据内容得知是西晋元康六年（296），抄本的跋语写道："□康二日正月廿二日月支菩萨法护手执□□□授聂承远和上弟子沙门竺法首笔□□令此经布流十方载佩弘化速成□□元康六年三月十八日已凡三万十二章合一万九千五百九十六字。"[③]史籍记载，月支人法护，世居敦煌，曾经西域，渡流沙，游所西域，寻得佛经多卷，后到长安。元康二年译出《诸佛要集经》。元康六年又回到河西，由酒泉僧人竺法首抄写此经，欲令"布流十方"。如抄写者的愿望那样，此经也"布流"高昌，说明当时高昌地区已经有人奉行佛教。麴氏王朝统治高昌时期，也是佛教的兴盛时期。麴氏几代国王都尊信佛法，设有国统法师，也称"统师"，统管佛教事务。

### 1. 长安僧人西行推动了佛教文化的交流

640年唐朝攻灭高昌王国，设西州，实施州、县、乡、里的行政建置；658年又于高昌设置西州都督府。唐朝的户籍制、府兵制和均田制、租庸调制等制度都在这里有效地实施。唐朝不但在此驻兵防守，还带来长安的官员、商贾、大族世家、工匠等。同时唐西州时期往来于丝绸之路上的僧人也很多。他们沿着河西走廊来到西州，兴建佛寺，传播佛法。唐义净三藏《大唐求法高僧传》中记载："观夫自古神州之地，轻生殉法之宾。显法师则创辟荒途。奘法师乃中开王路。其间或西越紫塞而孤征。或南渡沧溟以单逝……右总五十六人。先多零落……"义净

---

[①] 基金项目：新疆维吾尔自治区人文社会科学研究基金一般项目"吐鲁番胜金口千佛洞壁画艺术研究"：（19BYS123）

[②] 作者简介：王小雄（1974— ），日本早稻田大学硕士，西安美术学院美术学博士，现任职于新疆吐鲁番学研究院，主要从事佛教美术史、日本美术史研究。

[③] 新疆文物考古研究所编《新疆古代石窟研究》，新疆科学技术出版社，2011年，

自谓"西去者盈半百,留者仅有几人,则其湮没未彰不知凡几,而求法之盛概可知矣"。①

高昌境内有众多的佛寺经堂,玄奘路经高昌时,在城东南的高昌寺院讲经说法,并和麴氏高昌王文泰结为兄弟。高昌王是著名的佛教信徒,以"国无导师"为由,"屈留法师以引迷愚",坚请玄奘留居高昌,受其供乔。又请玄奘宣讲《仁般若经》,"太妃以下,王及统师、大臣等各部别而听。每到讲时,王躬执香炉自来引还。将升法座,王又低跪为蹬,令法师蹑上。后文布施侍者、马匹、金钱'通屈支等二十四国'国书,道使护达。"《宋高僧传》中记载的唐朝经丝绸之路来西域的名僧不少于20人。其中长安的僧人主要有释玄照,"于大兴善寺玄证师处,初学梵语"。后来"杖锡西迈……背金府而出流沙,践铁门而登雪山"。释悟空,姓车氏,本名车奉朝,出家后号达摩驮都,华言法界,住唐上都章敬寺,天宝九年(751)官宦张韬光率吏40余人,自安西出发西进,悟空随使臣西去。他历游印土,"取安西路,次疏勒国,次度葱岭",前后40年,至德宗贞元五年(789)返国。他记载了疏勒、龟兹、焉耆等地的情况,并带回《十地经》《十力经》《回向论》等。此外还有新罗僧人慧超,他留下的记录成为研究新疆佛教的重要资料。当时这些西去求法的僧人希礼圣迹,学问求经,途经吐鲁番,将佛教文化传播于此。

吐鲁番石窟壁画中有确切题记的还没有发现,但曾被日本人大谷光瑞割去的西域壁画残片中有题名"大唐□严寺上座四镇都统律师□道"的供养人像证明,安西四镇的都统,原是"大唐□严寺上座"。此外,安西许多佛寺的僧人有来自长安,如安西的"大云寺主秀行……先是京中七宝台寺僧";"大云寺都维那名义超……旧是京中庄严寺僧也";"大云寺上座,名明晖……也是京中僧"等,说明在唐朝管辖下的高昌寺院,包括管理佛教的僧统都由长安僧人担任。这些来自长安和路经高昌的僧人们,为推动吐鲁番佛教文化和艺术的发展作出了贡献。

同时也有回鹘僧人东到长安求学,传送佛经,翻译佛经之事。根据宋人赞宁《宋高僧传》记载,安西僧人去长安的就达10余人。比如龟兹僧人利言,早年师从东印度来的三藏沙门达摩战涅罗,唐言法月,修习密典。开元十八年(730)利言充当"译语"随师法月赴长安奉献北天竺沙门阿质达散,在安西译出《大威力乌枢瑟摩明王经》《秽迹金刚说神通大满陀罗尼法术灵要门经》和《秽迹金刚禁百变法》等三部经。后于开元二十年(732)到达长安进行长期的译经活动。还有高昌僧人释玄觉、释智严、释慧琳等。这些来自西域的译经僧人,精通佛教经典。他们所译的经籍,对长安一带佛教发展都有一定的影响,也促进了吐鲁番和长安佛教的交流与发展。

## 二、长安佛寺模式对高昌佛寺建筑的影响

唐朝长安城,不仅是政治、经济和文化中心,也是丝绸之路起点。作为佛教

---

① 义净三藏:《大唐求法高僧传》,北京:中华书局,1987年,第108页。

中心来说,长安城中有许多重要的佛寺,其中的著名佛寺有:唐太宗时的弘福寺、高宗时的慈恩寺、西明寺、青龙寺、光宅寺、黄圣寺,中宗时的大国安寺、荐福寺等。建造佛寺是这一时期佛教繁盛的集中表现,长安佛寺建筑的形制布局不仅影响了西部的敦煌,以至西域的安西等地,甚至还影响到东边邻国的朝鲜半岛和日本等地。

但是至今长安佛寺中除了几座佛塔尚残存外,现存地面的佛教遗址因战乱或地震遭受严重破坏,被改建的难以看出唐代的布局。但在现存的高昌古城等寺院和胜金口等石窟以及残留的佛塔,我们可以从中追溯到唐代佛教建筑的踪迹。

先从佛寺的建筑来看,高昌故城的佛寺残存遗址中,图中可以看出:这是一处多院落式佛寺,寺周围有土红色墙耸立,右侧大门敞开,大门外紧接着又是一栋院落。建筑图的本身具有"向背分明"之感。由于保护不力残损严重,不能全面看清和辨认佛寺全貌,但也还能窥到唐时长安典型的多院式佛寺建筑特征(图1)。

图1　高昌古城中的建筑遗址(笔者摄)

胜金口千佛洞,位于吐鲁番市二堡乡巴达木村北的火焰山南麓木头沟东岸一处河湾地内。整个窟群依山而建从下到上分为四层,每层洞窟上、下层之间有踏步连通。近年来新疆文物考古研究所先后两次对部分洞窟进行发掘和保护。在该区域发掘寺院2组、生活区1组、洞窟13座、居址27间。此外还清理出纸质文书百余片,以及木器、陶器、绢画、织物等大批珍贵遗物。现存的13个洞窟里,有壁画的洞窟5个。由于年代久远和人为的盗掘破坏,石窟中的壁画已经漫漶不清。但是编号为第6窟的壁画中残留的一幅《观无量寿经》经变画,在宏伟的佛殿中,众多菩萨围绕着佛倾听说法,形象十分生动,线条活泼流畅,色彩对比鲜明。画面中的大殿、亭榭、窗棂、栏楯等完全表现了长安地区寺院建筑的形制。(图2)。

除高昌故城和胜金口石窟残存的佛教遗址外,吐鲁番境内其他地方也散布着一些佛教塔。

**1. 佛塔**

佛塔又名"浮屠",最初是用来供奉舍利、经卷或法物。佛教传入中国以来,佛塔样式也转化为中国庭园楼阁式塔,又由楼阁式塔衍生出各种塔式。中国的佛塔按建材可分为木塔、石塔、砖塔,许多佛塔会刻有建塔碑记、佛像、佛经等。

图2　胜金口石窟10号遗址中第6窟壁画中的建筑（笔者摄）

高昌地区现存大量的佛塔遗迹，出土文献中也有详细的记载。宋代王延德在出使高昌时，在《西州记程》中记载："佛寺五十余区，皆唐朝所赐额，寺中有《大藏经》《唐韵》《玉篇》《经音》等。"但是现存的佛塔，已挖残损的面目皆非，难以与此记载对应定位。现残存的佛塔遗址，主要有以下几处。

（1）"台藏"塔

台藏塔位于高昌故城西北的阿斯塔那乡。其平面呈正方形，下部面为向上逐渐收缩的阶梯形，塔至迟建造于公元7世纪。

塔用黄土夯筑，现残高20余米，宝箧印经式。塔下是一个方台，四角以土筑成方形台柱，正中为方塔。四面凿有几层圆拱形洞佛龛，龛内尚残存壁画和塑像。并彩绘头光和背，最下层每边有9个龛，第2层为8个。塔顶为一圆刹，现已残。塔的形式与云冈石窟雕刻、敦煌莫高窟壁画上的早期塔刹以及山东历城区神通寺四门塔塔刹很相似。在塔的实物中，所谓阿育王八万四千塔的形式在印度也很难找到，而在高昌尚可搜寻到遗存。据俄国人奥登堡记载，下方有通道可进入塔内，塔内有大佛像，因遭受严重破坏，很多情况不明，还需要详细的考察发掘（图3）。

图3　高昌故城西北的阿斯塔那乡台藏塔（笔者摄）

（2）色尔克普塔

该塔在火焰山山间色尔克普厄格孜沟南口，现公路之北侧。现仅存用土坯砌筑的塔基座，边长为2米×2.2米，平面呈正方形，残高约0.8米。据黄文弼先生于1930年考察吐鲁番时的《吐鲁番考古记》记载，"在鲁克沁使力克普沟口，塔木和塔什地方有一废塔颇高峻，四周有佛像遗迹，多已残毁：塔顶部作圆弄形，朱书贞元七年年号，知为唐代遗物。并题有'僧辩真画，等字'。"①从其风格上看，该塔应该受到唐代佛塔造型的影响。

总之，唐代长安城佛寺建筑的形制，影响了各地石窟壁画的内容，也同样在西域各地的壁画中得到反映。现存的著名石窟如吐鲁番地区的柏孜克里克、吐峪沟、胜金口石窟，以及地面残存、现已毁坏的佛教寺院遗址和壁画，为我们留下了唐代建筑物的记忆。

## 三、长安佛教壁画内容对高昌石窟的影响

658年，安西都护府由西州交河移置龟兹。长寿元年（692），武则天派驻安西的汉兵已达三万之众。长安唐文化的大量进入。在佛教艺术上的表现就是当地出现了一批在题材内容、布局构图、人物造型、装饰纹样等方面均具有鲜明的中长安地区的汉族佛教艺术的风格，或受到长安佛教艺术的强烈影响佛教石窟。在唐代高昌寺院的建立过程中，由唐王朝选派自长安，尤其是长安寺院的僧人，可能将长安寺院的一些佛画的样稿或粉本带到高昌，因此柏孜克里克石窟、吐峪沟石窟和胜金口等石窟里面具有浓郁的长安佛教思想，比如柏孜克里克石窟第39窟壁画华严信仰体系下的三大士图像，以观音为主尊，文殊与普贤菩萨为胁侍的三大士图像组合，这种图像在长安非常流行。第17窟券顶的壁画出自《佛说大乘庄严宝王经》，两侧壁壁画均以观音为主尊，这种风格揭示了长安与高昌的佛教文化思想的交流。

此外，在高昌城北10公里左右的胜金口石窟，是唐代高昌国新兴县所在，是高昌城北面的屏障，扼守着火焰山口。沿着山势分布有将近13个石窟群遗址。由于保护不好，寺院和壁画残损严重。根据近年的考古发掘，现存窟内残存壁画，有"观无量寿经变"等内容。窟顶绘有卷云纹莲花和纹样以及满壁的千佛像等。画面大多有回鹘文和汉文题记，有重要的艺术价值。

吐鲁番由于干燥，所以石窟和墓葬出土了大量的唐代文书。这些长安的写本、拓本、刻本、抄本等流传至吐鲁番，对佛教思想有很大的影响，为了解长安寺院思想等方面提供了重要依据。同时高昌时期的这些公私文书、教俗写本等记录了很多高昌国的历史细节，从吐鲁番写经来考察吐鲁番与长安在佛教文化方面的交流互动，郝春文、吴绍伟《吐鲁番遗书中所见吐鲁番与外地之文本流通》所列近200件外来文书中其中104件来自长安的文书，这些来自长安的佛典也是都城对

---

① 黄文弼：《吐鲁番考古记》，北京：中国科学院出版社，1954年，第12页。

地方佛教实施影响和辐射的载体。

在唐朝着力经营西域的历史文化背景下，由于奉敕前来建寺的长安寺院出身僧人的重要媒介作用，长安样式的西方净土变极可能直接被移植到了高昌佛寺中。从这里可以看到在唐代特定的历史时期长安佛教文化对西域的影响。不仅是京冀地区与西部郡县地域的关系，也是中央集权地与地方生活的关系。

**2. 重视本土文化的坚守和地域性表现**

吐鲁番高昌回鹘时期的石窟壁画中还带有很强的本土性。古代高昌地区是一个多民族地区。历史上在这里生活着姑师、汉族、高车、柔然、吐蕃、回鹘等民族，同时中亚粟特人、印度天竺人、龟兹白姓人等也在此生活。这里曾流传过多种宗教，萨满教、佛教、祆教、摩尼教、景教、道教以及伊斯兰教等。吐鲁番的壁画艺术，在长期的演变发展中受长安文化的同时，又融入了回鹘本民族的文化特色。

比如柏孜克里克石窟第20窟壁画中，城池宫殿屋顶的吻兽为狼头（图4），而不是中原地区流行的龙头。狼是回鹘氏族或部落的象征，是其先民崇拜的图腾，也是突厥各民族共同崇拜的图腾。他们相信自己崇拜的图腾有超自然的力量，甚至相信自身与图腾之间存在某种血缘关系，乃至于是其后代。《周书·突厥传》记载："旗纛之上，施金狼头"。而其这一时期的龙的造型也具有狼的特点，它不同于长安建筑屋檐上龙的造型，与蛇的形象相接近。

图4　屋顶吻兽（笔者摄）　　图5　第33窟奏乐图①

柏孜克里克石窟第33窟的壁画，图中绘有六身婆罗门，左上方为吹笛者，其头盘花发，两臂佩臂钏，双手执横笛吹奏，左手拇指托笛，食、中、无名指按孔，小指翘起；右手拇指托笛，中、无名指按孔，绘制得十分逼真。吹笛者的下方为

---

① 图片采于新疆维吾尔自治区博物馆 吐鲁番文物局《高昌艺术研究》，上海，2014－04－29，第99页。

一吹筚篥者，其口含管哨，手指按孔的姿态也非常生动。右方第2身为打大鼓的老婆罗门，左手执圆头鼓槌正在击打，鼓仅见左侧面，下方残留一老婆罗门，正在弹琵琶。该图画面完整，绘制精细。具有浓厚的高昌回鹘时期的风格特点（图5）。

唐中后期，由于中原地区战乱纷飞，中央政府弱化了对西域的管理，长安至西域交通间歇性阻断，文化交流在一定程度上也受到影响。但是高昌地区作为宗教中心仍然与西夏、元、回鹘等发生联系，持续保持旺盛的宗教生长能力，并将保存下来并进行变革之后的长安佛教文化继续传播。

## 余论

古代高昌据于古代西域天山南北重要的交通要道，是早期多种文化交汇的点，为不同种族和文化的交流与融合提供了十分便利的条件。从高昌地区现存的石窟壁画中的图像与装饰符号来看，反映出深受长安风格的影响。高昌特殊的地理位置，使得东、西方的文化在这里交流和发展，也证明古代高昌佛教文化的独特性与多样性。

**参考文献**

[1][唐]玄奘述、辩机撰《大唐西域记》，北京：中华书局2012年版。
[2][唐]张彦远：《历代名画记》卷3，北京：人民美术出版社，1963年。
[3]贾应逸、祁小山：《印度到中国新疆的佛教艺术》，北京：文物出版社，1998年。
[4]柳洪亮：中国壁画全集编集委员会编《中国美术分类全集·中国新疆壁画全集6 吐峪沟柏孜克里克》，辽宁美术出版社，新疆美术出版社，1995。
[5][日]羽田亨著：《西域文明史の概論》，平凡社 東洋文庫，1992年。
[6][英]斯坦因著、中国社会科学院考古研究所译：《西域考古图记》，桂林：广西师范大学出版社，1996年。
[7][法]保罗·伯希和著：《伯希和西域探险记》，冯承钧译，昆明：云南人民出版社，2001年。
[8][德]阿尔伯特·冯·勒柯克著 管平、巫新华译：《新疆佛教艺术》，乌鲁木齐：新疆教育出版社，2006年。

# 玄奘、义净佛经翻译异同小辨

黄 益①

唐代两位著名三藏法师玄奘、义净，是中国佛教流传和发展进程中不可忽略的高僧。学界根据他们翻译的经典著作，将他们以唐玄宗的即位时间（712）为分界点，将玄奘、实叉难陀、义净作为前一阶段的代表人物，而将菩提流志、善无畏、金刚智、不空作为后一阶段的代表人物。这种划分标准认为，前一阶段所译的佛经主要是大乘般若中观系统和瑜伽唯识系统的经典，也包括一定数量的小乘说一切有部的论书和戒律，还包括一批旧有经典的重译和补译；而后一阶段的工作，主要是翻译密教典籍。这种划分方式不无道理，但从佛教中国化的进程来看，义净实际上是承前启后的重要人物，在佛教文化入中国这一过程中起到了较为特殊的作用。如果从佛教文化入中国来进行时间区隔，以长寿三年（694）武则天"敕天下僧尼旧隶司宾，令改隶祠部"②作为起点，更为合理。本文试从玄奘、义净的佛经译经异同，对此略作分析阐述。

## 一、玄奘、义净的国内外求法及佛经翻译历程

玄奘在中国妇孺皆知，义净在中国僧俗界名气略小而在东南亚尤其马来西亚和印度尼西亚名望颇高，两人均在中国佛教史、文化史、中外文化交流史上均占有重要地位。

玄奘俗姓陈，名袆，原籍陈留（今河南开封东南）。唐朝慧立和彦悰的《大慈恩寺三藏法师传》、冥详《大唐故三藏玄奘法师行状》、道宣《续高僧传》卷四《玄奘传》、智升《开元释教录》以及玄奘口述、弟子辩机编写的《大唐西域记》等，为我们留下了丰富而相对可靠的资料。尤其是在季羡林先生等编著《大唐西域记校注》、董志翘先生完成《大唐西域记》译注本之后，玄奘的研究在中国取得了长足的进展。出生于隋朝开皇二十年（600）的他由于自幼失去父母，跟随兄长释长捷住在洛阳净土寺，很小便开始学习《维摩经》《法华经》等经典。据唐朝刘轲《大遍觉法师塔铭》的记载，玄奘十三岁便得以出家③，经常前往慧日寺听讲，对《大涅槃经》《摄大乘论》等有涉猎。玄奘自小聪慧，记忆力和理解力均很强，随兄长辗

---

① 作者简介：黄益（1980— ），女，历史学博士，德州学院义净研究所讲师。
② 范文澜：《唐代佛教（附：隋唐五代佛教大事年表）》，北京：人民出版社，1979年，第158页。
③《全唐文》卷七四三。

转长安、成都等地。据《续高僧传》的记载，玄奘在唐高祖武德五年(622)受具足戒。杨曾文先生认为，玄奘的受戒时间应该在武德三年(620)。无论武德三年还是五年，玄奘在内地参访名师，始于唐朝建立之后。因此，尽管玄奘在隋朝已小有名气，但真正在国内成名是在唐朝，而且在前往印度求法之前，已经跟随国内佛学名师广泛学习已经传入中国的各类佛教经典，并对据称为弥勒菩萨宣说的《十七地论》(即《瑜伽师地论》)深感无所适从，于是决心西行求法。

义净俗姓张，名文明，原籍齐州(今山东济南)。尽管没有弟子详尽撰写义净的生平，但义净自己所留下的《大唐西域求法高僧传》《南海寄归内法传》以及智升《续古今译经图记》《开元释教录》、圆照《贞元新定释教目录》等，为学界留下了可供探索的部分材料。随着王邦维教授硕博士阶段的文献整理、温金玉教授从佛教律宗角度的梳理、谭代龙教授从文字角度的辨析以及一批专家学者从历史地理、考古文献等角度的梳理，再加上21世纪初开始义净寺对其资料的搜集与弘传，目前对义净的研究已日渐清晰。出生于唐朝贞观九年(635)的义净自幼由家人送至土窟寺，跟随善遇法师、慧智禅师学习。善遇法师和慧智禅师均为唐代知名高僧，善遇法师在僧俗中均有较好的影响力，尤其是齐王视察神通寺之后，善遇法师的名望更著；慧智禅师因书法精良，持戒严谨，所写经文曾"感得舍利"，在武则天陪同唐高宗前往泰山祭祀时带回宫中。跟随两位唐代知名高僧学习的义净同样自小聪慧，在永徽六年(655)受具足戒之后，先用了五年时间精求律法，又前往各地游历，跟随国内佛学名师广泛学习已经传入中国的各类佛教经典，最终基于对法显、玄奘的仰慕，为解决佛教入中国后所遇到的有关戒律方面的困惑，决心西行求法。

玄奘与义净的经历，从贞观年间开始出现变化。贞观元年(627)，随着关中遭遇自然灾害，朝廷下令可以前往丰稔之处逃荒，于是，玄奘趁机向西行进，经姑臧至敦煌，经天山南侧，辗转至天山北路，经西突厥王庭，进至古印度西北方，到贞观四年(630)才进入中印度，贞观五年(631)抵达那烂陀寺。玄奘当时往返所走的道路，均是陆路。义净则于咸亨二年(671)，从齐州南下，经扬州至广州，又至岗州，得冯孝铨的资助，当年十一月从广州搭乘波斯的船只，启程踏上印度求法的旅程，不久抵达室利佛逝国。到咸亨四年(673)二月初八，义净抵达印度。咸亨五年(674)，前往中印度，并周游各处胜迹。上元元年(675)，义净前往那烂陀寺，师从宝狮子等大德潜心学习佛法长达十年。同样，回程时义净选择了从海路返回中土大唐。多数学者认为，玄奘和义净选择不同的出行方式，主要与唐朝西北方的政治形势变化有关，王邦维先生等持此类观点。笔者认为，义净选择海路往返，更可能与唐朝经过贞观之治后，南方越来越稳定有关，也与海上丝路变得相对畅通和便捷有关，林梅村先生《观沧海》中对当时的海上技术发展有所论及，值得我们高度关注。

除了往返路程的不同，尽管前后相差只有40余年，玄奘和义净在印度时，印度社会也出现了比较明确的变化。玄奘在印度的时候，当时的印度，根据《大唐西域记》和《大慈恩寺三藏法师传》等的记载，都城位于曲女城的戒日王让饱受战祸的次大陆在短时间里享受了一定程度的统一和和平。刘欣如先生《印度古代社会史》里介绍，戒日王是大乘佛教的信徒，而且才能出众，能写诗会剧作。① 由于戒日王给了玄奘多方面的照顾，使得玄奘在印度时得到了较高的礼遇。但根据王玄策出使印度的记录来看，戒日王在王玄策前两次访问印度之间（即643年至647年）去世，当时可能出现了被王玄策看来属于篡夺王位的事件。事实上，戒日王时的统治相对松散，他当时只能对他统治下的封建从属关系的各个藩属较为频繁地见面，才能形成相对的统一。但到义净抵达印度之时，戒日王所建的帝国已经崩溃，早在笈多时期已经开始的大量带有宗教性的赐封，让印度的封建割据最终形成气候。此时印度的佛教已呈现相对明显的衰微态势，印度次大陆北方开始了相对漫长的封建割据。学者普遍认为，从这时候开始，印度的政治、经济、社会巨大的转变已完成，印度开始了它的中世纪。② 此时印度次大陆的南方，由于没有遭遇太多挑战便建设起了相对巩固的封建国家，经济和文化上均处于相对欣欣向荣的状态。③

　　玄奘和义净到达印度时的状况，让他们在印度享受的待遇有所不同。玄奘在那烂陀寺用了五年时间钻研，又游遍五印度学习、研究，为玄奘后来从事佛经翻译打下了深厚的基础。在南印度有婆罗门写下《破大乘论》之后，玄奘写下长达1600颂《制恶见论》予以批驳。大约贞观十五年（641）时，戒日王敕告各国学者到曲女城集会，宣读了玄奘所撰《制恶见论》，连续18天无人敢出面质疑。在戒日王派侍臣的大力宣传下，玄奘得到了佛教大小乘信徒的一致钦敬。④ 尽管我们不能否定玄奘确实具有较高水平，但我们不能排除戒日王的影响力，毕竟，戒日王在这次辩论中确实采用了一定的帝王威仪来压服学者："众有一个触伤法师者斩其首，毁骂者截其舌，其欲申辞就义，不拘此限。"与此同时，还悬挂声明于会场外："若其间有一字无理，能难破者，请斩首相谢。"无论爱惜玄奘才华者，还是惧怕惹祸上身者，确实有能力参与辩论的学者均默契地配合了戒日王的需求，保持了理性的沉默。正因此，这场看似庄严宏大，共有印度十八国王、诸国高僧千余人、著名婆罗门和外道500余人、各国大臣200余人共同参与的学术辩论大会，严格意义上来说只能算是戒日王为玄奘精心安排的、宣传其大乘佛教思想的单方发表会。义净在印度时，不存在戒日王一样能统领全印度的君主，加上婆罗门实力强劲，印度教的影响在实质上超过佛教，再加上义净本人所关注的重点是佛教戒律，不重论辩，因此，义净在印度的十年相对平静。

　　在他们求法的过程中，玄奘和义净均得到了他国君主的热情接待，玄奘曾被高昌国国王曲文泰以弟相待⑤，义净踏上室利佛逝国的土地后也得到了国王的接

---

①②③ 刘欣如：《印度古代社会史》，北京：商务印书馆，2017年，第115页、第154页、第155页。

④⑤ 孙毓棠、谢方点校：《大慈恩寺三藏法师传》卷五、卷一。

待,并将他送往末罗瑜国。⑥ 在两人求法的过程中,均曾遭遇生命危险。两人均携带了一批从各地搜求的经文、佛像等,返回了东土大唐。但两人返回东土大唐的方式略有差异。玄奘带着随从返回到唐安西都护府管辖的瞿萨旦那国(于阗,在今新疆和田一带)时,立即上奏朝廷,请求朝廷原谅自己"私往天竺"的过失。⑦ 而种种迹象均表明,义净不仅在前往西方求法之前便已报备,并受到了百姓的嘱托,南下之际又得到龚州刺史的帮助,在海外求法的过程中始终与唐朝僧众保持着一定的联系,在返回唐朝之前,通过《大唐西域求法高僧传》和《南海寄归内法传》向朝廷传递了海外学习的目的和交游情况。与玄奘仅仅希望"愿以所闻,归还翻译,使有缘之徒同得闻见,用报师恩"②的求法弘教不同的是,义净的目标更明确指向"齐鹫峰于少室,并王舍于神州"。换言之,义净不仅有"追览未闻,冀有弘益"的宗教热忱,更有让所学为国家所用的愿力。正是这种差别,让玄奘和义净此后的佛经翻译工作,呈现出看似相同实际比较明显的差异。

## 二、玄奘与义净的佛经翻译工作异同

根据记载,玄奘带回的佛典比较多,不仅包括大乘经 224 部、大乘论 192 部、上座部经律论 15 部、正量部经律论 15 部、化地部经律论 22 部、饮光部经律论 17 部、法密部经律论 42 部、说一切有部经律论 67 部、因明论 36 部、声论 13 部,共 520 筴 657 部,还带有各式金银、旃檀木刻佛像和佛舍利等。在他抵达长安西郊后,得到京城留守左仆射房玄龄所派官员的迎接,沿途更有一批僧俗夹道欢迎。玄奘所带的经像,很快被送到了弘福寺,而玄奘本人则先安置在别馆。到贞观十九年(645)二月初,玄奘前往洛阳宫中谒见唐太宗之后,经过双方的一番交流,唐太宗命玄奘回到长安,在弘福寺译经,"所须人物吏力,并与玄龄商量"③。尽管唐太宗对玄奘的才能比较看重,但玄奘不仅拒绝了唐太宗还俗辅政的建议,还拒绝了唐太宗邀其随行前去攻打高句丽的邀请,执着地选择终生行道的方式来报答国家的恩德。尽管玄奘很快便在唐太宗的指授、房玄龄的安排下,在弘福寺有了规模宏大的译场,玄奘亲自担任译主,开启了宏大的经文翻译之旅。玄奘的译场也先后开设在弘福寺、大慈恩寺的翻经院、坊州宜君县(今陕西铜川)的玉华宫等地,甚至曾陪唐太宗、唐高宗在长安皇宫内的弘法院、终南山的翠微宫、洛阳的积翠宫等地译经。

但玄奘并没有意识到,在他弘扬佛法的过程中,在收李显为弟子,号为佛光王,并在其满月时奉敕为他剃发之后,④他在帝王身边的工作开始出现明显的问题:无论是中央还是地方的官员,纷纷前来向玄奘致礼、问法甚至受戒。表面上看,此时玄奘已经得到上至皇帝、下至王公大臣的广泛支持,使他的译经事业得

---

⑥ 王邦维点校:《大唐西域求法高僧传校注》,北京:中华书局,1988 年版 2000 年第二次印刷,第 152 页。

⑦②④ 孙毓棠、谢方点校:《大慈恩寺三藏法师传》卷五、卷一、卷九。

③《续高僧传》卷四。

以获得极为优越的条件，实际上已为他埋下了功高盖主的隐患。尤其是他在宣传出世间法和世间法本来无二，践行儒家的名教学问，并不妨碍对大乘佛法的信奉，鼓励他的俗家弟子们身居军政要职，"因机以接物，假相而弘道"①之时，并未留意到，这些做法在事实上影响了帝王以儒法治国的传统。再加上玄奘本人虽然持律相对严谨，但他对弟子的约束力相对较弱，辩机与公主私通被腰斩等事件的发生影响了帝王对玄奘的信任度。因此，玄奘所提倡的法相唯识宗盛行一时，包括玄奘本人在内，连带佛教，在一定程度上遭遇了帝王的巧妙贬抑。

纵观玄奘的翻译功绩，从唐太宗贞观十九年（645）五月开始，到唐高宗麟德元年（664）正月止，玄奘共组织多个译场，用了近20年，翻译了佛教大小乘经典75部1335卷。但他终因触发了帝王的疑虑，未能彻底实现让佛教彻底扎根中国的目标。

继玄奘而起的义净，带着"梵本经律论近四百部，合五十万颂，金刚座真容一铺，舍利三百粒"，抵达洛阳之时，得到武则天"亲迎于上东门外"。②尽管义净此后的主要工作也是翻译，但他并不像玄奘那样，从入唐之际便自己担任译主，而是参与实叉难陀的译场，与复礼、法藏等人共同翻译《华严经》，具体任职，是与菩提流志共同宣读梵本，直至圣历二年（699）十月八日《华严经》全部翻译完成为止。

获得了实叉难陀指导之后，义净从久视元年（700）开始组织译场，翻译佛经。义净先后在洛阳大福先寺、长安西明寺、长安大荐福寺、长安宫廷内院等地组织译场翻译佛经。根据《开元释教录》卷九的记载，义净共翻译佛经56部230卷。尽管回到唐朝之后，义净组织译场翻译经书的时间和总共翻译经书的数量均远少于玄奘，但义净由于不仅自己严格遵守佛教戒律，而且严格教导弟子遵守戒律，因此，他和他的弟子们尽管没有像法相唯识宗那样红极一时，但他们适时出现在唐朝帝王身边，充分利用所学，在严格持守戒律的前提下，在此后近20年间让帝王将相渐渐减少了对佛教文化的顾虑甚至敌意，进而巩固了佛教文化在中国传统文化中三大分支的地位。表面上看义净只是在从事他的本职工作，实际上他根据朝廷的需要不断在调整他的工作节奏和内容，赞宁在《宋高僧传》中用"凡所行事，皆尚急护"几个字进行表彰。

总体来看，虽然玄奘和义净都是在翻译佛经，玄奘翻译佛经的宗教热忱更突出，义净翻译佛经服务唐朝政府的意识更明显。正因为如此，随着佛经的大量翻译，义净不仅实现了对前一阶段的补充完善，更为佛教文化传入中国的新阶段奠定了坚实的基础。

---

① 孙毓棠、谢方点校：《大慈恩寺三藏法师传》卷七。
②《开元释教录》卷九。

# 2020 敦煌佛教艺术研究回顾

王启胤①

敦煌文化的研究早已经成为显学，敦煌不仅是中国的敦煌，更是世界的文化宝藏。当今，学界关于敦煌的研究种类十分多元，其中敦煌佛教是一门大学问，而关于敦煌佛教艺术的研究更是十分兴盛，每年都有大量硕博、期刊论文出现，其研究涉及敦煌佛教艺术的各个方面。2020年将近尾声，对这一年敦煌佛教艺术的研究进行一个系统的回顾是很有必要的。

## 一、国外研究

ZhengAcai 的文章②利用佛陀说法图和敦煌壁画中的经变图，把文字文献中的绢画、纸画结合在一起讨论，同时又顾及敦煌出土的刻板书籍和附有图像的卷轴文献。作者解释和分析了描绘同一文本的图像在风格和主题方面的性质内容，还比较了佛教壁画和卷轴画的附文，从宏观层面探讨佛教艺术的发展演变。这篇文章可为研究中国佛经艺术的分野、影响及其起源和发展提供参考。

Zhou Xiaoping③ 研究了旅僧朝圣意象图，其认为此图的创作和莫高窟保存的"驯虎经"是唐宋时期文化与宗教融合发展的结晶。Zhou Xiaoping 认为它所表达的不是学术界普遍认为的"玄奘取经"故事，而是图像的内在原理超越了它们的外在特征，Zhou Xiaoping 得出结论：这一时期密宗的发展与游僧现象及其与中原民间文化的融合，使这一时期的民间文化得以渗透，即此图所反映的是既有开明派又有深奥派影响的佛教与民间信仰图像；另一方面"游历僧侣取经图和驯虎图"反映了如来信仰在唐宋时期盛行于敦煌地区，此图是通过形象化僧侣的隐喻表现，来提供多种宗教信仰的表达。

Kim④ 重新考虑了敦煌绘画群的意象俗称"行脚僧图"。为了承认这些画作本身的传统并突出其视觉语言，Kim 着重于宝生佛周围的问题以及描绘运动中的主

---

① 作者简介：王启胤(1996— )，山东人，内蒙古师范大学研究生。研究方向：佛教研究。

② Zheng Acai. On the development of Buddhist scripture illustration form and function from Dunhuang Buddhist texts and murals. 2020, 53(3): 242—260.

③ Zhou Xiaoping. On the origin and presentation of images of traveling Buddhist monks on pilgrimage for sutras with tame tigers in the Dunhuang Mogao Grottoes. 2020, 53(3): 261—280.

④ Kim, H. (2020) 'An Icon in Motion: Rethinking the Iconography of Itinerant Monk Paintings from Dunhuang', Religions, 11(9), p. 479. doi: 10.3390/rel11090479

要图标的独特特征。讨论的第一件事是关于某些绘画中保存的铭文的宗教和艺术背景，以及从拜宝生佛像的和尚到化身本身，主要人物身份的可能变化。主要图标的可移动性根据其步行姿势和云车辆进行了检查。考虑到寺院壁画中行脚僧或行僧的传统，Kim 又阐明了唐时期对描绘僧侣的兴趣日益浓厚，强调了僧侣在众生世界中的地位和作用。此外，此篇文章还表明，云车在强调主要图标的广泛而快速的行驶过程中发挥了关键作用，以便利他与有情人的相遇和拯救。

Zhang H 认为受当时社会政治、经济、文化和审美取向的影响，唐朝敦煌壁画的装饰形式和装饰工艺达到顶峰，具有很高的历史文学价值和审美价值。为了将唐朝敦煌壁画的美学元素运用到现代服装设计中，设计师应该具有创新精神，并努力分析、研究、提取、重建唐朝敦煌壁画中体现的民族文化，以便他们能够展示现代视觉设计语言中的民族文化特征，可能符合现代审美取向。Zhang H 运用了文献研究、案例分析和比较研究的方法，对当代敦煌壁画的美学文献进行归纳和分类，以期研究当代敦煌壁画的材料、设计、意象、细节和文化内涵，了解其美学价值及其发展进度。Zhang H 还分析了当代敦煌壁画审美元素在服装设计中的一些代表性案例。同时，作者还就风格、色彩、工艺等方面对当代服装设计趋势进行了调查和分析，以期发现有可能将敦煌壁画的美学元素纳入当代服装设计及其概念中的实践。在上面这些研究的基础上，Zhang H 指出唐朝敦煌壁画在材料、色彩、成分、审美和文化内涵等方面可能对当代时装设计具有启示：纯天然矿物墨粉等敦煌壁画可以应用于相应的服装面料；敦煌壁画的色彩构成也可以作为服装色彩搭配的参考。从唐朝敦煌壁画的图案中可以分析、提取和重构服装的样式和图案设计。唐朝敦煌壁画的精美性可能会帮助设计师进行细节设计。作者将敦煌唐朝壁画的美学元素应用到当代时装设计中的观点具有很高的研究价值和重要性。①

《Review of Cave Temples of Dunhuang: Buddhist Art on China's Silk Road ed》(敦煌石窟寺：中国丝绸之路的佛教艺术编) 是一本由多个国家研究人员、文物保护人员和文化遗产专业人士团队撰写的重要著作，书中有关于艺术、石窟造型、贸易、史学以及敦煌 492 个彩绘石窟的研究论文。先后列出了 43 件文物，包括文字、横幅、刺绣绘图、纸和布上的绘画、护身符等。Safran, Linda 的这本书一方面记录了悲惨的损失：11 万多件因未知原因被封在所谓洞穴中的文物在 20 世纪初被掠夺或购买，主要运往伦敦和巴黎。另一方面，这本书证明了一个令人难以置信的多民族合作故事，该故事象征着丝绸之路的繁荣：佛教、犹太教、基督教、摩尼教和琐罗亚斯德教文献主要以中文和藏文来编写，但也以梵文、希伯来文、和田文、古突厥文、索格德文、坦古特文、维吾尔文和其他语言编写，包括 200 多种

---

① Zhang H. (2020) Aesthetic Contemplation of the Tang Dynasty Dunhuang Frescoes Elements on Contemporary Costume Design. In: Rau PL. (eds) Cross-Cultural Design. User Experience of Products, Services, and Intelligent Environments. HCII 2020. Lecture Notes in Computer Science, vol 12192. Springer, Cham. https://doi.org/10.1007/978-3-030-49788-0_32.

双语文件。这些文献的内容多种多样，有宗教的、商业的、科学的、神话的。其中是最浓的一笔就是佛教艺术之壁画，壁画不仅描绘了佛教主题和佛经，而且描绘了传统的中国和印度神灵、风景、日常生活场景以及装饰图案。另外，石窟也是佛教徒冥想、仪式活动和集会的体现。①

She, Wenjing以敦煌壁画为复原对象，探讨了数字修复与深度学习算法相结合在壁画复原中的作用。首先介绍了图像恢复技术，分析了其优缺点。其次，对基于人工神经网络的深度学习算法进行了描述和分析。最后，将深度学习算法融入数字修复技术中，提出了一种基于广义回归神经网络的壁画修复方法。采用形态展开法和各向异性扩散法对敦煌壁画图像进行预处理，利用MATLAB软件对敦煌壁画图像进行仿真分析和评价。结果表明，在原始图像复原中，数字图像复原技术的精度不高。非织物修复技术不适用于大规模纹理区域的修复。基于广义神经网络的壁画修复效果预测值更接近真实值。She, Wenjing通过研究发现，本研究对敦煌壁画的修复模式有很好的效果，为以后壁画的修复提供了实验参考②。

服装设计是一种结合实用性和艺术性的艺术形式。敦煌服饰文化源远流长，代表着中国古代美学。Qiang Wu等把人工智能应用于敦煌服饰的现代艺术创作开发，提出ClothGAN，这是一个基于生成对抗网络（GAN）和样式传递算法来"设计"服装的新样式和样式的创新框架。作者又建立了敦煌服装数据集并进行了实验，以生成带有敦煌元素的服装新样式和款式。通过计算初始分数（IS），人类偏爱分数（HPS）和生成分数（IS和HPS）评估了从不同模型生成的这些服装作品③。在服装设计工作中，这种结合人工智能与中国古典文化的技术价值颇大。

Shengping, Xia主要探讨了敦煌出土艺术品中石窟寺供养人画像、藏经洞画像。敦煌壁画是敦煌艺术的重要组成部分。敦煌供养人画像是敦煌石窟艺术中的重要题材，是刻画石窟人物形象的重要手段，也反映着莫高窟不同的人物、事件、信仰、宗教团体的历史况貌和风格的变化。作者讨论了现存画作的数量、画像的铭文和日期、画作类型和供体的呈现形式。作者认为藏经洞现存的壁画说明供体上的铭文在人像和壁画上几乎完全相同，并充分说明了其用途——表达捐赠者的目标和愿望④。

---

① Safran, Linda. Review of Cave Temples of Dunhuang: Buddhist Art on China's Silk Road ed. by Neville Agnew, Marcia Reed, and Tevvy Ball. Common Knowledge, vol. 26 no. 1, 2020, p. 185—186. Project MUSE muse. jhu. edu/article/749010.

② She, Wenjing. "Digital object restoration using generalized regression neural network deep learning—Taking Dunhuang mural restoration as an example." The International Journal of Electrical Engineering & Education (2020): 0020720920928549.

③ Qiang Wu, Baixue Zhu, Binbin Yong, Yongqiang Wei, Xuetao Jiang, Rui Zhou & Qingguo Zhou (2020) ClothGAN: generation of fashionable Dunhuang clothes using generative adversarial networks, Connection Science, DOI: 10. 1080/09540091. 2020. 1822780

④ Shengping, Xia, and Chen Wenjin. "Research of the Worn in the Donors' Portraits in the Unearthed Artworks of the Dunhuang Mogao Grotto Sutra Cave."

## 二、国内研究

### (一)敦煌壁画方面

在色彩纷争的敦煌艺术宝库中,壁画是最炫耀的一笔,敦煌佛教壁画中不仅承载着佛教发展演变的规律,它更是一幅幅生动而又形象的历史画卷。并且,为了把传统优秀艺术资源发扬光大,在"丝绸之路"之要塞的敦煌更应该是我们研究的重点。

**1. 壁画中各种器具的研究**

邵晓峰、李汇龙研究了敦煌壁画中的胡床、凳、墩等用具,作者在文中"呈现了这三种外来高型坐具在中土的融入状况与造型、结构特征"①。邵晓峰、李汇龙认为"坐具图式为研究丝绸之路沿线国家与民族的生活起居、文化交流提供了鲜活的资料、带来了别样的启示,并成为中华民族特色起居文化的内容与象征,也化作世界设计文化的一部分"②。在另一篇文章中,邵晓峰,李汇龙又研究了敦煌壁画中的榻、几、屏风等家具图式,作者"通过研究它们新的发展轨迹来呈现这些具有中国汉代以来本土家具属性的图式变化,进而从具体的物质文化视角展现敦煌壁画在中外交流与起居方式融合过程中具有的重要价值。同时反映出中国本土家具所具有的传承性与生命力,为中华传统设计文化的创造性转化与创新性发展研究提供具有特色的实例与流传有序的参照"③。邵晓峰本人还探讨过高座图式的汉化问题,邵晓峰通过"解析敦煌壁画中高座图式的汉化、《维摩诘经变》系列图式中高座的发展以及高座图式组合之变,进而展开对于敦煌高座图式的深入研究"④,作者进一步揭示了其演变规律以及对后世起居文化的影响。杨森研究了敦煌壁画中的高僧坐具,包括榻式高座、椅式高座、榻椅合一、附加高木梯的大高座等,从坐具形制的演变来说明佛教中国化的进程。⑤

郑雨菲认为腰鼓图在形制、演奏方式及功能方面时代特征明显,作者融合音乐史学、考古学、图像学、文献学等研究方法,对历史上的腰鼓器名、绘制、形制类型进行探究,明晰了腰鼓演变进程、规律以及其所代表的文化内涵⑥。

幡在古代是旗帜的意思,它在佛教中是供养佛、菩萨以及在道场上的重要宗教用具。唐代是佛教发展的鼎盛时期,莫高窟唐代壁画中幡的图像大都是在经变画题材中出现,王文洁依据敦煌图像和文献,考查了幡的来源、用途、形制,作

---

①② 邵晓峰、李汇龙:《敦煌壁画与高型坐具图式的融入——以胡床、凳、墩为例》,美术大观,2020,000(004):128—131.

③ 邵晓峰,李汇龙:《敦煌壁画与中国本土家具图式的拓展》,南京艺术学院学报(美术与设计),2020,No. 188(02):137—142.

④ 邵晓峰:《敦煌壁画中高座图式的汉化与发展》,民族艺术,2020(1).

⑤ 杨森:《敦煌壁画僧人所坐榻形高座和椅形高座》,敦煌研究,2020,000(002):1—10.

⑥ 郑雨菲:《敦煌壁画中的腰鼓图像研究》,西安音乐学院,2020.

者进而认为幡是一种祈福行为，它的意义是为宗教活动服务①。

**2. 壁画中服饰、装饰类的研究**

赵付佳以敦煌壁画中人物服饰为研究对象，利用了图像搜索、实地调研、图标汇总、参考古籍文献等多种方法。赵付佳把历史分为初唐、盛唐、中唐、晚唐、五代五个时期，并对服装类型进行详细分类，分析了不同时期不同服饰的图案纹样、色彩搭配和款式造型的特点，"总结出其服饰内在的文化内涵，精神意识和艺术特色"②。再对"唐五代敦煌服饰在现代的传承，创新以及在服装设计教学中的应用和在不同层次的现代教育意义方面进行可行性分析论述"③。

陈振旺等认为丝绸之路的畅通对敦煌装饰图案产生了很大影响。"隋代中期藻井结构突破北朝模式，图案内容推陈出新，胡汉杂糅，在继承前期部分特征的同时开拓创新，汲取中原汉文化传统，同时大量融汇中亚、西亚艺术，创造出诸多兼具中原和外来风格的图案样式"④。作者经过详细考证得出结论：藻井图案类型多样、疏体与密体画风并行、藻井图案继续向织物性华盖演变，部分图案色彩华丽，构图严谨，体现出向初唐过渡的特征⑤。

赵燕林考察了敦煌莫高窟23铺《维摩诘经变》中的18铺帝王像，认为"这些帝王像冕服服制、人物形象因时代而不同。且大多依据唐代各个阶段的冕服制度绘制而成，而且与敦煌本土的历史变迁密切相关"⑥。这些具有形象性的第一手史料是研究唐代冕服制度变迁的珍贵资料。张琳艳分析了敦煌壁画中供养人服饰与市井生活的写照，主要在于说明其对服饰艺术创作的借鉴和启示⑦。

**3. 壁画中纹样的研究**

陈振旺、彭艳萍对敦煌特殊图像——三兔共耳纹进行了溯源研究，从三兔纹的文化寓意、考古发现、设计思想三个维度展开论述。作者认为"三兔共耳纹与星辰崇拜、古代神话和中国传统图案设计思想皆有渊源，同时，三兔共耳图案与佛教三世思想也有密切关系，它是隋代佛教发展到特定阶段，佛教思想和中国传统星象崇拜，道家神仙思想相互渗透而产生的图式，是敦煌画师在借鉴传统图案基础之上融合外来文明的原创"⑧。

张春佳研究了莫高窟代表性纹样——团花纹样，张春佳对比近1000个团花纹样案例后，分析出"几类团花纹样的结构特征和跨越唐代四个时期的演变路线，

---

① 王文洁：《敦煌莫高窟唐代壁画中幡的图像研究》，《丝绸之路》，2020(01)：108—112.
②③ 赵付佳：《唐五代敦煌服饰艺术与现代传承》，天津职业技术师范大学，2020.
④⑤ 陈振旺，郭美娟，王爱婷：《隋代中期莫高窟藻井图案研究》，《敦煌研究》，2020，000(001)：51—59.
⑥ 赵燕林：《莫高窟唐代〈维摩诘经变〉中的帝王像及其冕服研究》，《敦煌学辑刊》，2020，001(001)：135—148.
⑦ 张琳艳：《敦煌壁画中的形与像——供养人服饰与市井生活的写照》，《演艺科技》，2020(09)：66—68＋73.
⑧ 陈振旺，彭艳萍：《中西文化交流视野下莫高窟三兔共耳纹来源再议》，《艺术百家》，2020，000(001)：169—173，196。

并以此探讨团花纹样在唐代内部由于细节演变而展示出来的整体装饰风貌的变化"①。

景利军认为西夏时期敦煌石窟壁画中的装饰纹样出现了新的变化,一是在样式上由平瓣和卷瓣莲花纹向莲花纹演变,二是在位置上由藻井井心位移到藻井边饰和四披,三是在技法上由以重线辅色向重色辅线演变。作者进一步认为这是敦煌受唐宋石窟艺术影响的结果,这种影响正反映在佛教艺术上②。

**4. 石窟内某一图像的研究**

目前学界对于敦煌第249窟壁画所绘是西王母还是帝释天存有争议,而王菽一从叙事、图像、绘画风格、隐喻等角度研究,他指出南披为西王母、北披为东王公、西披为阿修罗、东披为摩尼宝珠③。马莉以格式塔心理学的为原理,从因缘故事画的目的开始探讨,进而从"部分内部""部分间""结构骨架"几个角度分析了"艺术简化"在敦煌在285窟《五百强盗成佛故事画》中的表现④。

在唐朝,敦煌画中的大势至图像是很具有特色的形态之一,史忠平依据文献和图像,对敦煌大势至壁画进行了研究,梳理了历史上大势至图像的发展及演变过程,通过对比"引路菩萨图"探讨了有关敦煌地区的大势至菩萨信仰⑤。

袁頔探究了宋初时期的莫高窟第76窟内的八塔变图像,其认为"作为正法象征的八塔变壁画蕴含了信众渴求佛法不灭的心愿。同时,莫高窟第76窟作为大族营建的家窟,具有举办佛事活动的功能,八塔变与窟内其他题材的相互联系能够更好地服务于信众的信仰实践活动"⑥。

马莉的文章从文献记载及留存图像入手,结合顾恺之《洛神赋图》,研究认为敦煌第285窟主室南壁图像为比翼扇。作者进一步得出在佛教汉化进程中,视觉图像有着明晰与含混并存的特点,然后又探讨了其形制与内涵、形式与功能相分离的原因⑦。

樊雪崧通过参照榜题痕迹和相关佛典,"将莫高窟隋代第419窟的萨埵太子本生图分为38个画面进行情节标注,对其中一些较为独特的内容进行了补充解读"⑧。作者经过精心细致的研究发现419窟的萨埵太子本生图与克什米尔和古高昌地区的同题材作品具有相似性,且作者进一步认为序分画面也具有《金光明

---

① 张春佳:《莫高窟唐代团花纹样造型演变研究》,《敦煌研究》,2020(5)。
② 景利军:《莲花纹在西夏石窟藻井中的流变》,《西夏研究》,2020(02):73—82。
③ 王菽一:《敦煌莫高窟第249窟南披壁画西王母像考略》,《艺术市场》2020(08):112—113。
④ 马莉:《莫高窟285窟〈五百强盗成佛故事画〉中的艺术简化》,《贵州大学学报(艺术版)》,2020,34(03):71—77。
⑤ 陈庆俊:《敦煌北朝至五代大势至图像研究》,《兰州大学》,2020。
⑥ 袁頔:《莫高窟第76窟八塔变相关问题再探》,《西夏研究》,2020(02):83—89。
⑦ 马莉:《莫高窟第285窟南壁故事画扇状持物图像辨析——兼论佛教汉化进程中视觉图像的明晰与含混》,《敦煌研究》,2020(05):53—62。
⑧ 樊雪崧:《莫高窟第419窟萨埵太子本生图补考》,《敦煌研究》,2020,000(001):70—79。

经·授记品》的内容。

周晓萍认为"行僧取经伏虎图像呈现的是一种脱离印度佛教绘画,而重建了一套顺应敦煌民情的宗教绘画视觉形式与形象思维方式。在'式'与'饰'之间的架构中彰显了文化的'融'与'合',在物质借用与融合中达到了图像视觉特征与信仰功能的统一。以绢纸抑或是壁面承载笔、墨、彩的运用中形成了历史记忆的风格演化"①。

吕晓楠依据阿艾石窟和敦煌西千佛洞"药师佛"图像,研究了其壁画粉本对龟兹石窟艺术的影响。作者从美术粉本画稿、艺术手法和译本流传等几个方面探讨,进一步认为历史上两地艺术交流频繁②。

**5. 壁画中动植物的研究**

刘骁彤抓住鸱尾的形象和起源,再把握敦煌地区的独特艺术风格,分析了敦煌遗画中鸱尾的特征及原因。刘骁彤认为"鸱尾的形象在不同历史时期、不同地区有不同象征内涵,是一种权力和宗教的符号"③。

手持莲花是佛教供养中很常见的形式。在敦煌壁画、纸画、绢画中,拥有大量的手持莲花的供养图。史忠平通过研究认为在敦煌壁画中的手持莲花图,形象、特征十分鲜明④。

**6. 其他研究**

王慧慧探讨了敦煌第464石窟的历史和研究价值,利用近现代有关史料阐述了464窟被盗的历史,并结合20世纪初伯希和奥登堡年拍摄的照片,对被盗壁画的内容与价值进行了讨论。作者认为第464窟的特征非常特殊,有很大的研究空间待开发⑤。

彭体萌从壁画中找出与体育相关的部分作为研究对象,"从古代人民身体活动层面分析当时体育的发展状态"⑥。从敦煌飞天壁画的起源与发展历程,到对敦煌飞天壁画中的体育项目进行分类论述,彭体萌指出体育活动在古代也是跟人民生活息息相关的。

通常佛教艺术中的外道形象多为男性,但宋若谷、沙武田仔细梳理了敦煌壁画,发现其中有特定的外道女性形象。作者还发现"敦煌壁画中女性外道的形象前后有变化,早期是中亚西域式青年美女和婆罗门老年丑妇人形象;至唐代则基

---

① 周晓萍:《敦煌行僧取经伏虎图像志研究》,《贵州大学学报(艺术版)》,2020,34(03):62—70。

② 吕晓楠:《敦煌壁画粉本对龟兹石窟艺术影响——以阿艾石窟"药师佛"图像为例》,《艺术研究》,2020(02):62—66。

③ 刘骁彤:《敦煌遗画中所见的建筑脊饰鸱尾形象研究》,《中外建筑》,2020(06):38—40。

④ 史忠平:《莫高窟壁画中的手持宝珠莲花图像研究》,《南京艺术学院学报(美术与设计)》,2020(04):95—100。

⑤ 王慧慧:《莫高窟第464窟被盗史实及被盗壁画的学术价值——莫高窟第464窟研究之一》,《敦煌研究》,2020(04):129—135。

⑥ 彭体萌:《敦煌飞天壁画中的体育文化研究》,《西北民族大学》,2020。

本以汉地贵妇人形象表现,同时在壁画中也有将外道婆罗门女性画成胡人女子的形象;西夏降魔成道图壁画中则是西夏贵夫人和魔女形象"①。宋若谷、沙武田进一步得出结论:这一现象是受汉文化和传统社会中对女性德行规范的影响,又带有传统女性文化之偏见的结果。作者最后指出"透过敦煌画中外道形象的表现手法,不仅能看到汉文化中外来艺术转变的轨迹,也可以看到受偏见文化影响下的歧视性艺术"②。

晚唐五代之际,出行题材出现于敦煌石窟中,于博"通过对敦煌石窟壁画中出行图的梳理,结合供养人题记与归义军统治者相关文献,探讨出行图在佛教石窟中的政治意涵,并对归义军统治者的洞窟营建观念与壁画题材选择等问题进行了系统考察"③。

蒋戈娅以敦煌图像中的唐代昆仑人为研究对象,运用图像分析、文献研究、比较研究等方法梳理出唐代敦煌壁画中所有昆仑人的形象、探究昆仑国的方位、昆仑人的来源,论述了昆仑奴如何与敦煌图像中的佛事结合在一起,探讨了俗世的昆仑人与佛事中的昆仑人之间的关系④。

崔星简单总结了敦煌供养图的类型,敦煌文献和壁画中有大量的佛教供养图像,供养一般是佛教信徒对佛、菩萨尊崇的表达,敦煌唐、五代时期这类供养图像是研究这一时期敦煌地区佛教发展演变的一手资料,崔星指出"通过文献所载供养物品也能透露出当时信众们的物质生活状况以及对推动佛教发展所做出的努力"。崔星把供养物品进行分类,阐述了晚唐五代时期敦煌地区民众佛教供养以及这些供养在壁画艺术中的体现⑤。

另外,台湾地区有一篇文章,崔红芬、文志勇研究了黑水城文献《父母恩重经》卷首画,认为它是对经文内容形象而生动的体现更具视觉效果,为推动佛教传播起了积极作用。作者经过对俄藏黑水城汉文《父母恩重经》卷首画进行考证研究,结合敦煌藏经洞遗存《父母恩重经》不同版本,考察黑水城《父母恩重经》的版本。探讨了不同地区的佛经对西夏产生的影响。然后对黑水城出土经文卷首画内容进行解析,并与敦煌壁画和大足石刻浮雕进行比较,探究黑水城卷首画与其他变相的不同之处和特点,分析了仁孝时期《父母恩重经》翻译成西夏文及卷首版画流行的原因⑥。

---

①② 宋若谷,沙武田:《敦煌壁画中女性外道表现手法发覆》,《敦煌研究》,2020(01):60—69。

③ 于博:《归义军时期政治身份的图像表达:敦煌壁画出行图再议》,《美术学报》,2020(04):88—94。

④ 蒋戈娅:《唐代昆仑人研究》,《山东大学》,2020。

⑤ 崔星:《晚唐五代敦煌地区佛教供养与艺术表现》,《图书与情报》,2020(02):140—144+2+145。

⑥ 崔红芬、文志勇:《黑水城遗存〈父母恩重经〉卷首画研究》,《夏荆山艺术论衡》第9期(2020):P9—33。

### (二)敦煌乐舞、乐器的研究

敦煌乐舞壁画是古代音乐与佛教相结合的产物,其以图解化的方式记录了北凉至元代我国音乐发展的状况,故而壁画上大量的乐器图像便成为古代乐器研究中极为重要的依据。

葛承雍依据近年出土的长安唐贞顺皇后墓石椁线刻画,指出"反弹琵琶最早来源为开元二十五年(737)男性胡人的艺术造型,其从男性舞者转变为女性舞伎的过程,正是从长安皇家艺术吸纳异域外来文化中开启,传播至敦煌艺术工匠创作之中的"①。葛承雍采用长安刻画、吐蕃银壶、敦煌壁画三处"反弹琵琶"艺术形象的互参互比的方法,证明来自异域的绘画粉本是敦煌这一独特造型的传播来源。李煜从敦煌舞蹈入手,探索了敦煌舞蹈的文化价值,同时结合佛学、民俗,以敦煌中的舞姿、舞风、舞貌等舞蹈形象作为参照,揭示其内在规律,并在"一带一路"视野下探讨其文化内涵,旨在对今后的敦煌舞蹈创作提供参照②。

童昕运用定性分析法、观察法,从舞姿、气质和道具几个角度论述了敦煌舞的审美风格,童昕认为"传统艺术的审美意识带来了舞姿的对称平面风格、敦煌艺术的内在精神带来了气质的媚而不俗风格、舞蹈道具的意象传达带来了绸带的飘逸灵动风格"③。谢小娜把敦煌壁画乐舞造型与服装创意类表演美学进行融合探究,她主张"将舞蹈造型融入服装表演中,创造一种服装创意类表演新形式。同时,在敦煌壁画乐舞中融入服装创意类表演动作,对传统的乐舞造型进行重构,实现两者美学元素的完美融合"④。朱晓峰对乐舞研究方法进行了相关评析,给出自己见解,朱晓峰认为"敦煌乐舞通常包括石窟壁画中的乐舞图像和敦煌文献对乐舞的记载两大部分,如何将这些因素剥离,把图像与文字统一纳入中国乐舞史研究中,不仅是敦煌壁画乐舞研究的难点,也是在研究过程中需要时刻把握的重点"⑤。王玥元探讨了敦煌飞天艺术中的天宫伎乐,认为飞天是敦煌壁画中重要标志,"贯穿于北凉、北魏、西魏、北周、隋朝、唐朝六个朝代的始终。天宫伎乐作为飞天中的一种,特指洞窟墙壁上所绘制的天宫门内奏乐歌舞的天人"⑥。王玥元在文章中主要分析了敦煌壁画中天宫伎乐的特点、表现形式。"胡旋舞"在敦煌乐舞图像中有很多体现,刘晓伟经过研究认为:"'胡旋舞'的传播与盛行,究其原因,基础是粟特人商业与贸易所带来的畅通的传播途径,而进献'胡旋女'的政

---

① 葛承雍:《"反弹琵琶":敦煌壁画舞姿艺术形象来源考》,《敦煌研究》,2020(01):9—15。
② 李煜:《当代"一带一路"背景下敦煌舞蹈文化价值嬗变的探究》,《武汉体育学院》,2020。
③ 童昕:《从舞姿、气质和道具看敦煌舞审美风格》,《艺术评鉴》,2020(13):65—67+95。
④ 谢小娜:《敦煌壁画乐舞造型与服装创意类表演的美学融合》,《黑龙江纺织》,2020(03):45—47。
⑤ 朱晓峰:《解读敦煌乐舞——敦煌乐舞研究方法之讨论》,《艺术评论》,2020(01):54—67。
⑥ 王玥元:《浅析唐朝敦煌壁画中天宫伎乐的表现形式》,《北方音乐》,2020,000(003):19—20。

治交往手段成为'胡旋舞'从民间上升到国家层面，合礼进入中原礼乐体系，并成为燕乐的核心成分的关键"①。所以，刘晓伟认为敦煌乐舞图像是唐代燕乐的集中反映。温和以榆林窟25窟壁画中的形象为例研究了敦煌"凤首箜篌"，作者认为"这种兼具不同乐器特征的乐器从音乐角度上看显然并非现实存在的乐器实物，而是一种具有佛教音声理想的独特创造"②。作者从"凤首箜篌"在敦煌壁画中的表现出发，提出它原是流行于古印度的一种弓形竖琴，且其传播止步于河西走廊。

另外，朱爱通过对敦煌壁画中的载竿杂戏的研究，简单探讨了古代载竿杂戏的艺术特征与发展历程③。

（三）石窟造像艺术方面

杜雪梅认为敦煌第417窟的西壁塑像，对洞窟内的其他内容产生了很大的影响作用，杜雪梅认为"第417窟是隋代的一个小型窟，它在内容上既继承了北朝以来的小乘佛教的苦行画面，又增加了隋代开始出现的大乘佛教经变画，体现了隋代莫高窟既保守又创新的营建风格"④。

沙武田研究认为"敦煌石窟西夏洞窟壁画中的藏传佛教图像是受11—13世纪新译密续经典影响下的题材，在艺术风格和表现形式上与敦煌本地传统壁画有明显的区别"⑤。作者还研究了藏传佛教图像与藏传密法的关联。认为汉藏共存、显密共融，这是西夏佛教"圆融"的特点。

庞跃雷研究了莫高窟交脚弥勒造像，"从图像特征和造型风格角度探讨交脚弥勒像在莫高窟的发展与演变，追溯莫高窟交脚弥勒造像的源流，分析敦煌交脚弥勒的图像特点与造型风格"⑥。认为其造像时间集中于北朝，敦煌石窟的交脚造像吸收了印度、西域的造型特点，亦传承了汉晋以来的造像风格。

（四）敦煌于现代艺术创作的启示方面

潘景萍认为敦煌壁画艺术与墨彩描金瓷画在线条、色彩、风格等表现语言上具有相通之处，且"敦煌壁画艺术元素在墨彩描金瓷画中的应用具有积极的文化传承、艺术创新和国际交流价值"⑦。作者提倡"在实践创作中，创作者应提炼元素进行巧妙构思，注重于肌理与色彩表现并采取适合的技法语言"⑧。

---

① 刘晓伟：《胡旋：从粟特乐舞到宫廷燕乐》，《艺术评论》，2020（1）。
② 温和：《从敦煌壁画中的弯琴形象看凤首箜篌的传播》，《艺术评论》，2020（01）：88—100。
③ 朱爱：《敦煌壁画中的载竿杂戏探微》，《丝绸之路》，2020（02）：121—124。
④ 杜雪梅：《敦煌莫高窟第417窟研究》，《兰州大学》，2020。
⑤ 沙武田：《敦煌西夏藏传佛教洞窟及其图像属性探析——以西夏官方佛教系统为视角》，《中国藏学》，2020（03）：211—220。
⑥ 庞跃雷：《莫高窟交脚弥勒造像的考察——以北凉时期为中心》，《贵州大学学报（艺术版）》，2020，34（03）：78—86。
⑦ 潘景萍，唐秀君，胡丽婷，金群波：《敦煌壁画艺术元素在墨彩描金瓷画中的应用探索》，《陶瓷研究》，2020，35（03）：54—57。
⑧ 潘景萍，唐秀君，胡丽婷，金群波：《敦煌壁画艺术元素在墨彩描金瓷画中的应用探索》，《陶瓷研究》，2020，35（03）：54—57。

姚思点以唐代敦煌壁画藻井图案中的各类装饰题材为研究主体，对唐代敦煌藻井的艺术进行概述，研究了装饰纹样的形式，分析了藻井图案及其在织物设计中的应用价值，最后列举了敦煌装饰纹样在织物设计中创新运用实例①。

蒋怡莹通过对莫高窟、安西榆林窟田野调查之后，梳理了乐舞形象从形成到发展的过程。作者从两部分来展开：图式部分（线条、造型、构图），色彩部分（色彩观念、色彩体系），并分析了敦煌乐舞在首饰设计中的应用②。

董倩、章海虹认为"在现代彩妆设计之中，敦煌艺术所包含的文化内涵，色彩造型与经典气韵为彩妆贴妆设计提供了丰富的原始素材，灵感发散空间及创新创意方向，更为人物妆面的特定塑造奠定了基础"③。作者以敦煌壁画、敦煌彩塑、敦煌建筑为依据，运用现代技术并结合现代设计理念谈论了当代彩妆创作的启示。

张文俊认为敦煌佛教艺术对植物纹样的影响深远。他首先说明了唐代敦煌壁画植物纹样的特征以及徽州犀皮漆的特点。张文俊运用敦煌壁画中的植物纹样，探讨了如何"将唐代敦煌壁画中的植物纹样与徽州犀皮漆'打埝'这一工艺相结合，设计出具有丰富的肌理变化的实践作品"④。

吕少华研究了敦煌壁画色彩的现代应用，作者从"设计学视域下探寻、借鉴、传承与创新敦煌壁画色彩的配置规律与美学精神，结合现代色彩学原理，探讨敦煌壁画色彩的创新应用问题"⑤，进而又"阐述了敦煌壁画的色彩观念，配色方法及发展演变，解析了敦煌壁画色彩的现代设计学价值与共性，论述了敦煌壁画色彩创新应用的思路、方法与实践过程"⑥。最后作者指出敦煌壁画色彩所体现的时代价值。

还有一篇文章关于敦煌艺术对外翻译的研究，吴钧从《易经》三易的"不易""简易""变易"的视野出发，分别对敦煌艺术"真""善""美"的三个特征进行对比分析，进而探究与之相适宜的"直译""象译"和"变译"的翻译策略。即将敦煌艺术"不易"的艺术真谛与相应的"直译"法相结合，探究敦煌变文的英译；将佛教艺术"善"在敦煌壁画中"简易"的形象表达与相应的"符际翻译"即"象译"相结合；将敦煌艺术的"变易"之"美"与其相应的"变译"翻译策略融会贯通⑦。

---

① 姚思点：《唐代敦煌藻井图案研究及在织物设计中的应用》，《浙江纺织服装职业技术学院学报》，2020，19(03)：59—62。

② 蒋怡莹：《敦煌壁画中的乐舞元素在首饰设计中的应用》，《中国地质大学（北京）》，2020。

③ 董倩，章海虹：《基于敦煌艺术的现代彩妆贴妆设计探讨》，《大众文艺》，2020，No. 475(01)：71—72。

④ 张文俊：《唐代敦煌壁画中的植物纹样在徽州犀皮漆中的运用》，《山东艺术学院》，2020。

⑤⑥ 吕少华：《设计学视域下敦煌壁画色彩的创造性转化与创新应用》，《兰州交通大学学报》，2020，039(002)：162—168。

⑦ 吴钧：《〈易经〉视野下的敦煌艺术英译研究：以易释艺以易导译》，《中国翻译》，2020，41(03)：143—152。

## 总 结

通过对2020年国内外有关敦煌佛教艺术类研究的简单综述，我们可以看出这一年的研究成果还是相当可观的，大部分有关敦煌佛教艺术的研究成果集中在佛教壁画方面，其中涉及故事画、比翼扇、动物、幡、供养图、飞天壁画等多种要素，在具体要素选择上无一重复性研究，这也表明了敦煌佛教艺术研究的开发空间很大。其次，还有关于敦煌乐舞、石窟造像艺术特征等方面的研究，还有作者从敦煌佛教艺术对现代文艺创作的价值方面来探讨的研究。总之，有关敦煌佛教艺术的研究是一门正在不断开拓进取的学科，同时，坐落在"一带一路"核心要塞的敦煌，历史上曾经是中华文明辉煌圣地之一，我们强调中华民族伟大复兴，很大程度上就是文化上的复兴，文化的根也正是在传统文化之中来挖掘，当下我们应该认真对待自己的优秀传统文化，这其中，敦煌文化就是研究的重镇。

**参考文献**

[1]Zheng Acai. On the development of Buddhist scripture illustration form and function from Dunhuang Buddhist texts and murals. 2020, 53(3): 242—260.

[2]Zhou Xiaoping. On the origin and presentation of images of traveling Buddhist monks on pilgrimage for sutras with tame tigers in the Dunhuang Mogao Grottoes. 2020, 53(3): 261—280.

[3]Kim, H. (2020) 'An Icon in Motion: Rethinking the Iconography of Itinerant Monk Paintings from Dunhuang', Religions, 11(9), p. 479. doi: 10. 3390/rel11090479.

[4]Zhang H. (2020) Aesthetic Contemplation of the Tang Dynasty Dunhuang Frescoes Elements on Contemporary Costume Design. In: Rau PL. (eds) Cross-Cultural Design. User Experience of Products, Services, and Intelligent Environments. HCII 2020. Lecture Notes in Computer Science, vol 12192. Springer, Cham. https://doi.org/10. 1007/978-3-030-49788-0_32.

[5]Safran, Linda. Review of Cave Temples of Dunhuang: Buddhist Art on China's Silk Road ed. by Neville Agnew, Marcia Reed, and Tevvy Ball. Common Knowledge, vol. 26 no. 1, 2020, p. 185—186. Project MUSE muse.jhu.edu/article/749010.

[6]She, Wenjing. "Digital object restoration using generalized regression neural network deep learning—Taking Dunhuang mural restoration as an example." The International Journal of Electrical Engineering & Education (2020): 0020720920928549.

[7]Qiang Wu, Baixue Zhu, Binbin Yong, Yongqiang Wei, Xuetao Jiang, Rui Zhou & Qingguo Zhou (2020) ClothGAN: generation of fashionable Dunhuang clothes using generative adversarial networks, Connection Science, DOI: 10. 1080/09540091. 2020. 1822780.

[8]Shengping, Xia, and Chen Wenjin. "Research of the Worn in the Donors' Portraits in the Unearthed Artworks of the Dunhuang Mogao Grotto Sutra Cave."

[9]邵晓峰，李汇龙. 敦煌壁画与高型坐具图式的融入——以胡床、凳、墩为例[J]. 美术大观，2020, 000(004): 128—131.

[10]邵晓峰，李汇龙. 敦煌壁画与中国本土家具图式的拓展[J]. 南京艺术学院学报(美术与设计), 2020, No. 188(02): 137—142.

[11]邵晓峰. 敦煌壁画中高座图式的汉化与发展[J]. 民族艺术, 2020(1).

[12]刘骁彤．敦煌遗画中所见的建筑脊饰鸱尾形象研究[J]．中外建筑，2020(06)：38—40．

[13]吕晓楠．敦煌壁画粉本对龟兹石窟艺术影响——以阿艾石窟"药师佛"图像为例[J]．艺术研究，2020(02)：62—66．

[14]杨森．敦煌壁画僧人所坐榻形高座和椅形高座[J]．敦煌研究，2020，000(002)：1—10．

[15]赵付佳．唐五代敦煌服饰艺术与现代传承[D]．天津职业技术师范大学，2020．

[16]郑雨菲．敦煌壁画中的腰鼓图像研究[D]．西安音乐学院，2020．

[17]王文洁．敦煌莫高窟唐代壁画中幡的图像研究[J]．丝绸之路，2020(01)：108—112．

[18]朱爱．敦煌壁画中的载竿杂戏探微[J]．丝绸之路，2020(02)：121—124．

[19]陈振旺，郭美娟，王爱婷．隋代中期莫高窟藻井图案研究[J]．敦煌研究，2020，000(001)：51—59．

[20]樊雪崧．莫高窟第419窟萨埵太子本生图补考[J]．敦煌研究，2020，000(001)：70—79．

[21]王慧慧．莫高窟第464窟被盗史实及被盗壁画的学术价值——莫高窟第464窟研究之一[J]．敦煌研究，2020(04)：129—135．

[22]赵燕林．莫高窟唐代《维摩诘经变》中的帝王像及其冕服研究[J]．敦煌学辑刊，2020，001(001)：135—148．

[23]陈振旺，彭艳萍．中西文化交流视野下莫高窟三兔共耳纹来源再议[J]．艺术百家，2020，000(001)：169—173，196．

[24]张春佳．莫高窟唐代团花纹样造型演变研究[J]．敦煌研究，2020(5)．

[25]王菽一．敦煌莫高窟第249窟南披壁画西王母像考略[J]．艺术市场，2020(08)：112—113．

[26]马莉．莫高窟285窟《五百强盗成佛故事画》中的艺术简化[J]．贵州大学学报(艺术版)，2020，34(03)：71—77．

[27]史忠平．莫高窟壁画中的手持宝珠莲花图像研究[J]．南京艺术学院学报(美术与设计)，2020(04)：95—100．

[28]陈庆俊．敦煌北朝至五代大势至图像研究[D]．兰州大学，2020．

[29]袁頔．莫高窟第76窟八塔变相关问题再探[J]．西夏研究，2020(02)：83—89．

[30]马莉．莫高窟第285窟南壁故事画扇状持物图像辨析——兼论佛教汉化进程中视觉图像的明晰与含混[J]．敦煌研究，2020(05)：53—62．

[31]景利军．莲花纹在西夏石窟藻井中的流变[J]．西夏研究，2020(02)：73—82．

[32]周晓萍．敦煌行僧取经伏虎图像志研究[J]．贵州大学学报(艺术版)，2020，34(03)：62—70．

[33]彭体萌．敦煌飞天壁画中的体育文化研究[D]．西北民族大学，2020．

[34]宋若谷，沙武田．敦煌壁画中女性外道表现手法发覆[J]．敦煌研究，2020(01)：60—69．

[35]张琳艳．敦煌壁画中的形与像——供养人服饰与市井生活的写照[J]．演艺科技，2020(09)：66—68+73．

[36]于博．归义军时期政治身份的图像表达：敦煌壁画出行图再议[J]．美术学报，2020(04)：88—94．

[37]蒋戈娅．唐代昆仑人研究[D]．山东大学，2020．

[38]温和．从敦煌壁画中的弯琴形象看凤首箜篌的传播[J]．艺术评论，2020(01)：88—100．

[39]王志远．"一带一路"语境下敦煌壁画艺术的创新传承与文化传播研究[J]．艺术评鉴，2020(01)：174—175+185．

[40]葛承雍．"反弹琵琶"：敦煌壁画舞姿艺术形象来源考[J]．敦煌研究，2020(01)：9—15．

[41]李煜．当代"一带一路"背景下敦煌舞蹈文化价值嬗变的探究[D]．武汉体育学院，2020．

[42]童昕. 从舞姿、气质和道具看敦煌舞审美风格[J]. 艺术评鉴,2020(13):65—67+95.

[43]谢小娜. 敦煌壁画乐舞造型与服装创意类表演的美学融合[J]. 黑龙江纺织,2020(03):45—47.

[44]朱晓峰. 解读敦煌乐舞——敦煌乐舞研究方法之讨论[J]. 艺术评论,2020(01):54—67.

[45]杜雪梅. 敦煌莫高窟第417窟研究[D]. 兰州大学,2020.

[46]沙武田. 敦煌西夏藏传佛教洞窟及其图像属性探析——以西夏官方佛教系统为视角[J]. 中国藏学,2020(03):211—220.

[47]庞跃雷. 莫高窟交脚弥勒造像的考察——以北凉时期为中心[J]. 贵州大学学报(艺术版),2020,34(03):78—86.

[48]潘景萍,唐秀君,胡丽婷,金群波. 敦煌壁画艺术元素在墨彩描金瓷画中的应用探索[J]. 陶瓷研究,2020,35(03):54—57.

[49]姚思点. 唐代敦煌藻井图案研究及在织物设计中的应用[J]. 浙江纺织服装职业技术学院学报,2020,19(03):59—62.

[50]蒋怡莹. 敦煌壁画中的乐舞元素在首饰设计中的应用[D]. 中国地质大学(北京),2020.

[51]吴钧. 《易经》视野下的敦煌艺术英译研究:以易释艺以易导译[J]. 中国翻译,2020,41(03):143—152.

[52]崔红芬、文志勇,黑水城遗存《父母恩重经》卷首画研究,《夏荆山艺术论衡》第9期(2020):9—33.

[53]崔星. 晚唐五代敦煌地区佛教供养与艺术表现[J]. 图书与情报,2020(02):140—144+2+145.

[54]王玥元. 浅析唐朝敦煌壁画中天宫伎乐的表现形式[J]. 北方音乐,2020,000(003):19—20.

[55]刘晓伟. 胡旋:从粟特乐舞到宫廷燕乐[J]. 艺术评论,2020(1).

[56]董倩,章海虹. 基于敦煌艺术的现代彩妆贴妆设计探讨[J]. 大众文艺,2020,No.475(01):71—72.

[57]张文俊. 唐代敦煌壁画中的植物纹样在徽州犀皮漆中的运用[D]. 山东艺术学院,2020.

[58]吕少华. 设计学视域下敦煌壁画色彩的创造性转化与创新应用[J]. 兰州交通大学学报,2020,039(002):162—168.

# 我国吐谷浑历史交通地理研究述略

李海宁①

吐谷浑是我国魏晋至隋唐时期存在于西北地区的少数民族国家之一。始建于公元316年(吐延继位时),亡于公元670年(大非川之战薛仁贵之败),此后吐谷浑作为一个部落继续生存。② 吐谷浑因其独特的历史地位,在中外交通中扮演着重要的角色。经过吐谷浑的道路也被称为"青海道""河南道"或"吐谷浑道",其在中西交流、朝聘使节等活动中发挥着重要的作用。欧美及日本学者在吐谷浑史研究中起步较早,于19世纪开始,且著作颇丰。但是在吐谷浑交通史上却鲜有人问津。与此相反,我国吐谷浑史虽起步较晚,但在吐谷浑交通史上却有不少研究问世,特别是在路线考证和设置意义方面颇有建树。

国外进行吐谷浑研究的主要有英国人L. A. 魏德尔(Waddel)、法国人伯希和(P. Pelliot)、英国学者托马斯(Thomas)和日本学者松田寿男、佐藤长等人。魏德尔提出藏文文献中所记的"Dry-gu"就是中国文献中的吐谷浑。伯希和则论证吐蕃称当时吐谷浑为"阿柴",并非如魏德尔所说的"Dry-gu",吐谷浑的藏文对译应为"Ha-za"。而托马斯则反对伯希和的说法,主张阿柴是公元445年依附于吐谷浑的一个小国。松田寿男从吐谷浑向南北朝政权遣使频繁说起,首先揭示了4世纪末至6世纪时吐谷浑在中西陆路交通上的地位和作用。佐藤长则在吐谷浑历史地理方面多有论及。

我国对吐谷浑交通史的研究开始较晚。1942年丁绣先生发表《白兰羌和白兰山》③一文,标志着我国研究的开始。1943年,靳玄生发表《青海历代城垒遗地考》④对吐谷浑国都的位置进行了推断,认为铁卜卡古城遗址即为吐谷浑国国都伏俟城。黄文弼于1947年发表了《古楼兰国历史及其在西域交通上之地位》⑤,对吐谷浑兼并且末、鄯善的时间进行了考证,确定时间在魏文成帝兴安元年(452)之后,本文还对吐谷浑所在的青海进入西域的道路进行了考察,并命名为"吐谷浑

---

① 作者简介:李海宁(2001— ),河南郑州人,西北民族大学历史文化学院学生。研究方向为中国边疆历史地理、中国少数民族历史地理。
② 周伟洲:《吐谷浑史》,桂林:广西师范大学出版社,2006年,第15页,第108—109页。
③ 载《西南边疆》第14期。
④ 载《说文月刊》第3卷第16期。
⑤ 载《史学辑刊》第5期。

路"。第二年,吴景敖的专著《西陲史地研究》①出版,书中对吐谷浑所在青海至西域的三条路线进行了讲解。

1949年中华人民共和国成立之后,我国的吐谷浑交通史研究进一步深入。夏鼐先生于1958年发表《青海西宁出土的波斯萨珊朝银币》②一文。该文对青海出土的波斯银币进行了说明,并列举了大量有关青海交通的史实,论证了以吐谷浑为代表的青海道在中西交通中的重要地位。1982年,周伟洲的《古青海路考》③发表,该文对南北朝至隋朝初年青海路的兴盛情况进行了考证,表明了吐谷浑在青海路中占有极其重要的地位。同年,张得祖发表《丝绸之路在青海》④一文,考证了青海和吐谷浑在丝绸之路上的地位。同年,杜斗城发表《关于敦煌人宋云西行的几个问题》⑤一文,该文考证出宋云西行所经过的"吐谷浑城"并不是伏俟城,而是应该在今巴隆一带。1983年,唐长孺的专著《魏晋南北朝史论拾遗》⑥一书出版,其中包含《南北朝期间西域与南朝的陆路交通》⑦一文,该文对河南道中吐谷浑的交通枢纽地位加以论证,并对河南道中求法僧人的往来进行了考证,肯定了河南道对中西政治、经济、文化交流中的重要作用。同年,王叔凯发表《古代青海中西交通道考》⑧,该文虽对一些名家说法提出了自己的商榷意见,但对青海道在中西交通中的积极作用,作者也是予以肯定的。1985年,我国第一部吐谷浑专著《吐谷浑史》⑨出版(本书于2006年由广西师范大学出版社再版⑩),该书由周伟洲所著。本书第四章第三节《吐谷浑在中西交通史上的地位和作用》⑪对吐谷浑立国时期的中西交通状况做了详细的介绍。1988年,由中国社会科学院民族研究所民族历史研究室主编、周伟洲编著的《吐谷浑史入门》⑫出版,该书第三编第一节《国内研究小史》⑬对我国吐谷浑史研究状况进行了梳理,其中也包含吐谷浑交通史。同年,薄小莹发表《吐谷浑之路》⑭一文,该文对"吐谷浑之路"的南北两线进行了考证,确定了具体走向。此外还说明了"吐谷浑之路"在南北朝战争、朝聘使节等活动中所具有的重要地位。1990年,胡小鹏发表《吐谷浑和南北朝关系述论》⑮一文,文章表示吐谷浑得天独厚的地理位置促进了其发展:吐谷浑进入南疆

---

① 吴景敖:《西陲史地研究》,上海:上海中华书局,1948年。
② 夏鼐:《青海西宁出土的波斯萨珊朝银币》,《考古学报》1958年第1期,第105—110页。
③ 周伟洲:《古青海路考》,《西北大学学报》1982年第1期,第65—72页。
④ 张得祖:《丝绸之路在青海》1982年第1期,第62—64页。
⑤ 杜斗城:《社会科学》1982年第2期,第85—88页。
⑥⑦ 唐长孺:《魏晋南北朝史论拾遗》,北京:中华书局,1983年,第168—195页。
⑧ 王叔凯:《古代青海中西交通道考》,《青海社会科学》1983年第3期,第98—104页,第128页。
⑨ 周伟洲:《吐谷浑史》,银川:宁夏人民出版社,1985年。
⑩⑪ 周伟洲:《吐谷浑史》,桂林:广西师范大学出版社,2006年,第135—144页。
⑫⑬ 周伟洲:《吐谷浑史入门》,西宁:青海人民出版社,1988年,第53—89页。
⑭ 薄小莹:《吐谷浑之路》,《北京大学学报》1988年第4期,第70—74页,第51页。
⑮ 胡小鹏:《吐谷浑与南北朝关系述论》,《社会科学》1990年第4期,第81—84页。

后连接起了古羌中道和西域南道，开辟了一条避开河西走廊连接江南和西域的新通道，这条通道最初作为政治军事道路使用，后来演变为以青海湖为中心辐射四方的商贸之道，吐谷浑也从中获得了大量的利益。1992年，周伟洲《吐谷浑资料辑录》①出版（该书于2017年增订后由商务印书馆再版②），对吐谷浑史的研究提供了极大的便利。同年，吴焯发表《古代青海交通西域的路线及其历史沿革》③一文，作者考证出南北朝时期四川经由青海道具体的走法为：由益州（成都）北上经龙涸（松潘）进入吐谷浑（青海），之后西行经过白兰（柴达木），穿过阿尔金山口，去鄯善（且末）。西域各国遣使南朝或者进行商业贸易大多走的是这条路。关于宋云西行所经过的"吐谷浑城"本文作者提出了与前文所述杜斗城所不同的意见，作者认为该"吐谷浑城"指的是伏罗川（都兰）。1992年，尚民杰、贾鸿健发表《宋云西行与吐谷浑国》④一文，该文看法与吴焯相同，认为宋云西行所经过的"吐谷浑城"为都兰，作者认为宋云穿过日月山之后到今共和，之后经沙珠玉和茶卡至都兰，再经香日德地区至格尔木。1994年李文伟发表《古丝绸之路与西北民族的凝聚》⑤一文，作者认为吐谷浑道通过"茶马互市"等经济活动向西域传播了汉民族先进的生产技术和文化，为民族融合与交流作出巨大的贡献。

进入新世纪，吐谷浑交通史的研究再次进入发展时期。2003年，周松发表的《吐谷浑遣使东魏路线考》⑥开启了21世纪吐谷浑交通史的研究。本文对吐谷浑遣使前往东魏的几条路线进行了考证，认为吐谷浑遣使主要道路为中线（凉州至白亭海方向）和东线（凉州至灵州方向）。作者认为极宽的交通选择是吐谷浑遣使东魏北齐的主要原因。2004年，王超云的《试析吐谷浑在中西交通史上的作用》⑦一文发表，该文分别对吐谷浑和南朝和北朝的交往进行了论述，表明吐谷浑和南朝、北朝之间保持着友好的朝贡关系。在对外交通方面，吐谷浑起到了南朝与西域交往的枢纽链接作用，其也参加了大规模的国际贸易，对中西文化的交流作出巨大的贡献。同年，秦红卫的《魏晋南北朝时期的河南道》⑧一文发表，作者认为前凉

---

① 周伟洲：《吐谷浑资料辑录》，西宁：青海人民出版社，1992年。
② 周伟洲：《吐谷浑资料辑录（增订版）》，北京：商务印书馆，2017年。
③ 吴焯：《古代青海交通西域的路线及其历史沿革》，《西域研究》1992年第2期，第24—33页。
④ 尚民杰、贾鸿健：《宋云西行与吐谷浑国》，《青海社会科学》1992年第3期，第73—77页，第31页。
⑤ 李文伟：《古丝绸之路与西北民族的凝聚》，《西北民族研究》1994年第2期，第41—47页。
⑥ 周松：《吐谷浑遣使东魏路线考》，《中国历史地理论丛》2003年第18卷第3辑，第19—28页，第158页。
⑦ 王超云：《试析吐谷浑在中西交通史上的作用》，《陇东学院学报》2004年第15卷第4期，第69—72页。
⑧ 秦红卫：《魏晋南北朝时期的河南道》，《青海民族研究》2004年第15卷第3期，第50—53页。

张氏政权是河南道的真正开拓者,之后在吐谷浑的经营下其成为沟通塞北和江南的重要通道。2007年,许新国发表《吐蕃墓中出土蜀锦与青海丝绸之路》[1]一文,作者将吐谷浑道分为南北两线,并对两线经过的地区进行了考订补充。2008年,张得祖发表《古玉石之路与丝绸之路青海道》[2]一文,该文表示虽然吐谷浑在公元7世纪亡国,但是丝绸之路青海道仍在吐蕃的控制下发挥着作用,对中西文化交流产生了深远的影响。2009年,中华书局出版《中研院历史语言研究所集刊论文类编 历史编·魏晋隋唐五代卷》[3]一书其中岑仲勉的《吐鲁番一带汉回地名对证》[4]对"Lykchyn""Chiqtim"等40多个吐鲁番地名进行了汉回对证,指出地名的唐代名称并进行了考证。同年苏海洋、雍际春发表《丝绸之路青海段交通线综考》[5]一文,对吐谷浑道东、西、南、北四段的路线进行了考证。2010年,郭盛《青海"河南道"佛教传播源流考释》[6]一文发表,主要对吐谷浑在文化交流(特别是佛教文化)方面做出的贡献进行说明。吐谷浑居住之地的邻近政权大多笃信佛教,许多高僧曾在此讲经弘法。且当时南朝崇佛之风盛行,吐谷浑与南朝交往甚近,因此吐谷浑崇佛不足为奇。而以吐谷浑为枢纽的河南道是中西交往的重要通道,先后有20余位高僧从此经过,为佛教的传播作出巨大的贡献。2011年,朱悦梅发表《吐谷浑王都伏俟城选址斠议——兼谈游牧民族建都选址的观念》[7]一文,本文从自然地理、地缘政治、交通路线、区域经济、军事地理五个方面分析了其对吐谷浑王都伏俟城选址的影响因素,并通过伏俟城的选址分析了游牧民族的建都特征:伏俟城的选址较多考虑自然地理因素,其王都地点也经常改变。王都没有特定的意义,仅仅是王所居住的城池而已,这一点与中原王朝有很大不同。再其次,王都选址以牧场为选择条件,其游牧民族的性质没有改变。总体上看,游牧民族的王都选址与农耕民族有着根本性差异,游牧民族的选址与其生活方式有很大关系。2012年,杜常顺发表的《民族贸易与西北地区城镇的发展》[8]一文指出,南北朝时期丝绸之路的繁荣使河西各城镇恢复了往日的繁华状况。2014年,

---

[1] 许新国:《吐蕃墓中出土蜀锦与青海丝绸之路》,《藏学学刊》2007年第1期,第93—116页,232页。

[2] 张得祖:《古玉石之路与丝绸之路青海道》,《青海师范大学学报》2008年第5期,第56—59页。

[3][4] 中华书局编辑部编:《中研院历史语言研究所集刊论文类编 历史编·魏晋隋唐五代卷》,北京:中华书局,2009年,537—557页。

[5] 苏海洋、雍际春:《丝绸之路青海段交通线综考》,《丝绸之路》2009年第6期,第39—42页。

[6] 郭盛:《青海"河南道"佛教传播源流考释》,《青海师范大学学报》2010年第32卷第1期,第91—99页。

[7] 朱悦梅:《吐谷浑王都伏俟城选址斠议——兼谈游牧民族建都选址的观念》,《中国历史地理论集》2011年第26卷第2辑,第89—97页,第114页。

[8] 杜常顺:《民族贸易与西北地区城镇的发展》,《北方民族大学学报》2012年第5期,第33—42页。

黄兆宏发表的《甘青古道述略——以青海与甘肃河西走廊的交通为例》①指出，在魏晋南北朝时期，丝绸之路河西交通要道的阻塞是青海丝绸之路河南道发展的主要契机，之后随着河西地区战乱的平定、统治政权的管理，丝绸之路河西主干道再一次发挥作用，丝绸之路青海道也逐渐衰落。同年，郭勤华发表《隋炀帝的开放政策与丝绸之路经济的开发》②一文，该文指出隋炀帝设置的西域五郡（西海、河源、鄯善、且末、伊吾）在客观上促进了丝绸之路的发展，对青海等地的发展起到了极大的推动作用。同年，崔明德发表《再谈"青藏高原丝绸之路"的开辟及拓展》③一文，该文认为隋唐与吐谷浑和亲开辟了自长安到青海的道路，吐谷浑、唐朝与吐蕃和亲开辟了自吐谷浑到拉萨的道路，作者将这条道路称之为"青藏高原丝绸之路"，认为该路使世界各大文明联系在一起。2015年，石硕、罗宏发表《高原丝路：吐蕃"重汉僧"之俗与丝绸使用》④一文，该文证明了吐蕃和唐朝曾在赤岭（青海湟源日月山一带）进行过互市，通过该互市丝绸大量的流入到吐蕃王朝之中。2016年，李健胜发表"丝绸之路青海道四部曲"：《丝绸之路青海道佛教文化交流功能述略》⑤、《丝绸之路青海道军事功能述略》⑥、《丝绸之路青海道历史地位述论》⑦、《丝绸之路青海道商贸功能探析》⑧，这些文章不仅对前人的研究进行了回顾总结，作者也不局限于魏晋南北朝这一段时间，而是从整体来研究丝绸之路青海道的各个方面。同年，崔永红发表《丝绸之路青海道盛衰变迁述略》⑨，作者指出"吐谷浑道"以吐谷浑都城（都兰香日德、伏俟城）为中点，总体上向东南、向西、向东北三个方向的若干区段组成。2017年，霍巍发表《文物考古所见古代青海与丝绸之路》⑩一文，该文通过各类考古实物佐证了魏晋南北朝时期丝绸

---

① 黄兆宏：《甘青古道述略——以青海与甘肃河西走廊的交通为例》，《丝绸之路》2014年第14期，第5—7页。
② 郭勤华：《隋炀帝的开放政策与丝绸之路经济的开发》，《宁夏社会科学》2014年第6期，第105—107页。
③ 崔明德：《再谈"青藏高原丝绸之路"的开辟及拓展》，《烟台大学学报》2014年第27卷第5期，第85—89页。
④ 石硕、罗宏：《高原丝路：吐蕃"重汉僧"之俗与丝绸使用》，《民族研究》2015年第1期，第89—100页。
⑤ 李健胜、宋义岳：《丝绸之路青海道佛教文化交流功能述略》，《青海师范大学学报》2016年第38卷第5期，65—67页。
⑥ 李健胜：《丝绸之路青海道军事功能述略》，《兰州学刊》2016年第3期，第74—80页。
⑦ 李健胜：《丝绸之路青海道历史地位述论》，《青藏高原论坛》2016年第2期，第71—75页。
⑧ 李健胜：《丝绸之路青海道商贸功能探析》，《西藏大学学报》2016年第2期，第15—22页。
⑨ 崔永红：《丝绸之路青海道盛衰变迁述略》，《青海社会科学》2016年第1期，第9—16页，第31页。
⑩ 霍巍：《文物考古所见古代青海与丝绸之路》，《青海民族大学学报》2017年第1期，第10—15页。

之路青海道的积极作用,而吐谷浑对青海道的控制成为其日益登上国际贸易舞台的支撑点和进一步向西域扩张的出发点。同年,郭凤霞、李健胜发表《南北朝时期丝绸之路青海道政治交流功能述略》①一文,文章指出吐谷浑不仅允许域外政权经本国与南朝交往,还对往来的使臣给予诸多方便,这也为吐谷浑的生存发展争取到了更多外部势力的支持,青海道也借此成为朝贡体系重要的一环。2018年,刘立云发表《从"玉石之路"到"茶马古道":论丝绸之路青海道的演变及其意义》②一文,作者认为丝路青海道作为丝路贸易的集散节点为西部跨域物资流通提供了贸易畅通的基础,并由此进行的文化交流提供了民心相通的基础。同年,王蕾发表《金城津、关的设置及其交通路线》③一文,文章指出吐谷浑对隋边境的不断侵扰是金城津、关设置的主要原因。2019年,牛钧鹏、李健胜发表《回顾、反思与展望——丝绸之路青海道研究述略》④,对20世纪40年代至21世纪初丝绸之路青海道的研究进行了梳理总结并对之后的研究进行了展望。

以往对吐谷浑交通史的研究,多集中在丝绸之路青海道的路线考证和吐谷浑在中西交通中所发挥的作用,对商贸、政治、人文等进行专题性考证的论文较少。百年千载吐谷浑,行经故梦今犹在。近年随着吐谷浑考古资料的出土,也为吐谷浑交通史的研究提供了一部分研究材料,这将对今后的研究有一定的价值和意义。

---

① 郭凤霞,李健胜:《南北朝时期丝绸之路青海道政治交流功能述略》,《青海师范大学学报》2017年第39卷第2期,第70—73页。
② 刘立云:《从"玉石之路"到"茶马古道":论丝绸之路青海道的演变及其意义》,《西藏研究》2018年第1期,第126—134页。
③ 王蕾:《金城津、关的设置及其交通路线》,《兰州大学学报》2018年第46卷第1期,第147—157页。
④ 牛钧鹏,李健胜:《回顾、反思与展望——丝绸之路青海道研究述略》,《中国史研究动态》2019年度第1期,第11—20页。